JN257166

コミュニティ・スクールのポリティクス

学校運営協議会における保護者の位置

仲田 康一

The Micro-politics of the Community Schools

Koichi Nakata

勁草書房

はしがき

「コミュニティ・スクール」とは、地域住民や保護者の参加を得て学校運営の方向性を協議する合議制の機関、すなわち「学校運営協議会」を設置する学校のことである。

学校と地域住民・保護者との連携が政策的課題としての重要性を増してきたのは、世紀転換点前後のことだった。一九九八・一九九九年に告示された「生きる力」学習指導要領では、国が決める教育内容が削減され、総合的学習の時間を中心に地域と連携した学校独自のカリキュラム・マネジメントが求められた。二〇〇二年度からの学校週五日制完全実施を目前に、放課後や週末における子どもの居場所確保を推進する意味でも、地域連携は重要な方策となっていた。

この流れを受け、まず取り組まれたのは学校運営参加を促す政策だった。しかしながら、二〇〇〇年に導入された学校評議員は、一定の普及を見たものの、ほどなく「形骸化」が指摘された。それを「発展」させて二〇〇四年度に法制化された学校運営協議会（コミュニティ・スクール）は、教職員の任用にも意見具申ができるというその権限の強さが敬遠され、普及は必ずしも順調とはいえなかった。また、実際に学校運営協議会が置かれたコミュニティ・スクールにあっても、本書がレビューするように、多くは学校支援型のそれとなった。

他方、学校の地域連携と言うときすぐに想像される学校教育実践へのボランティア参加が政策として導入されたのは、学校評議員や学校運営協議会の制度化からずいぶん遅れた。しかし、二〇〇八年度に導入された「学校支援地域本部」や「放課後子ども教室」は、コミュニティ・スクールの普及率をすぐさま追い抜き、「社会総がかり」の掛け声のもと、学校教育を支援する諸活動を全国化させた。この間、教育課程特例校の制度化や小中一貫・連携教育の叢生など、地域独自の教育を推進する政策も進展した。

教育実践参加と学校運営参加という、これら二つの流れが合流したのは、二〇一一年、「地域とともにある学校」というスローガンにおいてであろう。二〇一一年は、折しも「脱ゆとり」の学習指導要領が全面実施され、国の規定する教育内容や授業時数が増加するという、ある意味で学校分権が後退する年であったことは皮肉であった。しかし、学校内の「マネジメント」とともに、地域との「協働」と「熟議」を推進するこの学校像において、教育実践参加と学校運営参加という二つの流れがともあれ整理された。

学校と地域住民・保護者との連携を進める政策を仔細に見てみれば、このように、多少の「ちぐはぐさ」や「曲折」・「迷走」を指摘することも可能かもしれない。

しかしながら、重要なのは、学校と地域・保護者との連携という方向性そのものは、どうあれ一貫して推進され続けてきたということである。この政策の方向性は、それ自体として最大公約数的な合意を得やすいものであるためか、政権交代や世論の推移を受けて激しく変転してきた教育改革の中でも継続的に推進され続けており、今後もその傾向は変わらないものと思われる。実際、教育実践への支援の普及・進展を基盤としてコミュニティ・スクールの普及は加速し、本書刊行時には二〇〇〇校を超えていると予想される。第二期教育振興基本計画（二〇一三年六月閣議決定）にも、公立小中学校の三分の一にまで拡大する数値目標が示され、さらに、教育再生実行会議は全校をコミュニティ・スクールとする提言をまとめた（二〇一五年三月）。

ところで、学校と地域住民・保護者との連携は、一方で生涯学習やまちづくりなど、学校外の人々にも関わる政策領域であるとともに、他方では、子どもの体験活動の充実や教育課程の特色化、さらには生徒指導や行事の改善など、学校教育の諸問題に資するともされている。こうして、複数領域の議論に広がりをもつ点にこの領域を研究する意義の一端があると言えるだろう。

そうした問題の広がりを踏まえつつ、本書は、「どのような成果があったのか」・「どのように改善が進んだのか」といった、多くの実践記録や教育経営研究の課題とはやや異なる課題を設定してコミュニティ・スクールを描く。第一章で詳述するように、学校と地域住民・保護者との連携は、教育実践参加と学校運営参加のいずれの局面においても、社会階層やジェンダーなどといった社会属性の影響と無関係ではなく、そうした属性による差異に媒介された関係者の葛藤や対立（マイクロ・ポリティクス）とも無縁ではない。こうした問題においてコミュニティ・スクールを捉えうる可能性を本書は示す。第一章で詳述するように、こうした問題は、学校・保護者・地域の関係を論じる上で不可欠な視点であるにもかかわらず、日本では十分な顧慮がなされてきたとは言いがたい。

格差や葛藤・対立というと、やや異色の問題設定に思えるかもしれない。しかし、学校と地域・保護者の連携は、地域生活や家庭教育に直接の接点を持つ点で、他の教育改革と異なる影響関係の広がりを持っている。社会的要因がコミュニティ・スクールの在り方にどう影響するのか、学校運営協議会の在り方が地域住民や保護者の地域生活や家庭教育に何をもたらすのか。これらは、問われてしかるべき課題である。

また本書が対象とする学校運営協議会は、法律に根拠を持ちながら、学校分権を前提に、自律的学校運営や説明責任を担うという点で、学校支援地域本部や放課後子ども教室とは異なる重みを持っている。社会的な要因によって、その機能がいかに影響を受けているかを論じることは、今後の教育に関する意思形成の在り方を考える上でも避けては通れない。

本書が発刊される二〇一五年は、コミュニティ・スクールの法制化から一〇年が過ぎ、今後のさらなる普及を見通す年である。このタイミングにおいて、制度の実証的な機能評価を通して、学校と地域住民や保護者の連携という政策の方向性に関する議論を深化させることができれば幸いである。

コミュニティ・スクールのポリティクス——学校運営協議会における保護者の位置／目　次

目　次

図表一覧

第一章　問題の所在

「地方教育行政の組織及び運営に関する法律」の改正により学校運営協議会制度が導入されたのは二〇〇四年のことであった。その後、学校運営協議会の設置校は数的に増加の一途を辿り、その数は二〇一二年度に一〇〇〇校を、二〇一三年度に一五〇〇校を超え、最新の統計によれば一九一九校となった（二〇一四年度）[1]。教育振興基本計画（第二期）が、公立小中学校のおよそ一〇分の一にあたる約三〇〇〇校を学校運営協議会の設置される地域運営学校（コミュニティ・スクール）とすることを目標として示し、さらに教育再生実行会議が全校のコミュニティ・スクール化を提言したこともあり（第六次提言）、学校運営協議会は今後の学校運営の在り方を考える上での焦点といえる。しかし、この制度については、学校や行政による必要性認識から導入が進められてはいるものの、実証的な機能評価はまだ充分に行われていない。

本書は、学校運営協議会について、その機能状況の実証的な分析をもとに、制度理解を深めようとするものである。

第1節　学校運営協議会制度に関する法的規定

具体的な実証上の課題を論じる前に、まず学校運営協議会の法的規定と特徴について概観しておく。

学校運営協議会とは、保護者や地域住民などから構成される学校に設置された合議制の機関で、学校運営の基本方針を承認したり、学校運営などについての意見や教職員の任用に関する意見を述べたりするなど、保護者・地域住民が一定の権限と責任を持って学校運営に参加することのできるものである。二〇〇四年の地方教育行政の組織及び運営に関する法律（以下「地教行法」）の改正によって導入され、同法の四七条の五に規定されている。学校運営協議会の設置を教育委員会から指定された学校は、同法の用語では「指定学校」と呼ばれるが、実践的には「コミュニティ・スクール」と称することも多い。本書でも、協議会そのものや、法制度に言及する際を除いては、適宜コミュニティ・スクールの語を用いる。

(1)　学校運営協議会の設置指定と運営責任

条文に沿って詳述すると、地教行法四七条の五第一項には、学校運営協議会の設置指定の主体が学校を所管する教育委員会であると明記されている。指定に際しては、教育委員会規則の定めが必要であるが、この規則においては、指定学校の指定および指定の取消しの手続、指定の期間、学校運営協議会の委員の任免の手続および任期、学校運営協議会の議事の手続その他学校運営協議会の運営に関し必要な事項を定めることとなっている（第八項、文部科学事務次官通知「地方教育行政の組織及び運営に関する法律の一部を改正する法律の施行について（通知）」二〇〇四年、一六 文科初第四二九号）。(2)

教育委員会が指定の責任を担うことは、指定の取消について定めた第八項にも示されている。これによれば、取り消しの要件は、「学校運営協議会の運営が著しく適正を欠く」ことにより「当該指定学校の運営に現に著しい支障が生じ、又は生ずるおそれがあると認められる場合」とされ、より具体的には委員同士の対立により意思形成が行えない状態や、校長と学校運営協議会の方針対立により円滑な運営に支障が生じている状態等が考えられている。(3) 以上の規定から、指定学校も、学校を設置する教育委員会が最終的な責任を持って管理運営すると解される。すなわち、指定学校もまた地方教育行政による管理と校長による日常的な運営の枠内に存するのである。

なお、本条新設時は、学校運営協議会設置指定に関する都道府県教委との事前協議を定める項があった。(4) しかし、地方自治体の自主性や自由度の拡大・強化を図る「地域主権改革第一次一括法」(5) が二〇一一年に制定されたことに伴い、同項は削除された。これは学校を所管する基礎自治体の教育委員会が、いっそう自律的に指定の判断をできるようにする趣旨と解される。

(2) 学校運営協議会委員の選出区分・任命・身分

第二項では学校運営協議会の委員の選出区分と任命に係る事項が示されている。まず、選出区分としては、「地域の住民」と、児童・生徒・幼児の「保護者」が明記されている。この他、「教育委員会が必要と認める者」との記述もあり、一六 文科初第四二九号では、より具体的に、校長・教職員・学識経験者・関係機関の職員等が想定されている。この通知では「委員については、公立学校としての運営の公正性、公平性、中立性の確保に留意しつつ、適切な人材を幅広く求めて任命」するとされ、「公募制」も含め、選考方法の工夫が求められている。

なお、委員は、教育委員会が任命するが、その際の身分は特別職の地方公務員となる。生徒等や教職員の個人的な情報を職務上知り得ることになることから、守秘義務を定めるなどの対応が求められている。

(3)　学校運営協議会の権限

学校運営協議会の権限については、第三項から第五項で定められている。

第三項は、基本方針の承認権についての規定である。すなわち、指定学校長は、教育課程の編成その他教育委員会規則で定める事項について学校運営の基本方針を作成し、学校運営協議会の承認を得なければならない。これは、義務規定であり、別言すれば、承認を得なければ学校運営をスタートできないということになる。基本的な方針に盛り込むべき他の項目としては、施設管理、組織編成、施設・設備等の整備、予算執行等に関する事項が例示されている（一六　文科初第四二九号）。

第四項は、校長または教育委員会に対する意見申し出の権限を定めている。これは任意規定であるが、校長による基本的な方針を承認するのみならず、積極的な意見反映を実質化する趣旨と言えよう。

第五項は、教職員の任用に関する意見申し出の権限を定めており、この権限は学校運営協議会制度の最大の特徴となっている。これも任意規定であるが、意見が提出された場合、任命権者である教育委員会においてそれを尊重する努力義務があるとされる（第六項）。

第2節　コミュニティ・スクールに関連する先行研究からの示唆

コミュニティ・スクール（学校運営協議会制度）、そしてそれを含む学校運営への保護者・地域住民の参加制度をめぐって、先行研究はいかなる議論を展開してきたのか。本節では、日本における先行研究のレビューを通して論点を明らかにする。具体的には、学校参加制度の必要性と外国事例からの示唆を論じる研究と学校参加制度に対する批判的諸論を見たうえで、コミュニティ・スクールに関する既存の実証研究の到達点と課題を確認していく。

（1）学校参加制度の必要性と外国事例からの示唆を論じる研究

コミュニティ・スクールに関連する議論としてまずあげられるのは、学校参加論の議論である。学校参加論は、一九八〇年代ころから日本の教育学・教育行政学の中に現れてきたとされる。当時、体罰や管理教育などの学校教育の硬直化や肥大化が進行する一方、子どもの教育や学校の運営に対する保護者の無権利状態が指摘され、学校参加論が隆盛した（小川［2008］）。

とりわけ重要なのは、国民の教育権論を批判的に吟味する中で高まった親の教育権の議論である。すなわち、国民の教育権論において親の教育権が論じられながらも、実質的には教師の教育の自由に吸収され、親の教育権が事実上名目化しているという批判である（今橋［1983］［1998］、黒崎［1992：38］）。学校教育における親の教育権は自覚的議論の対象となっていき、知る権利、学校や教育内容の選択権、学校教育に対する要求権、学校教育への参加権などの親の教育権の内容も整理されてきた（結城［1994］）。こうした親の教育権に関する基盤的追究を、岩永は「正当性の追求」を行う「権利論」的学校参加論と呼んでいる（岩永［2000：245-246］）。

一九八〇年代後半から一九九〇年代に入ると、参加を媒介する外国の制度がさまざまに紹介されるようになる。フランスにおける教育審議機関（小野田［1996］）、アメリカにおける学校協議会・学校委員会（黒崎［1994］、坪井［1996］）、イギリスにおける学校理事会（小松［1988］、窪田［1993］［1996］）、ドイツにおける合議制学校経営（柳澤［1996a］［1996b］）など、欧米諸国で制度化されている学校ガバナンスへの保護者参加制度が紹介された。

また、これらとともに、日本国内でも親の教育権の実質化を期して行われる草の根の取り組みが紹介された（岩永［2000：246-247］）。岩永は、この頃の研究を、「理念モデルの追求」を行う「制度論」的学校参加論であったとしている（同前）。

学校批判や教育運動的なきらいもあった学校参加が政策の課題として認識され、国の制度としてにわかに現実味を帯びるのは、一九九〇年代後半のことである。「生きる力」学習指導要領による学校週五日制や「総合的な学習の時間」が全面実施されるのを前に、学校だけでは十分な教育課程の実施ができないことが認識されるとともに、生徒指導等の問題も多様化・複雑化を見せる中で、学校は必然的に外部との連携協力が求められるようになっていった（小川［2008：90-91］）。一九九六年の中央教育審議会（中教審）答申では、子どもの「ゆとり」や「生きる力」を育てるため、「地域や学校、子供《ママ》たちの実態に応じて、創意工夫を生かした特色ある教育活動を展開する」ことや、「家庭や地域社会との連携を進め、家庭や地域社会とともに子供《ママ》たちを育成する開かれた学校となる」ことを提唱した（中央教育審議会［1996：第一章（1）］）。二〇〇〇年に学校評議員[6]が制度化されたことは、こうした流れの中で理解されよう。同制度は、これまでも行われてきた「学校・家庭・地域社会が連携協力し、相互補完しつつ一体となって子どもの健やかな成長を図る」ための取り組みを発展させ、いっそうの「地域に開かれた学校づくりを推進するため」、「学校が保護者や地域住民の意向を把握し、反映するとともに、その協力を得て学校運営が行われるような仕組み」として導入された（中央教育審議会［1998］）。すでに全国的に広がりを見せ、二〇一一年においては九割近くの学校に設置されるに至っている[7]。小島が述べるように、学校評議員制度は、理念的には専門的意志・行政意志に加えて私的意志を学校運営に取り入れる点で「我が国の学校経営の歴史にあって大きなエポックを画する」（小島［2000：32］）と評価されるものである。

これに加える形で学校運営協議会制度が導入された背景の一つは、学校評議員制度についての形骸化批判があった。学校評議員は、校長に対して個人的に意見を述べることができるにとどまり、充分に意見が反映される保証がないものとしてかねてから批判があった。中央教育審議会もこれを認め、「学校評議員制度については、その意見を踏まえて教育内容の改善を行うなど、大きな成果を上げる学校があるものの、運用上の課題を抱え、必ずしも所期の成果を上げ得ない学校もある。また、学校評議員制度の、校長の求めに応じて意見を述べるという役割を超えて、より積極的に学校運営にかかわることができるような新たな仕組みを検討すべきとの指摘もある」（中央教育審議会［2004：第2章1］）とした。

加えて、地方分権の進展もある。学校への権限移譲・校長の裁量権拡大が進むほど、その権限のモニタリングが必要であるという発想である。学校評議員導入を提言した「今後の地方教育行政の在り方について」（答申）は、学校管理規則に関し、許可・承認・届出・報告事項について、たとえば、承認を届出に改めることや学校予算の裁量拡大を同時に唱えていた。その後二〇〇四年には、文部科学省が「学校の裁量拡大についての取組状況」を調査し、学校裁量権の拡大が一定程度進捗している旨を明らかにした。こうした動向を踏まえ、佐藤［2010:45］は、「教育委員会の学校に対する関与が弱まり、学校の裁量権の拡大化傾向が強まるほど、学校が独走しないよう保護者や地域住民等の利害関係者がモニタリングし、学校の基本方針等を承認するような仕組が必要になってくる。その仕組として学校運営協議会が位置づく」とし、これを「学校のガバナンスの具現化」としている。

しかし、学校運営協議会制度導入の背景としてより重要なのは、総合規制改革会議や教育改革国民会議などの文部（科学）省外の会議で、より抜本的な学校改革の方向性が議論されるという当時の状況であろう。総合規制改革会議では、競争と選択を原理とする行政改革が標榜され、学校選択を推進する競争状態の創出のための「新しいタイプの公立学校」創設が唱えられた。教育改革国民会議では、保護者や住民の発意により公立学校の設置を認めるチャータースクールが「コミュニティ・スクール」の名で取り上げられ、その導入が議論された。これは、自由化を唱える総合規制改革会議等の議論とも重複する部分を持つものだったため、推進の論調は強まっていった（黒崎［2004］、高野［2010］）。

しかし、公費補助を受ける反面、学習指導要領の制約を受ける私立学校とのバランスもあり、文部科学省による政策具体化の中で、基本コンセプトの変容があった。すなわち、従来の教育行政の枠を超え、有志による学校設置と独自の教員任用を許容するチャータースクールではなく、学校と教育委員会との間の権限バランスを改革する「学校の自律化」と、地域・保護者の経営参加を拡大する制度設計となったのである（黒崎前掲、高野前掲）。結果として、学校運営協議会は、学校評議員と同一線上の趣旨に立ちつつ、その「発展形」（堀内［2004：16］）的なものに落ち着いた。すなわち、学校評議員は、校長の求めに応じ、個人の責任において学校運営に関し意見を述べるに留まる。これに対し、学校運営協議会は合議制の機関として意思決定に関与する。言い換えれば、学校運営に関して何らかの拘束力や制約のある決定などを行わない学校評議員と異なり、一定の権限と責任を持って学校運営に関わる点に学校運営協議会の「発展」性が見出せるとされる。

このような制度改革の進展と相まって、学校参加に係る海外の制度を対象とする研究はさらに発展した。たとえば山下［2002］は、シカゴの学校協議会（School Councils）について、そこでの討議の質が、学校を取り囲む多様な関係者間の公共的討議となり、その学校の存立意義自体を再構築していくダイナミズムを描き出した。日本の学校評議員や学校運営協議会制度の制度論議において参照されることの多かった学校理事会（School Governing Bodies）についても、佐貫［2000］［2002］が現地滞在時の経験を踏まえて功罪半ばする実態を描いているほか、小松［1999］［2001］によっても英国で進められている他の制度改革と関連付けられながら紹介されてきた。また、学校ガバナンス機関に生徒が参加する事例が、大人中心の学校ガバナンスへのオルタナティヴとして取り上げられてもいる（浦野［2003］）。同じ研究の系譜において生徒参加を通した各主体のエンパワーメントを「教育効果」として分析した研究も現れている（平田［2008］）。

ただし、学校運営協議会は、学校運営への権限を持つだけではない。二〇〇八年に文部科学省から出された「コミュニティ・スクール事例集」では、学校運営協議会について、「これらの方々〔保護者や地域住民：引用者〕が一定の権限と責任を持ち、『当事者』として学校運営に関わっていくことで、学校運営や教育活動に、家庭・地域の意向をより一層的確に反映させることができます。」（文部科学省［2008］）という法律に基づいた説明のほかに、以下のようなより踏み込んだ説明を行っている。

学校を地域に開き、保護者や地域住民等の協力を得ながら、三者が連携してより良い学校づくりを目指す取組は、すでに各地で行われていることと思います。こうした取組を制度的にバックアップし、三者の関係をより深化させる仕組みが、「コミュニティ・スクール（学校運営協議会制度）」です。

（文部科学省［2008：はじめに］丸括弧ママ）

二〇〇六年に改められた教育基本法は、「学校、家庭及び地域住民その他の関係者は、教育におけるそれぞれの役割と責任を自覚するとともに、相互の連携及び協力に努めるものとする」とした（第一三条）。学習指導要領にも「学校がその目的を達成するため、地域や学校の実態等に応じ、家庭や地域の人々の協力を得るなど家庭や地域社会との連携を深めること」（中学校・総則）と規定されている。こうした政策の流れと相関しながら、学校運営協議会は、学校に対する「協力」機能も期待されていることに注意したい。

（2）学校参加制度に対する批判的諸論

一九九〇年代後半から二〇〇〇年代にかけて、日本でも学校運営への参加制度が法制化されてきたわけだが、制度の具体化は、学校参加の意義だけでなく、課題についての研究も促した。教育行政学や教育社会学からは、制度設計の課題や、学校参加そのものの孕む問題点が指摘されている。

制度設計の課題に関する指摘として、まず、委員の選出区分の問題がある。『季刊教育法』誌が学校運営協議会導入に際して特集を組んでいるが、この中で窪田は、選出区分に教職員が明記されていないこと、児童・生徒を委員として参画させることを想定していないこと、各選出区分の定数規定がないことについて批判を向けている（窪田［2004］）。法律は、保護者と地域住民を明示しつつも、教職員や生徒の参加について規定していない。窪田の批判は、教育課程や教員人事について権限を持つ以上、教員が明確に位置づけられるべきであるというものであるが、敷衍すれば、本来必須とされる選出区分の過少代表や、当事者性の薄い選出区分の過剰代表を生起させ、制度の意義を損ねかねない設計となっているという批判と言えよう。また、同特集における堀内も、校長の作成する学校運営の基本的な方針が承認の対象となるにもかかわらず、校長が委員選出区分に想定されている点については、制度趣旨を「大きくスポイル」（堀内［2004：17］）するものと批判している。

意見の代表性をいかに確保するかという問題もある。古賀［2006］は、学校運営協議会について、「『同協議会の委員が、地域や保護者を代表する立場にある者として、学校に対する保護者の要望や地域ニーズを公正・公平、かつ幅広く把握・集約していること』をあくまで大前提にしたものであり、かかる前提を欠いた学校運営協議会が設置された場合、学校が一部地域ボスによる支配下におかれる危険性を内包していると言えなくもない。いかなる人物が同協議会メンバーとして任命されるかが重要なポイントであり、任命権を有する当該教育委員会の見識がまさに強く求められることになろう」として、委員の代表性確保の課題性について注意喚起している（古賀

［2006：201-202］）。また、葉養［2005：44］が指摘するように、制度に乗れない「弱い家族」も存在するだろう。たとえば可処分時間の不足で思うように参加できない保護者、文化的ギャップやコミュニケーションの問題で困難を抱えるニューカマーの家族など、学校の中で周縁化されている子どもやその家族の声はいかに反映されるのだろうか。保護者の意思は多様である。岩永［2011］でも、こうした中で、参加者と非参加者の間の齟齬にいかに対処するかが重要な運用課題だとしている。

学校参加そのものが持つ問題点については、学校レベルでの当事者間の教育意志をいかに調整するかという課題が指摘されている。たとえば大桃は、関係者間の葛藤、とりわけ専門性と民衆統制との葛藤を指摘している（大桃［2006］［2009］）。大桃［2009］によれば、これまで専門性と民衆統制との調整は、国・行政レベルでなされてきた。すなわち、国レベルでの政策形成においては多様なアクターが影響力を行使し、地方レベルでも首長の影響力が指摘される中で、ともあれ専門性と民衆統制との調整は政治や行政レベルでなされ、その結果が学校に降ろされてきた。しかし、「学校の自律性の確立と参加システムの構築においては、教師の勤務する学校が民主性と専門性の調整の場、両者の葛藤の処理の場となる」（大桃［2009：115］）。学校参加の場が、学校を取り巻く当事者間の赤裸々な闘争の場となりかねないのである。

学校レベルでの葛藤という点に関して、主に専門性と民衆統制との間の葛藤について指摘する大桃に対し、教育社会学者である広田は社会属性的な断層とその葛藤について懸念を表明している。広田［2004］は、関係者の教育意思の日常的な相互調整機能として学校参加制度に一定の意義を認めつつ、その機能に疑問を投げかける。

広田が危惧することの一つは、保護者の多様性、とりわけ社会階層やエスニシティなどの社会属性的多様性による参加度の格差である。彼の指摘によれば、学校運営に進んで参加するのは、多くの場合階層上位で文化的マジョリティの保護者であり、参加を通して必ずしも適切に保護者全体の多様性が反映されるかわからない。しかも、学校の意に沿いやすい一部の保護者によってなされた決定が「親がみんなで合意したことだから」という新たな正当性を帯びたものとして、マイノリティや社会的弱者に位置する親の考えや要求を封じ込めることも考えられる。すなわち、強者が弱者に専制を振るう道具として学校参加制度が機能しかねないというのである（広田［2004：69］）。

もちろん広田の指摘には留保も必要だろう。それは、参加者／非参加者の差に焦点を当てるあまり、学校ガバナンス機関への参加者の斉一性を暗黙的な前提としてしまっているきらいがあることである。学校ガバナンス機関の内部にさまざまな差異がありうることに注意しなければならない。このことを早くに指摘したのは、大桃［2000］である。大桃［2000］は、学校ガバナンス機関への参加による熟議空間の生成に期待を込めながらも、「少数の『物言う』人たちと圧倒的多数の『沈黙する』人たちの乖離」の可能性を指摘し、参加の実質について危惧を示している（大桃［2000：299］）。また、後述するが、英米における学校ガバナンス機関の実証研究の知見によれば、学校ガバナンス機関内部での多様性や、一部委員の周縁化が重要な知見とされていた。すなわち、そもそも会議体の場内部における委員間の関係性自体が、実証的にも研究課題になってくるのである。

ただ、こうした限界はありつつも、学校を取り巻く人々の社会関係の中における社会的な格差をめぐって議論してきた広田や大桃の批判は重要である。これは格差社会化が言われる昨今においていっそう重要性が増していよう。社会属性的差異が学校ガバナンス機関の動態にいかなる影響を与えているのか。それが学校を取り巻く当事者の葛藤とどうつながっていくのだろうか。広田や大桃は、外国の研究をもとに、理論的に問題提起をしているわけだが、日本の文脈の中でこれらの問題が具体的にいかなる現れ方をするのだろうか。こうした観点での研究が求められている。

（3）コミュニティ・スクールに関する既存の実証研究の到達点と課題

先述したように、岩永［2000］は、学校参加論の展開を「権利論」から「制度論」へという展開で把握した上で、当時における全体的な傾向性として、実証的学校参加研究の遅れを指摘していた。

もちろん、岩永自身が行った研究も含め、基盤的実証研究が全くないわけではなかった。その時点においても、コミュニケーション・チャンネルの実態（小島・久保田［1983］［1984］）、保護者と学校との連携を阻害する要因の認識（岩永ら［1992］）、親の参加意識（同前）等を検討する論文などが著されている。たとえば、保護者の参加を受け止める教員の意識実態を検討した岩永ら［1992］は、地域と学校との連携の阻害要因について質問紙調査を行い、尺度を因子分析によって統合し、「意見反映ルートの不備」「協力する機会の欠如」「学校・教師の閉鎖性」「親の利己的態度」「専門職への依存」という因子を導き出している。そして、「教師は学校の教育目標、校内人事、学校の予算、教育内容関係など学校運営の鍵的領域への親の参加を敬遠する傾向にあることである。〔中略〕教師は修学旅行や校外生徒指導など自らの負担軽減につながるような領域の親の関与を望んでいる……」として、学校参加を受け止める教員の積極的とはいえない意識実態を描いている（岩永ら［1992：203］）。

とはいえ、学校参加制度が日本において法制化されていなかったためもあり、「〔学校参加への：筆者註〕教育経営学における〔実証的な：筆者註〕接近はきわめて少なく、全体として停滞しているといわざるを得ない」と評されていたのが、二〇〇〇年段階の状況であった（岩永［2000：252］）。制度導入を見据えたモデルの追求に軸足があったのである。

しかしながら、その後の学校参加制度の導入と一定の普及や、それを受けた地域連携の課題化に伴って、二〇〇〇年代の後半以降、教育経営研究から実証的な研究が出されはじめた。たとえば、岩永ら［2002］は、学校教育への父母・住民参加が内実を持つためには、それを受け入れる側である教職員の意識が重要な要因となるとの問題意識から、学校参加に対する教員の捉え方をアンケート結果をもとに分類した。

こうした中で、以下では、学校運営協議会に関連する研究、特に実証的な研究についてレビューを行う。具体的には、佐藤［編著］［2008］［2010］、こども未来財団［2009］、大林［2011］、橋本・岩永ら［2010］・岩永［2011］である。

佐藤［編著］［2008］［2010］

佐藤［編著］［2008］［2010］は、二〇〇七年当時指定されていたコミュニティ・スクール全一九七校の校長を対象としたアンケートと、先進校のケース・スタディ結果をまとめた共同研究の成果である。なお、佐藤［編著］［2008］は報告書段階のものであるため、以下は著書の形で公刊されている佐藤［編著］［2010］に基づいて記述する。コミュニティ・スクールの実態についてその概要を示す意味でも、やや詳細にレビューする。

アンケートからはさまざまなことが明らかになっている。まず、学校運営協議会の指定について、教育委員会の意向で指定される場合が四六パーセント程度となっており、自治体教育政策の中で、いわば「外から」指定されていることを見出している（p.39）。

とはいえ、指定学校の校長は、当該学校の運営責任者として学校運営協議会をさまざまに活用しようと期待している。佐藤は、制度への期待を問い、「当てはまる」・「ある程度当てはまる」に対する回答（肯定的回答）率を算出している（pp.41-42）。これによると、「地域が学校に協力的になる」と「保護者・地域の学校理解が高まる」が最も高く、九六・八パーセントとなっている。次いで「教職員の意識改革が進む」「学校が活性化する」「地域の教育力が上がる」「特色ある学校づくりが進む」の順で、いずれも九割を超えている。そのうえで、「当てはまる」のみに注目すると、「地域が協力的になる」が「保護者が協力的になる」より一三・二パーセント高いことに注目し、「コミュニティ・スクール制度には保護者との関係性よりも地域との関係性の強まりが期待される傾向にある」との指摘がなされている（p.42）。逆に、肯定的な回答割合の低い項目は、「適切な教員人事がなされる」が四八・一パーセント、「児童生徒の学力が向上する」が六四・四パーセント、「生徒指導上の課題が解決する」が六四・八パーセントとなっている。「教員人事」など、地方教育行政の組織及び運営に関する法律に規定された権限事項に関しての期待が比較的低いことも分かる。

次に、学校運営協議会の組織自体についても、いくつかの知見が出されている。まず学校運営協議会の委員数は、「一一〜一五人」が六三・二パーセントと最も多く、次いで「一〇人以下」が一七・三パーセントである反面、「二一人以上」も一一・九パーセントあったという（p.56）。

学校運営協議会委員の属性について佐藤［編著］［2010］では、「教職員の委員の割合」という形で、この点を明らかにしている。その結果、「一〜二割程度」が三四・六パーセントで最頻となり、過半数が校長を含む教職員であるという学校も八・一パーセントあるという結果が明らかになっている（p.57）。

会議は、月一回か隔月程度の頻度で行われている学校が過半数になっており（p.61）、同じく学校ガバナンスのための参加制度である学校評議員が年に二〜三回程度の頻度で会議を行なっていることを踏まえれば（文部科学省初等中等教育企画課［2004］）、学校運営協議会制度になって、校長と委員が会する機会がより多くなっていることが分かる。

その会議では、次の事項が「よく取り上げられる」という（pp.67-68：屋敷担当）。最も回答割合の高い項目は、「地域人材の活用」・「学校評価」・「学校行事」・「地域等との協力」である（五〜六割の回答）。他方、法に示された権限に関する項目については、先述した「期待」における値の低さに呼応して、回答割合が低い。たとえば「教育課程」は三割程度、「学校予算」は一割強、「教員任用」は一割にも満たないという結果になっている

（p.69：図4－8）。

このことは、学校運営協議会が、次のように組織として学校に対する具体的な支援活動を多数行っていることと呼応している。佐藤［編著］［2010］が行ったケース・スタディの中には、学校支援の取り組みが多数紹介されている。たとえばある小学校では、四つの部会を設け、組織活動を行っている。四つの部会とは次のようなものである。「安全安心部会」では、地域防犯活動、登下校危険箇所改善予防書の提出、学校保健委員会の開催、避難所運営会議等を行っている。「生涯学習部会」では、夏休みの教室や祭りの開催を行い、「学校評価部会」では学校評価アンケート内容の検討、実施、結果の考察分析を行い、「子ども部会」では子どもから意見を聞く活動を行っているという（p.170：望月担当）。他の学校運営協議会でも同様に、「広報部会」（コミュニティ・カレンダーの作成、広報誌発行を担当）、「サポート部会」（グリーンサポーター、あいさつ運動を担当）、「コーディネート部会」（地域ボランティア、キャリア教育を担当）、「学校評価部会」（学校関係者評価を担当）を設置しているという。このように下位に部会を設ける形をとって学校の支援を組織的に行うとともに、近年各学校で課題とされている学校評価（学校関係者評価）を行う形になっている。

以上のような活動の結果であろう、コミュニティ・スクールには次のような「成果」が確認されている（pp.46-49）。「成果」についての設問で特に肯定的回答が多い項目を見てみると、「学校が地域に情報提供するようになる」が九六・二パーセント、「地域が協力的になる」が八七・〇パーセント、「教職員の意識改革が進んだ」が八三・八パーセント、「学校が活性化した」が八二・一パーセント、「特色ある学校づくり」が八一・七パーセントであり、いずれも「当てはまる」と「ある程度当てはまる」が八割を超えている。

以上を踏まえ、佐藤は、コミュニティ・スクール指定の「成果」を次の四つに分類して示している（pp.45-52）。第一に「学校経営（校内経営）」であり、「特色ある学校づくり」・「学校が活性化」・「教員の意識改革」・「教員人事」などの質問項目がこれに該当する(8)。第二に「学校経営（対外経営）」であり、「地域が学校に協力的」・「保護者が学校に協力的」・「保護者・地域の学校理解」が含まれる。第三に「教育指導」であり、「教育課程の改善」・「児童生徒の学習意欲向上」・「児童生徒の学力向上」・「生徒指導課題の解決」が含まれる。第四に「校外環境」であり、「地域が活性化」・「地域教育力向上」・「家庭教育力向上」が含まれる。

これらのうち、校長の認識する「期待」・「成果」いずれにおいても高水準なのは、「学校経営（対外経営）」（以下、「対外経営」とする）である。「対外経営」とは、「学校が保護者や地域などと外部連携を図り、その協力を得るなどの渉外を中心にした対外的な経営行為」（p.45）であり、九三・七パーセントの校長がこれに「期待」を抱いている（p.45：表３－２）。しかも、「成果」の認識においても、「対外経営」は八三・八パーセントがこれを認識しており、「期待」と「成果」の差が他の三つの成果領域よりも小さくなっている（p.52：表３－４）。つまり、コミュニティ・スクールの校長から高い期待が掛けられるとともに、実際に一定の成果が上がっているのが、「対外経営」領域なのである。

以上の知見から、学校運営協議会は、法に定められた権限を行使し、学校側に対立したり学校を監視する組織というよりは、学校側の方針を汲みながら学校を支援する組織、中でも学校外部である保護者や地域住民への渉外・広報・啓発に係る「対外経営」を重視する組織であると言えよう。

佐藤［編著］［2008］［2010］は、コミュニティ・スクールの実態について、全国的な動向を摑んだ研究が皆無だった中で、いち早くこの課題に着手した先駆的な業績と言える。ただ、あくまで、「成果」に重きが置かれており、教育社会学や教育行政学から提起されていた批判的論点、とりわけ社会属性的な観点からの検討がなされていない点も指摘できる。

こども未来財団［2009］

こども未来財団［2009］は、コミュニティ・スクールが「対外経営」に偏った活動を行っているという佐藤［編著］［2008］の知見を踏まえ、筆者らが行った調査研究の結果である。

この研究では、佐藤［編著］［2008］が明らかにした「対外経営」の広がりを踏まえるとともに、「モンスター・ペアレント」言説が流行したり、「親教育」が教育再生会議で取り沙汰されるなど、保護者批判が社会的に高まった世論傾向を背景としながら、コミュニティ・スクールで行われている「親教育」の実態を検討している。

調査票は二〇〇八年一二月に、当時のコミュニティ・スクール全三四三校に対して配布された。回答者は、管理職や教職員を除く学校運営協議会委員である（学校運営協議会の「会長」が例示されている）。

アンケートでは保護者の家庭教育や学校支援について、現状の満足度を問うとともに、それらを改善するためにどのような活動を行っているか問うている。その結果明らかになったことは、コミュニティ・スクールによる保護者啓発の広がりであった。

その一例を以下に示す。アンケートでは、コミュニティ・スクールとして「家庭教育の状況に関する調査」「家庭教育に関する講座や講演会」「望ましい家庭教育の在り方の提示」「家庭教育のあり方を改善するための義務付け」という四項目について、どの程度取り組んでいるかを尋ねている。回答者には、「熱心に取り組んでいる」「少し取り組んでいる」「今後取り組む予定がある」「取り組んでいない」の四つから択一回答を求めた。その結果、最も多くなされていたのは「家庭教育の状況に関する調査」と「家庭教育に関する講座や講演会」であった。しかし望ましい家庭教育のあり方を具体的に提示する取り組みや、さらには然るべき在り方を義務付けるという取り組みも少数ながら行われていることが興味深い（図表1-1）。

こども未来財団［2009］について、保護者に対する批判の高まる社会背景を踏まえ、「親教育」に着目した意

図表 1-1　家庭教育に関する保護者の意識啓発の取り組み度合い
（こども未来財団調査研究結果を掲載）

	家庭教育の状況に関する調査		家庭教育に関する講座や講演会		望ましい家庭教育の在り方の提示		家庭教育の在り方を改善するための義務付け	
	実数	%	実数	%	実数	%	実数	%
熱心に取り組んでいる	27	29.3	19	20.2	31	33.3	4	4.4
少し取り組んでいる	40	43.5	49	52.1	42	45.2	12	13.3
今後取り組む予定がある	10	10.9	9	9.6	9	9.7	5	5.6
取り組んでいない	15	16.3	17	18.1	11	11.8	69	76.7

（こども未来財団［2009：37-38］の図表 3-6(1)を無回答を除き再計算）

義はあると言える。他方、後述のように、保護者の子育ての在り方は多分に論争的であり、特定の在り方を啓発することに対しては批判がありうる。学校レベルで行われる啓発においても、学校レベルで啓発内容に対する批判や議論が生じる可能性もあろうが、これらについては論じていない点に限界がある。

大林［2011］

大林［2011］は、「学校教育の改善」という観点からコミュニティ・スクールの機能を捉え、ネットワークの構築やソーシャル・キャピタルの理論に基づく分析を行っている。

大林［2011］は、まず、平井［2007］に依拠しながら、学校運営協議会の可能性を、市民参加による意思決定や問題解決の改善機能と、コミュニティの基盤となる信頼関係やネットワークを強化するというソーシャル・キャピタル形成機能に分けて提示する。これらの中で大林が注目するのは後者である。すなわち、コミュニティ・スクール設置によるソーシャル・キャピタル形成やそれを通じた学校改善のプロセスこそが重要であると主張するのである。こうした主張の背景には、おそらく、佐藤［編著］［2010］が明らかにした権限事項に関する議事の空洞化が背景にあったものと考えられる。

その上で、大林は、自身がコミュニティ・スクールの教員に対して行ったアンケート調査をもとに、他と比較して学習活動の質が改善されているコミュニティ・スクールを抽出する。具体的には、「体験的な教育活動」・「教育課程」・「児童の学習意欲」・「『知識』分野の学力」・「児童が他の児童を大切にする」・「新しい授業実践を多くする」・「地域住民が学校に協力的」・「保護者が学校に協力的」の状況に対する教員認識が、いずれも他の学校よりも肯定的な小学校を抽出している（p.71）。

これをもとに大林は、当該コミュニティ・スクールの「スクール・ヒストリー」の記述に進んでいる。それは、これまでの研究では、学校が改善する「過程」が不明であるという問題意識による。事例校では、当初、学校運営協議会と学校との間で学校運営協議会の意味付けをめぐりコンフリクトがあったが、校長が主体的に介入し学校側がイニシアティヴを取るとともに、教員が委員と共同の活動を行い、地域を巻き込んだ教育課程が作成された。こうした中で地域住民委員と教員の間にネットワークが形成され、ソーシャル・キャピタルとして活動の中で紐帯が強化されるという過程を明らかにしている。

大林［2011］は、一事例ではあるが、質的・量的方法を組み合わせながら、事例校の特性を記述する優れた研究であると考えられる。佐藤［編著］［2008］［2010］と同様に、学校経営上の有効性に照射し、成果の所在を明らかにするだけでなく、時間的な変化を追ったという新規性も認められる。ただ、学校運営協議会をめぐって表出される関係者の葛藤を描いているが、学校改善のために解決されるべきものとして捉えられており、また、属性的観点からの検討はなされていない点に限界があるといえる。

岩永［2011］、橋本・岩永ら［2010］

学校と保護者・地域住民の連携を長らく研究してきた岩永は、学校運営協議会の法制化とその後の実証研究の展開を踏まえ、コミュニティ・スクールの機能をいかに捉えることができるか、その制度理解を整理している。

岩永は、まず、学校運営協議会法制化における議論を総括する。その結果、学校運営協議会は、学校選択を標榜し、学校選択の前提としての学校の説明責任を強化する論調の影響を受けた「説明責任型」コミュニティ・スクールの制度構想を持っていたという。

しかし、実際に制度運用が開始されると、説明責任を強化し、学校を監視するような実例はほとんどなく、法に定められた権限も実際には行使されていない。たとえば、橋本・岩永ら［2010：137-138］は、コミュニティ・スクールに対する質問紙調査の単純集計結果をもとにしながら、設置経緯と活動実態や、学校改善のための制度として機能する可能性とその条件を検討し、現在のコミュニティ・スクールは、学校支援地域本部とほとんど変わらない「学校支援型」のそれとなっているとした。

岩永は、コミュニティ・スクールの本来的機能は、学校優位を脱し、保護者・地域住民と対等な意見交換と決定を行う「参加・共同決定型」であるべきとする（岩永［2011：51-52］）。こうした理想に近づくために、学校支援型の運用は、問題を孕みながらも、日本の現状に合った過渡的な型であり、学校支援を続ける中で保護者や地域住民が学校の理解を進め、共同決定に進むための準備性を高めるのだとしている。

学校参加の意義を早くから説きつつ、他方で日本における現実に対するリアルな目線を忘れない岩永の分析は説得的である。「学校支援型」に制度趣旨上の不十分さと可能性の両面を読み込むことで今後の展望が得られるという点は重要であろう。

しかし、岩永の立論が「共同決定」を「学校支援」と対比している点には若干の疑問も残る。確かに、「共同決定」といえば、たとえば「校長の学校経営案に対して修正を求める」であるとか、「人事に関する意見書を任命権者に提出し、希望の教員を獲得する」などといった法律上の権限に関わるプロセスが典型的であろう。しかし、学校支援においても何らかの意思形成や意思決定と無関係であることが可能だろうか。どのような活動目的を設定するか、どのような支援が必要か、それをどのように推進するか、といったプロセス一つひとつが、不可視的ながら存在しているはずである。学校運営協議会の会議で議決をとらずとも、議場の論調や発想が、校長の学校運営に影響を与えるという間接的プロセスもあろう。「学校支援」をめぐるポリティクスもが分析の対象となるのである。

(4) 先行研究から得られた示唆

以上、日本における学校参加論と、コミュニティ・スクール（学校運営協議会）に対する研究をレビューしてきた。これを通じて確認されるのは次の点である。

第一に、学校参加制度の一つとして学校運営協議会制度に注目が集まり、その実態についての研究が進展しつつあるということである。先述したように、岩永［2000］は、学校参加論について、権利論・制度論的研究に比して、実態的研究の遅れを指摘していたが、制度の普及と実践の進展に後押しされて、実証研究が一定程度は進展したということだろう。学校運営制度が大きく変化する中で、教育経営研究の一対象としてコミュニティ・スクールが実践的にも学術的にも重要性を増してきていると見ることができる。

第二に、学校運営協議会を権限事項に関する協議や意思決定を行うものとして捉えるだけでなく、学校に対して支援的な活動を行う組織である事実を受け止め、協議・意思決定と学校支援の関係を捉える必要があるということである。関連する指摘は、他の論者からもなされている。たとえば、清原［2006：46］は、「開かれた学校」は「狭義には学校運営における意思決定に、親、地域住民あるいは児童・生徒が参画することを指すが、広義には学校運営及び教育活動に親、地域住民が加わり、協働することを指す」として、広義と狭義の両面から事象を捉える必要性を提起している。これに関連して、岩永［2008］も、専門職や行政による教育の一元管理からの転換という意味だけでなく、素人を含む多様な関係者によって具体的な運営が進められる事象をも含むものとして「学校ガバナンス」を捉えている。(9)

ただし、いくら権限事項が取り上げられにくいという傾向があるにせよ、法的には権限が認められている以上、今後その行使の可能性はある。また、岩永［2011］を検討した際にも述べたように、「共同決定」と「学校支援」の間に、若干の重複した領域があるはずで、学校支援の在り方をめぐる意思というものが存在するはずである。そのため本書は、学校運営協議会が「学校支援型」であることを前提としながら、それが一定程度学校運営協議会という組織の意思と無関係でないものとする。すなわち、具体的な学校支援活動と、議事の在り方の両面を考慮することが重要という立場に立つ。

コミュニティ・スクールの実証研究レビューを通して第三に指摘できること—そして本書が最も重要視すること—は、教育行政学や教育社会学から提起されてきた理論的課題点が充分に扱われていないということである。

第三の点は、さらに二つに細分化される。一つは、これも教育社会学や教育行政学で指摘されていた社会属性的な要因が一切検討に入っていないという問題がある。佐藤［編著］［2010］では、属性について、教員委員の割合を測定しているだけであり、大林［2011］でも、社会階層・選出区分・ジェンダー等について言及はない。前段落までの記述で、学校運営協議会の中の葛藤に注目を促したが、広田［2004］に代表される教育社会学の指摘は、ただの葛藤ではなく、社会属性間に影響された葛藤という問題であったが、教育経営研究の先行研究を概観すると、理論と実証についていまだ乖離状態にあると言わざるをえない。

もう一つは、コミュニティ・スクールの「成果」や「学校改善」に注目する一方、組織内部における葛藤が必ずしも十分には重視されていないことである。佐藤［編著］［2010］や大林［2011］は、いかなる成果が現れているのか、いかにして学校改善が実現したのか、という効果論に関心を集中させており、学校ガバナンスにおける社会背景の多様性がもたらす格差や葛藤の問題に関しては考察していない。実際、佐藤［編著］［2010］は、研究課題に「成果」と「課題」という語を用いているが、ここでいう「課題」とは、あくまで政策を推進していく上での障害や未達項目を示している。つまり、「課題」と言っても、政策の想定する文脈の範囲内のものであって、制度そのものが内包する問題や、理論的な課題を検討したものではない。また「成果」についても、所期の効果の達成度という意味合いで用いている。いわば、政策内在的な視点に立った課題解決的研究なのである。大林［2011］でも、事例校で生起した地域住民と学校の間のコンフリクトと、校長のイニシアティヴによってそれが解消されていった過程が記述されているが、「学校改善」という所与の目的のために解消されるべきものとしてコンフリクトを捉える暗黙の前提があるように思われる。

しかし、学校運営におけるコンフリクトは軽視されるべきものではない。ここで参考にしたいのは、マイクロ・ポリティカルな学校組織把握の方向性である。

近年、校長を中心に関係者が合目的的行動を取ることを規範とし、それに合致しない現実を逸脱として捉えるような合理的・調和的な教育組織観に対しさまざまな異論が提出されているが(10)、その代表的な潮流が、マイクロ・ポリティカルな視点に立った教育組織研究の動向である。マイクロ・ポリティクスとは、端的に言えば、葛藤（conflict）と統制（control）を含みこんだ組織における社会関係の態様のことである（Ball［1987］, Ball & Bowe［1991］）(11)。

マイクロ・ポリティカルな組織把握が提起された一九八〇年代後半以降の英米では、学校の自律性やアカウンタビリティが強く問われ、校長のリーダーシップ強化と、教員に対する統制が進められていた。しかし、本来、「学校経営には、公式、非公式に多様な人々が関わっているので本質的にポリティカルであらざるを得ない」（水本［2009：70］）。このことから校長と教員との間で繰り広げられる葛藤を描く学校組織研究が産出され始めた。たとえばボール（S. J. Ball）の研究では、情報のコントロールや、非公式な人間関係に基づく交渉などが展開され、改革が当初の想定と異なる形で運用・改変されている様が描かれている（Ball［1987］）。

マイクロ・ポリティクスについては、近年の日本でもその意義や必要性が指摘されている（水本［2009］、勝野［2008］、小川［2009］、鈴木［2010］）。分権と選択を基調とする教育システム改革の下、学校の自律性が求められ、校長を中心とした教職員の協調・統合が図られている。そのため、一九八〇年代の英米と同様、学校組織内に本質的に内在する対立がいかに現れるかが研究課題になってきているのだと思われる。

しかし、より重要なのは、対立的な基盤を持つにもかかわらず「協力的」にみえる行為があった場合もその過程や要因を捉えようとすることがマイクロ・ポリティクスの課題であり、そこに現代的意義があるということである。水本によれば、近年の学校経営政策においては、マイクロ・ポリティクスを統御するためのさまざまな政策や学校経営技術が開発されているが、そこでは葛藤を縮減させるための歩み寄りがなされるだけでなく、むしろそれを抑圧、隠蔽する方向に向かっているところに特徴がある（水本［2009］）。官製の組織マネジメントや業績評価という組織経営技術は、一見して中立性を装いつつ、本来教育組織に内在する対立・葛藤を隠蔽する。これに加え、東京都の職員会議制度改革のようなコミュニケーションの在り方の規制もなど同様の効果をもたらしている（水本［2009］）。こうした状況があるからこそ、水本［2009］は、学校運営の過程を力動的に捉える上で、マイクロ・ポリティクスの統御も含めたポリティカルな過程への注目を促したのだと考えられる(12)。

ここで、組織の範囲を拡張し、教職員の協働体系から、地域住民や保護者を含みこんだより広い協働体系に目を転じたとしても、マイクロ・ポリティカルな視座に立つ組織研究の意義は大きいだろう。水本も、「学校内外の接面自体をどのような構造によって形成するかという問題も、たとえば学校運営協議会の活動をミクロ・ポリティクスとして分析することを通じて、新たな制度設計を構想することが可能になるのではないであろうか」と述べ、マイクロ・ポリティカルな組織把握に立つ研究の対象として学校運営協議会を例示している（水本[2009：73]）。このように考えると、「連携」という言葉で覆い尽くされる学校・保護者・地域の関係性の中に、いかなる葛藤が存在し、それがどのように表出したり、表出を遮られているのかを考える必要があろう。

その中で、こども未来財団［2009］が親教育に注目したことの意義はある。周知の通り、家庭教育の責任を強化し、あるべき保護者像を掲げる政策動向の中で、子育てをめぐる格差や葛藤が高まっている（本田［2005］[2008a]）。本田［2008a］が示すように、良き親・良き子育てという概念は多分に規範的かつ論争的である。また、子育ての規範は歴史的・地域的な変動を伴う相対的なものであるにもかかわらず／あるがゆえ（広井・小玉[2010]）、行政や政治などの中でその在り方をめぐるせめぎあいが起こるものである。したがって、学校レベルで親教育がなされることは、特定の親像を構築する政治的作業の存在や、親教育の実施における葛藤を想起させるものである。しかし、こども未来財団［2009］では、いかに親教育が始められ、いかなる帰結をもたらしているかは検討されていない点で不十分さが残っている。

第3節　英米の研究からの示唆――保護者と学校との関係性を社会学的に捉える諸研究

本節では、英米における保護者‐学校関係論をレビューする。先述のように、学校運営への素人参加（清原の言う狭義の「開かれた学校づくり」）に関しても、保護者による学校支援の推進（広義の「開かれた学校づくり」）に関しても、優れた先行研究が存在する。具体的には、社会属性的な差異を意識した社会学的研究が蓄積されている。社会属性を考慮した学校・家庭・地域の連携の研究を模索する際、有効な蓄積であると判断し、英米の研究をレビューする。

（1）「パートナーシップ論」——J. Epsteinの諸論

まず、日常的な学校と保護者との協働関係を進める有力な実践として、「パートナーシップ」論を紹介する。これは、ジョンズ・ホプキンス大学の社会学者であるジョイス・エプシュタイン（Joyce Epstein）によって推進されている保護者ｰ学校の関係形成のための実践プログラムである。学校運営の意思決定に保護者を呼びこむだけでなく、保護者を日々の教育実践に巻き込み、支援的な関係を形成しようとする点で、広義の「開かれた学校づくり」と関連性を有するものである。

この内容を説明する前に、保護者と学校との間の関係形成をプログラム化しようとする背景に触れておきたい。背景の第一は、保護者の文化的ギャップへの問題意識があった。周知のように、アメリカには、人種的・文化的・社会階層的なマイノリティの学力問題や適応行動の問題があるが、その背景に、マイノリティ・貧困層における学校文化とのズレ（古田［2005］、岩井［1998］）が存在するとされている。そのため、保護者が子どもにいかに関わるか、学校とどのような関係を構築するかということは学校経営上の問題となり、家庭での子育てを含めた親の（学校）教育への関与を学校が中心となって改善し、保護者間のギャップを埋める必要が出てきた。「パートナーシップ」とは、「目的を分有した協力関係」（Epstein［1992 : 1140］）のこととされるが、保護者と学校が子どもを中心に合目的的な協力関係を形成することが「パートナーシップ」論の眼目とされている。

第二に、学校改善の具体的プログラムの必要性であった。一九八〇年代のアメリカでは、ＳＢＭ（School-Based Management）や学校選択など、学校教育の枠組の変革が進んだにもかかわらず、すでに存在している学校制度の巨大で断片化された制度的障壁により教育改革が教育の質と連動しないという問題意識があったという。

そのため、「枠組みの改革が重要であることは論を待たないが、それにも増して重要なことは、構造の改革を教育の質の改革に連動させるようなプログラムの開発・実践・評価にあ」るとされた（岩永［1999：44］）。とりわけ、ＯＥＲＩ（教育研究改善局＝Office of Educational Research and Improvement）が指摘したように、「政策の断片性をいかに克服し、教育に関係する各主体（機関）の連携をどのように取り結んでいくのか、いかにしてsystemic school reformを実現していくのか」が改革の焦点となっていったのである（岩永［1999：44］）。

では、「パートナーシップ」を実現するため、具体的にどのような取り組みが推奨されているのだろうか。エプシュタインは、図表1－2に示した六つの「タイプ」を提案している。

タイプ1は「子育て」（Parenting）、タイプ2は「学校とのコミュニケーション」（Communicating）、タイプ3は「学校ボランティア」（Volunteering）、タイプ4は「家庭学習の監督」（Learning at Home）、タイプ5は「意思決定」（Decision-Making）、そしてタイプ6は「地域社会とのコラボレーション」（Collaborating with Community）という並びになっている。これらは、プロトタイプとして示されており、各学校はこの六タイプをもとに親の協力を増進させるため自校の取り組みを構築する。極めて広範であり、コミュニケーション（Communicating）やボランティア（Volunteering）などのように対学校の関係構築に関わることはもとより、子育て（Parenting）や家庭学習の監督（Learning at Home）などを含んでいるという点で、保護者に対する介入的・啓蒙的な要素を持つことに注意したい。そのため、教育への保護者の「参加」（parent[al]participation）という言葉だけでなく、「巻き込み」（parent［al］involvement）という単語が充てられることも多い。

エプシュタインらは、この実践モデルを効率的に進めることができるよう、学校・学区・州に助言を行っている。その中心には、ジョンズ・ホプキンス大学に付置される「学校・家庭・地域パートナーシップ研究所」（Center for School, Family, Community Partnerships）があり、これがネットワークを主宰している。学校や学区は

図表 1-2　Epsteinによるパートナーシップ実践の6タイプ

〔タイプ1：Parenting〕

1）すべての家庭が子どもの学習を支えるような家庭環境を作り出せるように家庭を援助すること。
2）①子どもの成長・発達についての講演会などの開催、②学習意欲の向上につながる家庭環境に関する情報の提供、③家庭訪問や地域での懇談会の開催など。
3）学校でのワークショップや講演会に参加していないすべての保護者に、情報を明確で利用可能な内容として提供すること。

〔タイプ2：Communicating〕

1）子どもの学習や生活の様子、親の要望などが学校と家庭で共有できるような効果的な双方向のコミュニケーションの形態を工夫すること。
2）①子どもの学習についての懇談会の開催、②学校での学習状況を知らせるためのフォルダーの点検とコメント、③学校の教育方針・提供されるプログラム・改善案・輸送などに関する明確な情報の提供など。
3）英語をうまく話せないまたは読めない親に対して配慮すること、および通信の質と双方向性に注意すること。

〔タイプ3：Volunteering〕

1）学校の教育活動や行事などを援助できるようボランティアを組織すること。
2）①parentroomの設置、②教材準備・昼休み指導・図書室運営・特定授業への援助、③登下校時を含む安全確保への援助など。
3）学校は、すべての親の時間と能力を必要としていることを広く伝え、組織すること。働いている親が参加できるような活動内容とスケジュールを考えること。

〔タイプ4：Learning at Home〕

1）家庭において子どもの学習を援助すること、また親が援助するために必要な情報やアイデアを提供したり、学校の授業進度やカリキュラムなどに関する情報を提供すること。
2）①家庭学習のチェックとサイン、②親と子どもの読書プログラムの設定、③家庭学習の進め方に関する情報の提供など。
3）子どもの学校での学習内容に親が気づき、重要なことは子どもと相互に討論する意欲と責任を引き出すような魅力的な宿題を企画し提供すること。

〔タイプ5：Decision-Making〕

1）学校の運営や意思決定に関して、親の意見を述べる代表を組織すること、また意見の反映が可能となるように既存の組織を活用すること。
2）①親・住民の代表が参加する組織（学校改善委員会・PTA／PTOなど）の設置、②代表選出の手続きや選挙などに関する情報の提供、③代表とすべての保護者を結ぶネットワークの形成と活用。
3）すべての人種・民族・社会的地位を代表するような親のリーダーを組織すること及びリーダーとして活動できるように十分な研修を提供すること。

〔タイプ6：Collaborating with Community〕

1）学校の教育活動・親の活動及び子どもの学習を充実させるために、地域社会の資源やサービスを活用すること。
2）①地域社会の健康・文化・レクリエーション・社会的支援その他のプログラムやサービスに関する情報の提供、②子ども・家庭・地域による地域社会へのサービスの提供、③学校教育への地域人材の活用など。
3）連携活動の責任・財源・人員・場所等に関する「縄張り」の問題を解決すること。子どもや家庭に公平な機会を提供すること。

岩永［1999：46-47］をもとに作成。

幾らかの加盟料を支払いながらネットワークに参加する。参加した学校や学区は、年に一回の総会に参加したり、コースワークを受講したりして研究所の指導を受ける。エプシュタインらは、実践上で役に立つツールキット(13)を作成・販売しているほか、エプシュタイン方式で実践した学校は、研究所に対して実践のデータ提供を行い、実践的知見を他の学校・学区や、大学と交流することになっている。その意味で、大学と学校の連携、研究と実践の統合などの理念にも叶うものであるという（岩永［1999］、Epstein［1995］, Epstein *et al.*［2009］, Epstein & Sheldon［2002］)。

ところで、このように、親の学校教育への関わり方、そしてその変革に焦点が当てられる論拠には、量的研究の知見がある。多くの量的研究では、親の学校教育への関与と、児童生徒の成績との関係を捉えようとしてきた。これらから明らかになったのは、学校教育への親関与のあり方の説明力である。すなわち、親の学校教育への関与の多寡や質と、子どもの成績や適応度とは相関しているだけでなく、親の社会階層やエスニシティをコントロールしてもなおその説明力が有意だというのである。多くの研究は、英国のＮＣＤＳ(14)や、米国のＮＥＬＳ(15)等といった大規模データセットを用いて、保護者の教育行動が児童生徒の成績に与える影響を量的に検討しており、その数は枚挙に暇がない（たとえばSacker *et al.*［2002］, Ho Sui-Chu & Willms［1996］, Henderson［1981］［1987］, Henderson & Berla［1994］, Henderson & Mapp［2002］)。

しかし、親の学校教育への関与をインプットとし、子どもの学力等をアウトプットとするインプット・アウトプット分析は、それだけではインプットに応じたアウトプットの差があることを示しているに過ぎない。インプットがエスニシティや社会階層によって違っている以上、問題はいかに保護者を変えるかにあるとされる。すなわち、岩永［1994：156］が指摘するように、「危機にある子どもの家庭に学校が手を伸ばし、だれでも実践できるような形態で、その親を学校や子どもの学習にかかわらせることが不可欠」と捉えられるようになる。その結果重視されるのは、マイノリティの保護者における向学校的でない家庭教育や対学校行動を変えるための、養育技術の習得に重きをおいた学校主導的実践である。エプシュタインは、保護者による家庭教育や対学校行動は、政策によって「確実に操作可能」(absolutely doable)[16]であると述べ、Can Do Theoryとも言うべき保護者の変革可能性への信頼を主張する。エプシュタインは、「全ての子どもたちは自分がなりたいと思っている全てのものになりうる可能性を持っている。全ての子どもには、社会の構成員が潜在的に保持している知性、好奇心、才能、創造性がある。愛情を持った親、健康な環境、そして良い学校が与えられれば、全ての子どもたちは有能で自信に満ちた若き大人になることができるし、高等教育に進むことや仕事の世界において成功できるし、社会や家庭、そして自分自身に貢献することができる」(Center on School, Family, Community Partnerships cited in 岩永[1999：51])として、教育による可能性を高らかに謳い上げるとともに、

・学校と教員がそれぞれの学年における適切なパートナーシップ実践を開発し、実施しない限り、パートナーシップは学年を追うごとに減衰する。
・学校と教員が経済的に不利なコミュニティにおいて有効なパートナーシップを築くことをしない限り、豊かな家庭の子どもほど教育上有利になる。
・学校が、ポジティヴな成果を出していない子どもの家庭とのコンタクトも含む、バランスの取れたパートナーシップを構築しない限り、経済的に不利な地域の学校のほうが、その子弟の教育上の問題や困難にかかわるコンタクトを取りにくい。
・学校や子どもをサポートするためのボランティアや時間の設定を行い、家庭を組織化しない限り、シングルの親や、労働している親や、学校から離れて居住する家庭や父親は、概して参加が低調なままである。

（Epstein *et al.*［2009：12-13］）

として、学校から家庭への働きかけの効果に対する信頼を表明している。

「パートナーシップ」論が啓発的性格を持つゆえ、エプシュタインの理論には、シンプルさという特徴もある。まず、彼女の論は「重なりあう影響の領域」（Overlapping spheres of influence）というシンプルな理論的背景に基づいている。(17) これは素朴に言えば、学校・家庭・地域の間の重層が子どもをよく育てるという発想に立つ理論である。エプシュタインは、「このモデル〔Overlapping spheres of influence〕は、視覚的には、それぞれの領域（environment）における人間の力と実践が、近づいたり離れたりするようなものである」（Epstein［1992：1140］）として、それぞれの領域がその時々の関係によって付いたり離れたりするベン図のような視覚的認識を提起している。

また、彼女らが行うコンサルティングもシンプルである。たとえば、先述した六つの「タイプ」とは、もともとは因子分析によって導出された因子である。しかし、因子と呼ばずあえてタイプと呼んでいると言い、これは、少々の厳密さを犠牲にしても実践におけるわかりやすさを重視しているからだという（渥美［2006：20-21］）。

こうしたシンプルさもあり、保護者の家庭教育や対学校行動を変えるという「パートナーシップ」論やエプシュタインらのコンサルティングによる実践形式は、個人および大学付属の研究所の活動にとどまらない影響力を持っている。No Child Left Behind Act では、補助金を受けるには、各学区や各学校に「パートナーシップ」構築のためのプランを整備するよう求めるに至っており（古田［2005］）、保護者の参加を奨励できることが校長の役割の重要な一部とされるのである（浜田［2007：301-302］）。

（2）「パートナーシップ」の非中立性と保護者間格差——A. Lareau の批判

「パートナーシップ」論に対しては、しかし批判もある。

その一つは、こうした研究・実践が、まだ途に付いたばかりであり、必ずしもその効果は明確に論証されるまでには至っていないというものである。二〇〇二年に、親‐学校間関係推進プログラムのレポートをメタ評価したマティングリー（Mattingly）らは、プログラムが子どもの学習を改善したり、親・教員・子どもの行動の変化をもたらしたりするという、広く流布した主張が、必ずしも実証的に支持されるものではないと主張した（Mattingly *et al.*［2002］）。この論文では親関与プログラムに関する四一の研究を分析しているが、多くの研究はリサーチデザイン、データ、分析の技法などにおいて多くの欠陥（flaws）を内包していた。質的に行われたレポートは、多くは主観的である。量的な分析を試みたものを見てみても、統計的に洗練された方法が採用されていない、データセットが不十分である、などの問題を有していた。たとえば、多くの研究は質問紙調査の結果をもとに検討しているが、四一のうち一〇はポストテストのみである。同一コホートにおけるプリテストとポストテストの結果を比較する研究は一七しかなく、条件を厳しくすればするほど、親関与の効果はネガティヴになっていくというものであった。さらに、実験的研究は一四あったが、実験的であればあるほど、実践的でなくなるという問題もある。マティングリーらによるこの批判は、エプシュタインの掲げる理想や方法を共有しつつ、その実際には未達点があるとするものであろう。

これに対し、エプシュタインが掲げる理念や方法への根底的批判も存在する。広田照幸は、家庭と学校との関係を論ずる上で、「機能主義的視点」と「葛藤論的視点」との二つの視点がありうると述べている。前者は、「家族と学校と言う二つの集団は、全体社会の中のサブ・システムとしてそれぞれ独立した位置を占めている。両者は相互に影響したり、別々の役割を担いながら、最終的には全体社会の目標達成や統合や再生産に対して相補的・あるいは相乗的に機能する。そこではサブ・システムの間に対立があったとしても、それは相互間の調整によって解決可能な問題であるとみなされる、というものである」（広田［1999：25］）。他方、後者は、「別々の論理とイデオロギーをもつ複数の集団間の駆け引きの歴史として、家族－学校関係の歴史を見直す」視点である（広田 前掲）。この枠組に則ったとき、後者に立つ研究が存在しているのである。

その一つが、社会学者アネット・ラロー（Annette Lareau）による研究である。ラローは、保護者の対学校行動に関する精緻なフィールドワークに基づき、パートナーシップを強調する政策に疑問を投げかけている。

ラローは、保護者の対学校における行動や意識が社会階層間で大きく異なっていることを指摘する。たとえば、白人で階層上位の保護者は、ボランティアに盛んに参加して教員を助けるとともに、我が子の学習状況を把握したり、我が子の担当教員と情報交換したりしている。教育において自らを教員のパートナーと捉え、教員と「カクテル抜きのカクテルパーティ」（cocktail party without cocktails：Lareau［1987：78］）とも言うべき賑々しい交流を学校の一室で楽しんだりする。学校行事への参加も頻繁であり、保護者同士のネットワークも広い。それに対して人種的・階層的マイノリティの保護者は、自らの学校教育経験の制約によって教員と接することに心理的に構えてしまったり、病気の治療を医者に委ねるように教育を学校に任せる発想を持っていたりする。加えて時間的制約が大きく、そもそも学校に行くことが少ない。ボランティアも低調で、どちらかといえば没交渉である（Lareau［1987］［2000］［2003］）。

このような量的・質的差異は、エプシュタインが前提としていたインプット－アウトプット分析の知見と重なりを持っている。しかし、「だから保護者を変えればよい」と単純に進まないのがラローの特徴である。ラローにとって保護者間のこうした差異は、階層に規定されたものであり、そう簡単に乗り越えられないばかりか、保護者の対学校行動こそが家庭の階層とその再生産とを媒介するものと捉えるべきだからである。

ラローは、ブルデューの資本概念を批判的に発展させ、次のように議論している。有効に再生産を行うには、文化資本・社会関係資本の単なる保有（possession）でなく、その活性化（activation）が必要である。保護者は、自らの文化資本・社会関係資本を前提に、学校との関係の中でそれを広げたり、活性化させたりしている。階層上位の保護者は、学校に関わる中で教育に関する知識を得たり、他の保護者とのネットワークを広げたり、教員との相互交渉の中で学校教育をカスタマイズ（customization）したりしている（Lareau & Horvat［1999：39］）。保護者は学校に参加する中で自らの保有資本を活性化するのであり、学校－家庭関係は資本活性化の駆け引きを行う「ゲームの場」として位置づけられるのである。その意味で、ラローの研究は、学校が階層格差を再生産するプロセスを、資本概念を用いて明らかにしようとするブルデュー以降の系譜を更に精緻化したものと位置づけられる。

本書にとって重要なのは、このような「ゲームの場」が、価値中立的な場ではないということである。資本の活性化が可能になるのは、多くの場合、社会階層的に上位に位置する親や、白人の親である（Lareau［1987］［2000］［2003］）。この差は、もともとの資本保有量の違いにまずは由来する。しかし、彼女が重視するのは、学校側の価値の偏りである。一つの例としてLareau［1987］が論じるのは、教員は児童のトラッキングや原級留置を判断するにあたって、児童の能力だけでなく、親の子育て等に対する在り方を評価材料に用いているということである。その際前提になるのは、ミドルクラスの親の在り方である。教員は、自らがミドルクラスに属することから、暗黙的にミドルクラスの価値を前提に、保護者と子どもを評価してしまっている。こうしたまなざしの中で低い評価しか得られないのがローアークラスの子育てなのである。

他方、ローアークラスにおいては、学校に関わろうにも難しい状況がある。たとえば自分では全く労働時間を管理できず朝や夜に仕事をしているパートの母子家庭、子どもの治療のために遠方の病院に通わねばならないにもかかわらず車を持っていない家庭、一〇時間の労働をするために往復四時間を徒歩で通う母親などが例に挙げられている（Lareau & Shumar［1996］）が、そうした保護者からすると「パートナー」としての振る舞いをいくら求められても、困難な要求と映ろう。リスクを抱える家族（family at risk）においては、生活を改善するにも、貧困でない家族とは比較にならないほどの困難を伴い、逆に小さな生活上の変動も大きな悪影響となって現れる脆弱さを持つのである（山野［2008］）。

こうした分析を踏まえてラローが主張するのは、保護者をパートナーとして取り込む政策はミドルクラスの子育て観に偏ったものであり、実のところ一部の人において達成が容易な特定の行動目標を押し付けているということである。(18) パートナーシップを推進する政策が階層低位の層としての制約を無視するならば、それは個人の努力にのみ結果を依存する「個人主義」（individualism）の政策といえよう（Lareau & Shumar［1996］）。保護者の学校参加を増進させ、平等を達成しようとする介入プログラムの観点からは、リスクを抱える家族や学校がそうでない家族や学校よりも特に多く参加し、なおかつそこから利益を得て、はじめて階層間の平等が達成される。しかし、そうでない限り、不平等は改善されぬままになるだろう（Lichter［1996：268-269］）。

（3）対学校における保護者の無権力性の問題――C. Vincent の批判

ロンドン大学の教育社会学者であるキャロル・ヴィンセント（Carol Vincent）は、その博士研究において日常的な保護者－学校間関係を分析している。エスノグラフィー調査に基づいて明らかになったことは、保護者の無権力状態である。

Vincent［1996］は、保護者が学校を含む教育機関と取り結ぶ関係について、図表1－3に示すような四つの理念型を示している。この中には、没交渉の「独立者」関係（Independent）、学校選択を行う「消費者」

図表 1-3　教育機関に対して保護者が取りうる役割の理念型

保護者の役割	支援者／学習者（Supporter/Learner）	消費者（Consumer）	独立者（Independent）	参加者（Participant）
機能	専門職を支援し、専門職の関心事やアプローチを理解する	学校のアカウンタビリティと高い学力水準を追求する	学校と最低限の接触しか持たない	自らの子どもの教育だけでなく学校全体のガバナンスに関わる
メカニズム	・専門家が用いる枠組に従ったカリキュラムのサポート ・学校の教育関係のイベントへの参加 ・学校が行う社交や資金集めのためのイベントの支援と運営	・「リーグテーブル」を用いて行う学校の選択に向けた備え ・政府のガイドラインに沿って詳細な情報を受け取ること	・学校と家庭とのコミュニケーションやインタラクションはほぼなく、保護者は補習授業のようなオルタナティヴな型式の教育を施す	・学校理事会の保護者理事 ・法令の定めに従った保護者団体 ・地方や中央での教育関係の集団や組織のメンバー
焦点	・教育上の事項に関しては個々の子ども ・カリキュラム外の活動や資金集めに関しては、全学校・全クラス	・教育上の事項に関しては個々の子ども ・学校管理に関する関心は限定的（例：GMS status を求めて投票をする）	・個々の子ども	・さまざまなレベルにわたってあらゆる教育上の側面にフォーカスが当たりうる（個々の子ども、学校全体、地域や国家での教育政策問題など）

Vincent（2000：3）より。

（Consumer）や、学校理事会の機能強化に伴う「参加者」（Participant）という位置づけも考えられていた。

しかし、フィールドワークの結果見出されたのは、多くの保護者が意図的・非意図的によらず「支援者／学習者」（Supporter/Learner）という立場に置かれていたということである。「支援者／学習者」としての保護者像は、教師がすでに行っていることを支援（support）したり、それについて学んだり（learn）するものとして保護者を捉えるものである。保護者は、学校での活動の一部を担うことによって教員をバックアップしたり、子どもの養育を改善したりすることを期待されているにすぎず、教師が自らを保護者から何かを学ぶ地位に置くことは少ないのである。もちろん、保護者による学校への支援がすべて学校からの指示によるものではなく、学校からの指示が無いのに要求を先回りするかのようにさまざまな支援がなされていることも、「支援者／学習者」という言葉の含意である（Vincent［2000：5］）。

ヴィンセントは、エプシュタインに直接言及していないものの、「パートナーシップ」という概念については次のようなカウバーンの指摘を引きながら批判している（Vincent & Tomlinson［1997：366］）。

保護者は、以前は専門職の統制を妨害しないように学校から排除されていた。その保護者が、今は教育に関与し学校に来るよう促されている。それは、専門職が教育を統制するやり方をそのままに理解することができるようにである。〔専門職が優勢であるという＝筆者註〕基本線はそのままであるが、その基本線を守るための方法は今と昔で対照的である。（Cowburn［1986：18］）

すなわち、これまでは学校から排除されていた保護者の参加が奨励されるようになったが、それは専門職の判断に外部の意見を反映させるのではなく、専門職の意図を学ぶため学校に招かれているに過ぎない。こうしてヴィンセントは、「パートナーシップ」という概念が、学校が保護者を統制する新たな装置に過ぎないと主張するのである。

恒吉は、「親に求められる行動に関するイデオロギー自体、社会的な産物であり、権力や格差の問題と不可分」（恒吉［2008：102］）であるとしている。また、本田［2008a］も、良き子育てが規範化されて提示される一方、それを遂行できるかどうかに格差が関わり、さまざまな葛藤を生起させるともいう。こうしてみると、「パートナーシップ」というイデオロギーに対して、格差の観点から批判を加えたのがラローであり、権力や葛藤の観点から論じたのがヴィンセントだと言えるのではないか。ラローは、「パートナー」として定められた特定の保護者像による対学校行動が、実はそれを遂行できるかできないかの差となり、子どもの格差につながるとした。これに対し、ヴィンセントは、学校と保護者との間にある非対称な権力関係に着目した。そのいずれもが、特定の親の在り方を押し付ける発想に対しての、批判的な考察となっているのだと言えよう。[19]

（4）学校ガバナンス機関における保護者委員の劣位性——R. Deem の批判

前節までは、平素の保護者－学校関係を分析的に捉える研究であった。これに対して、学校運営の意思決定についても、さまざまな批判的研究が存在している。本節では、学校運営に保護者や地域住民を参加させる仕組みである学校ガバナンス機関について、その実証研究の結果をレビューする。

米国のファイン（M. Fine）は、シカゴやフィラデルフィア等の学校協議会の分析を踏まえて、近年の教育改革のディスコースは、「保護者と、教員・行政・企業代表とが社会的に平等であるかのように語っている。しかし、例外はあるが、歴史的にも今日の学校改革においても、保護者は明確に排除されてきた。保護者、特に低所得者層の保護者は、専門家より『劣った』存在であると扱われ、自らもそうみなしている」（Fine［1993：684］強調原著）として、学校ガバナンス機関における保護者委員の周縁化を指摘し、保護者参加の在り方を「上辺だけの保護者参加」＝［ap］parent involvement と評している。

このような中で、参考になるのは、日本の学校運営協議会導入時にも参考事例とされていた英国の学校理事会（School Governing Bodies）についての実証研究である。英国の学校理事会については、長らく象徴的な意味合いの強いものであったが、生徒の学力や規律の低下など教育問題が取り沙汰されるとともに、参加民主主義の流れを受け、一九七〇年代後半から一九八〇年代に入り保護者などの参加を強化する改革が進められていた（前田

[1984]、小松[1988]、君和田[1982]）。[20] その改革の流れを受けつつ、さらにドラスティックに進めたのがサッチャー政権下での理事会改革である。学校選択を進め、競争の中での自律的学校運営を促進するものとして知られる一九八六年・一九八八年の大規模な法改正の中で、学校理事会にも大きな役割が与えられた。すなわち保護者理事の増員が図られただけでなく、予算・人事・教育課程などへの権限増強が図られた。また、産業界などから理事を選任することも奨励され、学校経営にビジネスのエートスを持ち込むことも図られていった（小松[1988]を参照）。そうした経緯を受け、新たにスタートした全国の学校理事会が実際にどのように運営されているのかを検証する実証研究が、法改正の直後、さまざまに行われた。[21]

たとえば全国教育研究財団（National Foundation for Educational Research：NFER）によるいくつかの研究では、学校理事会がどのような人物を理事に選び、にわかに増強された権限にいかにして対処しているのかを検討している。

Keys & Fernandes[1990]が明らかにしたところによれば、学校理事のうち多くが、教育的・専門的に高い資格を有している。これに対して、マニュアル労働者や人種的マイノリティの理事は割合的にとても低い。また、全体的にジェンダーのバランスはとれているものの、中等教育段階の学校では男性優位であるという。

Baginsky, Baker & Cleave[1991]は、四〇の学校理事会に対する質的な調査を行った。その結果、学校における意思決定の大部分は校長によって担われ続け、それらが理事に委ねられていくことに対して校長の抵抗があること、多くの理事はカリキュラムに関する検討が自らの役割の中心であると考えているが、専門職に疑義を提起することには躊躇していることなどが示された。

Earley[1994]でも、理事の三分の一、校長の三分の二は、とりわけ人事や予算面における学校理事会の権限を過大と評価していたと明らかにしている。

ＮＦＥＲの調査研究と並んで重要なのは、ディーム（Rosemary Deem）らが行った質的研究である（Deem [1989]［1991］［1996］, Deem *et al.*［1995］）。ディームらは、二つのＬＥＡ（Local Education Authority）から一〇の学校を事例として選択し、それらの学校理事会に継続的に訪問しながら、インタビュー・文書資料分析・実際の議事場面の観察に基づいてインテンシヴな検討を行った（The Open University 'Reform of School Governing Bodies' Project（1991-95））。この研究は、学校理事会に関わる法制の影響がどのようなものであるか、理事らが新たな役割にどのようなストラテジーで対応しているのか、について情報を収集するものであり、意思決定のプロセスや理事会内部の権力関係について分析している。

ディームらは、学校のガバナンスを「政治的な」（political）活動であると捉えた上で、意思決定（議決）は理事が行いうる多数の事柄のうちの一つに過ぎず、重要な事柄は理事が理解しないうちに処理されているとしている。まず、Earley［1994］の知見と同様、理事たちは与えられた権限を過大と認識していることが示される。一例として、理事会で教員の解雇（redundancy）が扱われた事例が取り上げられている。ある学校では、見習い期間が終わっても必要な資格取得ができない教員を解雇する必要があるが、その決定は理事会で扱われず、事後報告されるだけであったという。また、財政的制約による整理解雇があった学校では、退職者募集をし、教員組合の意見聴取を経て、最終的に理事会全体で決定した。ビジネス出身の理事はそのようなプロセスを歓迎したが、他の素人理事、特に母親は、そのプロセス・結果いずれもがトラウマティックであったとしている（Deem *et al.*［1995：119-120］）。また、予算に関して、毎日の管理は校長に委任されざるをえないし、細かな予算計画の承認についても、大体は下位委員会（sub committees）における少数の委員で実質的に承認されるに過ぎないという（*ibid.*［120］）。こうした中で、理論的には理事会の監視と統制の下にあるとされる校長も、そうしようと思えば、時に理事たちを出し抜く（out-manoeuvre）ことができる。その大きな理由は、理事たちの大部分は学校と教育についての知識が限られているのに対して、専門職の有する知識は、素人理事にしてほしくない行動を取らせずにおくのに十分だという知識の差である。もちろん理事の間でも差があり、知識のある理事は知識を持たない理事よりも大きな力を持ち、知識を持つものが支配的になっているというのである。

さらに、素人理事の間にもさまざまな差異があることもディームらの重要な知見である。理事会は、中心的に参加する中心的活動家（core activist）と、周辺（periphery）に位置し影響力をもたない者に二分され、前者は理事長（chair）を中心として地域の政治家や民間出身理事という選挙で選ばれていない理事で構成される一方、保護者理事は保護者から選挙で選ばれたという正統性を持つにもかかわらず、不均衡なまでにほぼ全て周辺的位置にあることを明らかにしている。とりわけ女性保護者理事は、財務・人事などの下位委員会（sub committees）への所属は少なく、カリキュラム・生徒の生活・学校訪問など定義が曖昧で、専門職に任せるか、承認するとしても形だけの承認（ラバースタンプ）を与えるだけに留まりがちな部会に多いという。また、エスニシティ・ジェンダーなどの点でも議事での積極性に差があり、マイノリティや女性の劣位性が観察されている。これは、先述した知識の差異だけでなく、経験や時間的余裕など動員できる資源が異なっているからだという。こうして、学校理事会は効率的でも民主的でもなく、活動的市民が理事になっていたとしてもその学校の生徒や保護者から選挙で選ばれたわけではない場合が多いとしているのである（Deem［1996：65-66］）。

このほかに、先述のヴィンセントも、保護者代表であるはずの保護者理事は、保護者全体からみて極僅かな人数しか代表として参加しておらず(22)、しかも学校理事会の一部分（integral part）とみなされ、学校理事会と異なる保護者の意見を代弁するよりは、学校理事会の方針に沿って発言することが求められているとする（Vincent［1996］）。Pascal［1988］においても、保護者理事は、教員側に立つようなメンタリティを持つ人を中心に選ばれていることが明らかにされている。

（5）英米の先行研究からの示唆

以上、エプシュタインの「パートナーシップ」論を紹介したうえで、ヴィンセント、ラロー、ディームを中心にして、「パートナーシップ」論への批判を含めた社会学的研究の動向を見てきた。これらのレビューを通して得られる示唆は、次のようにまとめられよう。

第一に、保護者の無権力状態と、保護者の社会属性に応じた格差が、重要な論点となっていることが指摘される。

まず、日常的な保護者－学校間関係（広義の「開かれた学校づくり」）の中に、権力や格差の問題が見られた。ラローやヴィンセントの指摘から示唆されるのは、パートナーシップという一見平等主義的な装いのもとにあっても、教員は常に優位なパートナーであるということである。教員は多くの場合自らの教育活動について理解し支援することを保護者に求め、なかなか自らを保護者から何がしかを学ぶ立場に置こうとはしない。その態度が「パートナーシップ」の美名のもとに隠されており、然るべく定められた対学校行動を一方的に保護者に求める結果になっている。保護者は学校が然るべく定めた方法によって子どもの教育に協力し、学校に支援的に関わることが要請されている。また、社会属性的な格差について言えば、パートナーとして学校が保護者に対して行う要請に応えうるかどうかは、保護者の社会属性によって規定されている。

さらに、学校運営への保護者参加場面（狭義の「開かれた学校づくり」）を見てみても、学校ガバナンス機関の内部関係に社会属性が影響しており、その中で選出区分が重要視され、保護者委員が劣位に置かれていることが指摘されている(23)。学校ガバナンス機関内部の関係は、ジェンダーやエスニシティ等にも規定されているなど、社会属性的格差と密接に結びついた現象となっているのである。このように英米の先行研究は、教員と保護者の差異を見出すだけでなく、保護者の中にも社会階層やジェンダーなどの多元性を認める。そして、多元的なアクターの関係性の中で特定の社会属性が周縁化されている事実とその機制を描くという志向から生まれている。

第二に、権力や格差という第一の点と関わってくることだが、保護者を含めた人間関係を葛藤論的に捉える方法論が有効に活用されている点が指摘される。

ヴィンセントは、学校とレイマンの関係を論じる文脈において「パートナーシップ」・「コミュニティ」・「エンパワー」（Vincent［1996：6-9］）といった、「合意的な用語（consensual language）」が用いられることが多いと述べつつ、その非現実性を率直に指摘し、保護者－学校間関係を構築しようとする営みの中に葛藤論的な視点を導入することを推奨している（Vincent［1996：73］）。実際、Vincent［1996］は、行政によって学校－保護者のパートナーシップを強化するため担当コーディネータを配置する政策が導入された際の学校内の人間関係をボールらのマイクロ・ポリティクスを援用して分析している。日本の教育経営論でマイクロ・ポリティカルな組織把握への注目が高まっていることを論じたが、英米でも葛藤を軽視しない実態把握がなされているのである。

ただし、英米の諸論を参考にするにしても、以下三点の留意点を挙げておきたい。

第一点は、日本の学校運営協議会の選出区分における「地域住民」の重要性である。英米の研究は、どちらかというと保護者内部の多様性か、保護者－学校間の二者関係を議論の対象としてきた。これに対して、日本の学校運営協議会では、選出区分として「保護者・地域住民」が法律に明記され、存在感を発揮している。つまり、学校・地域住民・保護者の三者関係なのである。しかも「地域住民」といった場合、学識経験者から、地域の土着的有力者、民生児童委員等の行政委嘱委員、退職したビジネスパーソンまで、多様なアクターを包含しうるため、数的に保護者を圧倒する可能性もある。

「地域住民」の存在を考えるうえで示唆的なのが、西原［2009］である。西原［2009］は、親・教師・地域住民の教育権について論じる際に、「地域住民の参加は当事者外の利害関係で教育を縛ろうとするものであ」るとし、(24)

特に教育内容に関する意思決定においては「当事者自治の妨害要素でしかない」と断じている（西原［2009：148］）。この指摘は、当事者性の観点から、地域住民の参加を牽制する議論であるが、同時に、当事者性の薄い第三者が加わり、二者関係が三者関係となったことで、事態の複雑性が増す可能性を示唆してもいる。地域住民というアクター群の存在がどのような意味を持つのか。この点にも留意しなければならない。

第二点は、先述したように、日本の学校運営協議会が学校ガバナンス機関であるとともに、協働の実務を担うという二重性を有していること、言い換えれば意思決定を担う機関であるとともに、平素の学校支援も活動の一環としていることである。ヴィンセントが「支援者／学習者」としての保護者という時に想定される学校支援活動は、学校理事会によってなされるものでは必ずしもなく、むしろＰＴＯ（parent teacher organisations）や、その他有志の団体・個人による活動を意味していた。他方、日本ではＰＴＡ等の活動や、地域連携活動と学校運営協議会の活動が不分明に連接されているところに特徴がある。そのような活動上の差異を踏まえた分析が求められよう。

第三に、葛藤を重視し、マイクロ・ポリティカルな観点を参照するとはいえ、「葛藤」が表面化するとは限らないということである。ボールらのマイクロ・ポリティカルな視点に立った学校組織研究は、学校内で繰り広げられる明確な対立や政治的行動を対象としていた。このように対立が顕在化したのは、〝教員同士〟という、大きく見れば同一の社会階層内だからだともいえる。しかし、ディームらによる学校理事会の研究が示しているように、特定の属性の人間が周縁化される場面などにおいては、問題は潜在化するだろう。先に触れた水本［2009］の指摘にあるように、一見葛藤が表面化しない中での統制のメカニズムもマイクロ・ポリティクスの検討課題である。葛藤が表面的に不在だったとしても、そのこと自体が重要な検討対象になることに留意しなければならない。

第4節　研究課題の設定と本書の位置づけ

（1）研究課題の設定

①学校運営協議会における社会属性による差異と保護者委員の劣位性の解明

以上論じてきたことを踏まえ、日本におけるコミュニティ・スクールの動態を実証的に解明しようとするとき、本書が特に重視するのは、学校運営協議会内部での社会属性による不均衡という問題である。先行研究では、学校理事会などでは、階層低位、エスニックマイノリティ、女性の理事や、保護者理事において意見表明の度合いが低く、非活性なアクターにとどまることが示され、学校における民主主義を掘り崩す社会的格差の一断面とされてきた（Deem *et al.*［1995］; Deem［1996］）。また、日本でも、教育社会学や教育行政学の論者によって、委員の属性の偏りや、委員間での活動特性の差の問題が指摘されてきた（広田［2004］、大桃［2000］）。

本書は、さまざまな社会属性の中でも、「選出区分」（教員・地域住民・保護者等の別）に着目し、とりわけ「保護者委員の劣位性」を検討する。これは、英米の先行研究の主要な論点の一つが保護者の無権力性であったことを踏まえている。また、先述のように、日本では保護者が学校に対して支援的であることが求められ、その無権利状態が指摘されてきた（柳澤［1991］）。こうした中、近年の改革で保護者の学校運営への参加に道が開かれたわけだが、学校ガバナンス機関への保護者参加を先行的に実施してきた英米でも保護者が劣位にあったことを踏まえれば、日本でも同様の状況が観察されると考える。なお、結論を先んじるが、保護者、なかんずく女性保護者の劣位性が、全国的な傾向として観察されることになる。

「保護者委員の劣位性」に関しては、それが生じる背景も重要となる。英米の研究では、社会属性に応じて、知識・経験・費やせる時間などの資源が不均衡である結果、学校ガバナンス機関での積極性に差があるとされている。しかし、特定属性が社会的に周縁化されていることを所有資源の多寡のみで説明する場合、その属性が固有に持つ「欠点」が直接的な要因であるかのような言明となり、属性決定論ないしは本質主義に陥りかねない（Hall［1996］）。

そこで本書が重視したいのは次の二つである。

ひとつは学校運営協議会の組織特性である。ある組織で、特定属性が周縁化されているとき、しばしば指摘されるのは、特定属性の資源が組織の要求基準に満たないというよりもむしろ、万人に開かれ中立的に見える組織の要求基準そのものが、多くの場合当該組織のマジョリティによって構築された何らかのバイアスを孕んだものであり、その結果として特定属性が周縁化されているということである。こうした考え方については、河上婦志子［1990＝2009］の「システム内在的差別」という概念から着想を得た。河上は、部活指導や生活指導が重視される中等教育では、教員＝男性という前提に立った運営がさまざまな局面に埋め込まれており、その基準で能力評価がなされるため、女性は周辺化されやすい。その結果、明示的な女性排除がないにもかかわらず、学校のシステム全体に埋め込まれた差別が、中等教育での男性教諭の数的優位を生み出しているとしている。

本書でも同様に、学校運営協議会の組織特性が、保護者委員の劣位性を生みやすくする磁場を帯びているのではないかという観点で、学校運営協議会の理解を深めたい。先述のように、日本の学校運営協議会は「学校支援型」であるが、それならば、ＰＴＡを中心とした学校支援活動を日常的に行い、経験や知見をより豊富に持つ女性や保護者の劣位性は生じにくいと考えるのがまずは自然であろう。その中で女性・保護者の劣位があるということはそれ自体がパズルであるため、学校支援型コミュニティ・スクールと保護者の劣位性との関係性を読み解く。

もう一つは、保護者の劣位性が、保護者以外の他のアクターとの関係性の中で生じていくプロセスを見ていきたい。岩永［2008］は、「学校ガバナンスと保護者の位置」と題した論文の中で、保護者の学校参加を促す制度はできたが、保護者の参加に対する準備性は不十分であるとし、保護者の位置づけの脆弱性を指摘しているが、これも保護者というアクターそれ自身に脆弱性の根拠を見出している。しかし、日本においては、学校と保護者の二者関係だけでなく「地域住民」というアクター群も存在する。「地域住民」というアクター群は、日本の学校ガバナンス機関を捉えるとき、重要である。学校‐保護者の二者関係でなく、学校‐保護者‐地域住民の三者関係は、属性間の関係性をより複雑にするだろう。本研究では、他の選出区分との相互関係の中で、保護者の位置が決まっていく可能性を考慮する。

②学校支援型コミュニティ・スクールによる「対外経営」が家庭教育にもたらすもの

第二に、学校支援を重視するコミュニティ・スクールの活動がどのような社会的帰結をもたらすのかを検討する。その際には、学校支援活動の中でも、「対外経営」、より詳細には学校に対する支援的な活動を保護者に求めるべく、保護者を啓発する活動がなされている学校を対象に、保護者啓発をめぐる対立や格差の諸側面を検討する。さらに、そうした社会的帰結を見通す上で、学校運営協議会における「保護者委員の劣位性」が、どのような意味を持っているのかも検討したい。

社会的帰結に注目するのは、浜田［2012］による次の指摘を踏まえている。浜田［2012］は、学校ガバナンスの動態は「会議自体の活動内容やそこでの委員の発言のありようだけでは捉えきれ」（浜田［2012：28］）ないとし、学校内や学校外の諸アクターにおける関係の編み直しや、その影響がどのようなものかまでを検討の範疇に含めることを提示している。(25)

本書では、特に学校運営協議会が保護者に対して行う「対外経営」の展開とその帰結に着目する。先に述べたように、「対外経営」はコミュニティ・スクールによる代表的な活動の一つである（佐藤［編著］［2010］）。
先取り的議論になるが、本書で扱う「対外経営」の内容は、保護者の家庭教育を改善させたり、学校への支援を強化させたりする啓発である。そうした啓発を通して保護者委員だけでなく保護者全体が学校ガバナンスの中でどのような影響を被るかを考察する。そうした保護者啓発の展開に、保護者委員の劣位性がいかに関わるかも検討する。

「対外経営」の中から保護者啓発に着目した理由は、保護者の家庭教育や対学校行動のあり方を改善するための啓発が比較的広く行われているという先行研究の知見による（こども未来財団［2009］）。しかしながら、「現代は、複数の〈理想の家族〉像が鋭く対立している時代であ」り（広田［2002：9］）、保護者の在り方についての「理念やイメージの一面性に比して、現実の家族は、多様で複雑なもの」である（広田［前掲：11］）。それゆえに特定の保護者像の規範化は、それをめぐって格差や葛藤を引き起こすものと批判されてきた（本田［2008a］）。学校支援型コミュニティ・スクールが学校支援を重視し、その延長に保護者啓発という形での「対外経営」がなされた時にも、特定の保護者像の規範化をめぐり葛藤や格差が発生することが、社会的帰結として想起されるのである。

これらの課題を総合して、本書の題名を「コミュニティ・スクールのポリティクス」とした。本書が扱うポリティクスは、特に「学校運営協議会における保護者の位置」をめぐるものである。すなわち、保護者が、地域住民というアクターも含まれる関係性の中でいかなる位置取りをするのか、そして、学校ガバナンス機関内部における保護者委員の位置が保護者全体に何をもたらすのかを問う。これは、岩永［2008］が、学校ガバナンスにおける「保護者の位置」という研究課題を提起し、「諸アクター間の関係性を分析的に捉える研究」（岩永［2008：

239]）の必要性を論じていたことのひそみに倣うものである。

（2）本書の位置づけ

本書の位置づけ（先行研究への貢献）としては、さしあたり次の四点が挙げられる。

第一に、学校参加論における位置づけである。岩永は、権利論・制度論から実態論というように研究の潮流を示している（岩永［2000］）。これは学校運営協議会が制度化される前の著述での指摘であったが、学校運営協議会導入から一〇年が経過しようとする現在、実態に基づく制度理解が求められる度合いはいっそう高まっている。

第二に、教育行政学・教育社会学などから提起される学校参加への批判的視角を摂取しながら、コミュニティ・スクールの機能評価を行っているという意味がある。教育行政学・教育社会学・教育経営研究の積集合領域に位置づきながら、それぞれへの貢献をしている。先述したように、教育行政学・教育社会学による批判的・理論的指摘が教育経営研究における実証研究と充分に連接していなかったことを踏まえ、そのギャップを埋めるものである。

第三に、英米の保護者-学校関係論に対する示唆を考慮したい。すでにいくつかの批判を指摘したが、英米では保護者内の社会属性的な差異を踏まえた対学校関係を論じていたが、日本の学校ガバナンス機関での関係構造が三者関係であることを踏まえた示唆を与えたい。また、本節（1）で述べたように、属性による差異を属性還元論によって説明するのではなく、組織の特性と個人との相互作用の中で説明したい。

第四に、教育行政・教育経営政策の政策実施過程を社会学的に研究したものとして意味を持つ。分権や自律的学校運営を促進するさまざまな政策的オプションが導入され一定の年月が経った現在、実施過程の把握や機能のモデル化が教育経営研究の重要課題となってきた（雪丸・青木［2010］、青木栄一［2011］）。その際には、「実施過程で当初の政策は変容する（骨抜き、歪曲、拡大解釈、棚上げ等）」（青木栄一［2011：149］）という可能性も含め、その動態を明らかにすることが実施過程研究の醍醐味となる。また、広田がマートン（R. K. Merton）を引きながら述べるように、およそ政策には、明確に期待される「順機能」だけでなく、必ずしも予め想定されない「潜在的逆機能」がありうる（広田［2005：103-106］）。それらを総合的に考察しない限り政策の機能評価としての有用性は低い。本研究は、なるべく多様なアクターへのインタビューや質問紙に基づくとともに、社会属性をも考慮に入れた分析を行い、教育行政や学校経営政策が与えるインパクトを多角的に把握するものでもある。

第5節　研究の方法

（1）全国質問紙調査

本書では、二つの方法によって実態解明を試みる。

第一に、全国のコミュニティ・スクールの委員および校長を対象に行なった質問紙調査「学校運営協議会委員の属性・意識・行動に関する調査」（以降、「全国質問紙調査」とする）である。これは、学校運営協議会委員（会長や校長を含む）が、学校運営協議会に参加するにあたってどのような意識を持ち、どのように行動しているのかを尋ねたもので、日本学術振興会からファンド[26]を得て、筆者と共同研究者[27]とで企画・実施した[28]。

調査票は、二〇一〇年一月に、当時のコミュニティ・スクール全校（四六八校）に対して配布された。

調査票は、校長票と委員票の二つに分かれる。校長票は、学校に関する基礎的データを記述するとともに、校長が学校運営協議会委員であった場合にはそこでの自らの意識・行動を記載してもらった。委員票は、校長に依頼し、会議の場などで委員に配布をしてもらったもので、自らの属性・意識・行動を記載してもらった。委員票はそれぞれ個別に厳封の上、筆者が当時所属していた研究室に郵送してもらった。質問紙は、校長票と委員票でオーバーラップするように設計されている。内容の概要と回収状況は図表1－4の通りである。

(2)　ケース・スタディ

筆者は、二つの自治体の四つの学校でケース・スタディ(29)を行った。いずれも、筆者が個人として実施したケース・スタディである。その実施に係る経費の一部において、日本学術振興会からのファンドを活用した(30)。

ケース・スタディは、二つの自治体にまたがってなされたため、以下、自治体ごとに概要を説明する。

A自治体におけるケース・スタディ

まず、「A」を仮名とする東京都内の自治体で実施した。この自治体の人口は約一八万人、世帯数は八万七千世帯(二〇一〇年四月一日現在)である。高齢化率は約一九パーセントと、全国平均や東京都平均を下回っている。二〇〇五年国勢調査によれば、第一次産業就業者の割合が約一パーセント、第二次産業が約一七パーセント、第三次産業が約八三パーセントと、全国平均に比して第三次産業が突出している。財政状況については、二〇〇八年度決算で見ると、財政力指数一・二五、経常収支比率八八・八パーセントとなっている。就学援助率は自治体全体で一四～一六パーセント程度である(31)。

この自治体は、全国に先駆けてコミュニティ政策に着手し、「コミュニティ活動の展開、市民参加、市民との協働によるまちづくり」を実践してきた(32)。その延長上に学校・家庭・地域の連携によるコミュニティ・スクールづくりが進められ、所管する全ての公立小・中学校をコミュニティ・スクールに指定している。小・中連携の推進と地域連携の教育実践を通して「人間力」・「社会力」を育てようとしている。二〇一一年度に策定した「教育

図表 1-4　全国質問紙調査の内容および回収率

	校長票	委員票
全国質問紙調査	有効回答数116	有効回答数631
	○学校運営協議会委員の人数 ○議事における態度 ○携わっている教育活動 ○成果認識 ○学校への組織コミットメントと、学校運営協議会の職務満足	○属性（年齢・学歴・職業・世帯年収・ジェンダー） ○引き受けた理由 ○議事における態度 ○携わっている教育活動 ○成果認識 ○学校への組織コミットメントと、学校運営協議会の職務満足

注：校長票・委員票ではいずれも学校名の記入を求めたが、そこから把握される限りで回収された学校の数は246／468校（52.6％）であった。このことは、一部の学校については委員票だけしか回収されていないことを意味している。当該学校における全学校運営協議会委員数は校長票において把握したため、校長の返送がなされなかった一部の学校については全委員数が不明である。それゆえ回収率も厳密には把握できていない。補足的な情報として、校長票が回収された116校分については全委員数1620人となっており、そのうち333人（20.6％）の回収がなされている。

ビジョン2022」および「教育支援プラン2022」では、「魅力ある教育の推進」を謳い、学校運営協議会と小学校と中学校を連結させた学校コミュニティの創生や学習指導要領の効果的な実現を掲げている。

こうしたことを実現するため、A自治体では、二〇〇六年度から「学校運営連絡会」を学校に置き、学校運営に保護者や地域住民の声を反映させるよう試みてきた。各校では、学校運営協議会の中に学校運営状況について、点検および評価を行うための「評価部会」や、学校と地域との連携を推進するための「コーディネート部会」などの部会を設置している。このような「実働部隊」を配備することは、全国的にも珍しくないことである（佐藤［編著］［2010］）。

A自治体所管の学校のうち、筆者は、事例西・事例南・事例北においてインタビューや参与観察を行った。事例西はその「先進的」とされる事例であり、事例北と事例南は、比較的後発に学校運営協議会を設置した学校である。

事例西では、校長、学校運営協議会男性地域委員一

名、女性地域委員二名、女性保護者委員二名に対してインタビューを行い、二〇〇七年度から二一回学校に訪問した。事例北においては、学校運営協議会男性地域委員一名、女性地域委員二名に対してインタビューを行い、二〇〇九年度から五回訪問した。事例南においては、校長、学校運営協議会男性地域委員一名、女性地域委員二名、女性保護者委員二名、女性保護者一名のインタビューを行い、二〇〇九年度から五回訪問した。これらをまとめたものが図表1－5である。

B自治体におけるケース・スタディ

もう一つ、東京都内の「B」自治体に所在する事例東でもケース・スタディを行った。B自治体は、人口が約六六万人、世帯数は三〇・〇万世帯、高齢化率は二二・二パーセント（二〇一〇年四月一日現在）である。二〇〇五年度国勢調査によれば、第一次産業が〇・二パーセント、第二次産業が二四・八パーセント、第三次産業が七一・八パーセントとなっている。就学援助率は自治体全体で三八～四〇パーセント程度である。

この自治体も、同様に開かれた学校づくりを推進してきた経緯を有する。事例東は、その推進モデルとして、早くから地域による「学校支援委員会」（仮名）を設置し、「各学校・地域で、子どもたちを取り巻くさまざまな課題について議論し、解決に向け取り組む」むとしている。具体的には、「学校単位での学校支援のしくみづくりや土曜事業の実施、地域と一体となっての安全パトロールの活動など、それぞれの場面でそれぞれの地域が、学校・家庭・地域との連携のもとに活動」（B自治体教育委員会［2004］）することとなっている。

事例東はこの「学校支援委員会」を早くから立ち上げ、二〇〇二年度にはその成果を受けて学校運営協議会法制化前の研究指定を受けることになる。当時から、後に述べるような学校運営協議会を「最高責任者」とする学校運営の方式を推進し、法制化以後もそれを継続している。

図表 1-5　A 自治体における調査の概要

学校運営協議会の男女比（女：男）		学校運営協議会インタビュー対象	訪問回数
西	9:10	校長、学校運営協議会男性地域委員１名、女性地域委員２名、女性保護者委員２名	2007年度から21回
北	13:13	学校運営協議会男性地域委員１名、女性地域委員２名	2009年度から５回
南	13:14	校長、学校運営協議会男性地域委員１名、女性地域委員２名、女性保護者委員２名、女性保護者１名	2010年度から５回

また、同自治体は、教育改革の先進自治体として知られる。教育長が、「Ｂ自治体は、考えられる改革には、ほとんど取組んでまいりました」（Ｂ自治体教育委員会［2004］）と述べているのは象徴的であるが、代表的には、二〇〇二年度には学校選択制、二〇〇三年度には二期制、二〇〇四年には自治体独自の学力テストを導入した。また、学校選択の条件ともなる各学校の学力状況について、自治体の学力テスト結果を学校ごとに教育委員会のｗｅｂページに公開し、予算の傾斜配分につなげるという案が浮上していた時期もあるなど、成果管理型の学校管理を行っていることでも知られる。

筆者は、事例束において、ケース・スタディを行った。より詳細に述べると、①インタビュー・参与観察、②学校運営協議会の議事録分析、③保護者に対する質問紙調査という三種類の研究を行った（図表１－６）。

以下、それぞれの概要を示す。

①インタビュー・参与観察

筆者は、この学校で、二〇〇七年度から五年間、フィールドワークを行ってきた。

二〇〇七年度は主に教員の学校運営協議会に対する見解を中心に、

教員への聞き取りを行った。その前提として、授業支援の学生ボランティアとして教室に入ったり、運動会の手伝いを行ったりした。また、研究授業の後の懇親会などにも参加し、関係を築くことを試みた。また併せて学校便りや報告書などの文書資料の収集も行った。その中で、録音等を伴わない立ち話程度の簡易なやり取りも行い、それらの結果は必要に応じてフィールドノーツにまとめた。

こうした中、関係者へのインタビューを進めた。対象としては、まず、学校運営協議会の動態について知るために、校長、学校運営協議会男性地域委員三名、男性保護者委員一名、女性保護者委員二名へのインタビューを行った。

二〇〇八年度からは、保護者に対する調査に注力した。この二〇〇八年に、第五章で後述するように、「確認書」という名での学校運営協議会による保護者啓発が開始される。このことに関心を持った筆者は、調査対象を保護者や地域住民にも広げ、「確認書」実施の経緯と、その実施状況を聞き取ることにした。具体的には、保護者に学級担任を通じて手紙を配布し、インタビュー依頼を行った。協力してくださる保護者はその手紙を、担任を通じて筆者に返送するということになり、九人からの返信があった。その九人からさらに紹介を得たり、学校行事で知り合いになった保護者に話を聞いたりするなどして、計一八人の保護者にインタビューを行った。

この保護者インタビューの協力者については更に第六章で詳述する。

②学校運営協議会の議事録分析

また、二〇〇九年度には、学校運営協議会を中心に、ＰＴＡ運営委員会や「学校支援委員会」など各種会議の観察を進めた。特に、学校運営協議会の議事の傾向にも関心が移っていったため、学校運営協議会議事録の作成と入手をこころがけた。また二〇〇三年度から二〇〇九年度までの議事録がすでに作成されていたため、それを

図表 1-6　B自治体における調査の概要

学校運営協議会の男女比（女:男）		インタビュー対象		訪問回数
東	1:10	学校運営協議会インタビュー	校長、学校運営協議会男性地域委員３名、男性保護者委員１名、女性保護者委員２名、教員３人	2007年度から30回
		保護者インタビュー	保護者18人（内３人は学校運営協議会インタビューでの協力者と重複） ※その他、保護者質問紙調査	

収集し、整理・電算化した。事例東の学校運営協議会では、毎回「開催年月日」、「会議に付した議題」などとともに、各委員の発言が、実際に近い形で記録された議事録が作成されている。入手できたのは筆者が参観する以前の二〇〇三年度から二〇〇九年度にかけての議事録五六回分と配布資料の一部である。

なお、議事録については第四章で詳述する。

③保護者質問紙調査

さらに二〇〇九年には、保護者へのインタビューをさらに補強するために、全保護者対象の質問紙調査を企画、二〇一〇年度に実施することにした。これは、保護者の家庭的背景・児童の宿題や学習状況・学校改革に対する評価や見解を記入してもらうもので、個別的に話を聞くことのできた十数人の見解だけではわからない全体的な傾向を知ることを期した。

アンケートの実施手続きは以下のようなものである。まず、校長に打診の後、学校運営協議会長に打診し、内諾が得られた段階で、草案をＰＴＡ会長・校長・学校運営協議会長に送付した。それぞれからの訂正を反映した上で、学校運営協議会で実施依頼・承諾の後、ＰＴＡ運営委員会で説明・承諾・改訂を繰り返し、図表１－７に示した構成

図表 1-7　事例東保護者質問紙調査の内容および回収率

	保護者質問紙調査
有効回答率	199/398＝50.0%
方法	●学校の担任を通して家庭数配布。 ●保護者に回答を依頼。 ●自記式。 ●複数のお子さんが通われている場合は、小学生の内で一番上のお子さんについての回答を要求 ●厳封の後、郵送にて東京大学大学院 教育学研究科 学校開発政策コースに返信を求める
実施時期	2010年１月
内容	◯家庭の背景 ◯宿題の実施度 ◯学校支援の実施度 ◯宿題に対する認識 ◯学校支援に対する認

のアンケートを実施した。

新型インフルエンザの流行による学級閉鎖もあり時期が不確定ではあったが、最終的に学級担任を通じて配布をしたのは二〇一〇年一月であった。配布後、回答を終えた保護者には、厳封の上、筆者が所属していた大学院研究室宛で郵送してもらった。回収数は一九九通であり、有効回答率は当時の家庭数の五〇・〇パーセントに相当する。

なお、マルチ・サイト／シングル・サイトいずれのケース・スタディにおいてもインタビューが行われてきたが、これは、許可の上、録音を行い、トランスクライブして分析に用いた。この際、文意を変えない最低限の範囲で、語順を入れ替えたり、語句の加除を行ったりしている。インタビューは、基本的に、学校運営協議会による学校改革に関する見解について、自己の経験に即して問うことを中心とした半構造化インタビューである。話の流れに即して脱線を大いに許容した。短いものでは三〇分程度で終わったものもあるが、長いものでは三時間を超えるなど、濃淡がある。その

図表 1-8　研究の方法の見取図

全国質問紙調査		
ケース・スタディ	A 自治体（事例北・西・南）	
	B 自治体（事例東）	①インタビューと参与観察
		②学校運営協議会の議事録分析
		③保護者質問紙調査

中で、より豊かなナラティヴが生産されたインタビューが、実態把握を導く特に重要なものとして位置づき、インタビューの引用を、それへの解釈を含んだコメントとともに活用する[33]。

以上述べたことを「研究の方法の見取図」として図表1－8にまとめた。

第6節　本書の構成

本書は、先行研究検討・課題設定・方法を論じる本章（第一章）に続けて、第Ⅰ部と第Ⅱ部を配置する。第Ⅰ部では、全国質問紙調査、こども未来財団質問紙調査、東・西・南・北それぞれの事例を含んだケース・スタディ・データを用いて、第四章で提示する①の課題を追究する。第Ⅱ部ではインタビュー・観察・資料分析・アンケート調査を含んだ一つの学校の総合的ケース・スタディを通して、①・②の課題を追究する。

第Ⅱ部では、第Ⅰ部で一度分析した①の課題を再度検討することになるが、それは学校運営協議会の動態をその社会的帰結まで含めて把握するためには分析の総合性が必要と考えたからである。このことに関連して、青木栄一は、分権改革による学校経営へのインパクトを分析する必要があると主張した上で次のように述べている。「分権改革が直接学校経営にインパクトを与えるものであっても、その他の学校経営のあり方を変化させる改革や社会状況の動向を除外することはできない。こう考えると、むしろ重要な分析課題として浮上するのは学校経営を変化させた改革（分権改革を含む）・変化の相互関係の特定だということになる」（青木栄一［2011：150］丸括弧原文ママ）。この引用が伝えているのは、学校運営協議会という法制度単独でその社会的帰結を把握することの困難性である。政策実施段階である学校にやってくるさまざまな政策は、その出処が、担当官庁においても、中央－地方の段階においても同じとは限らず、混在状態にある。さらに社会的要因や学校管理職の経営行動、当該学校での人間関係などの要因も複輳的に存在する。これら要因群は文脈依存的で、学校独自の組み合わせを取る。学校分権が進むにつれ、国レベルの法制度だけで学校レベルの運営動態を説明することは困難になっており、学校ごとの特性に応じた記述をする必要性がいっそう高まっているのである。

第Ⅰ部　コミュニティ・スクールにおける保護者委員の位置

第二章　コミュニティ・スクールの全国的状況と委員の意識・活動

第1節　はじめに

本章では、学校運営協議会における保護者の位置を、委員の意識・活動特性に着目して論じる。より具体的には、第一に、コミュニティ・スクールの活動について概要をまとめたうえで、第二に学校運営協議会の議事の取り扱いがどのようなものか、第三に協議事項に対する意見の反映度はどの程度かを検討する。以上を前提として、第四に委員の属性にいかなる特徴があるかを把握し、本題として第五に、属性の中で、議事における影響力が大きいと考えられる社会階層要因・ジェンダー・選出区分に着目し、それらの説明力がいかなるものかを分析する。

このように、属性に着目して分析を行う背景には、英国の学校理事会の先行研究で、集まっている委員属性の偏りや、意見反映度の属性格差が明らかにされていることがある。

英国における研究の多くで共通している視点は、ジェンダー・エスニシティ・階層（学歴や職業威信）である。図表2－1は、いくつかの調査研究の知見を筆者がまとめたものである。前章で述べたように、英国では、一九八六年教育法、一九八八年教育改革法において学校理事会の権限増強や人数の規定が改められたが（小松[1988]）、その直後に、大学の研究グループや全国教育研究財団（National Foundation for Educational Research）などがアンケート調査を実施し、理事の社会的構成（social composition）の把握に努めている。図表２－１からは、学校理事として選ばれる人には類似した属性的傾向があるという偏りが見て取れる。すなわち、概して男性・白人・高学歴・教職を含む専門的・管理的な職が多いということ、理事長のジェンダーやエスニシティに特に偏りがあること、ジェンダーについては初等教育段階より中等教育段階の方が女性劣位であること、等が明らかにされてきている。また、属性に応じて、意見を積極的に述べるなどの活動特性が異なることも、英国における先行研究の焦点であったことは、前章で述べたとおりである（Deem *et al.*［1995］）。

このような傾向性は日本でも看取されるのであろうか。

この問にアプローチするために用いるのは量的方法である。データとしては全国質問紙調査の結果を中心に扱う。そのため、本章の記述においては、特段の断りがない限り、全国質問紙調査の結果を示すものとする。

本章の記述は、量的な分析であるため具体性は低いが、全国的な傾向を捉え、次章以降の事例分析を位置づけるための基礎的な作業としてここに配置されている。

第2節　コミュニティ・スクールの活動概要

全国質問紙調査で校長票が返信されたのは一一六校であったが、その内訳は、小学校が七八校、中学校が三四校、幼稚園二園、特別支援学校二校であった。本題に入る前に、これらの学校の学校運営協議会とその委員がどのような活動を行っているか、概要を述べておく。

図表 2-1　イギリスにおける学校理事会の社会的構成《social composition》（実証研究の知見のまとめ）

	Golby & Lane（1989）	Streatfield & Jefferies（1989）	Keys & Fernandes（1990）	Earley（1994）	Deem *et al.*（1995）	McKeown *et al.*（1996）
調査の概要	Exeter において、新たに学校理事会を設置した23の学校の理事属性の調査。162人の新理事についての調査結果で、校長が回答している。	1988年春実施。層化二段抽出。まず、都市や地方のバランスを取るだけでなく、1988年の理事のリクルートの困難度について事前にLEA を対象としたサーベイを行い、そこで得られた困難度を参考に10のLEA を選び出す。さらに500の学校を選んだが、そこでも中等教育学校に重みをつけてサンプリングをし、配布した。	1989年実施。層化二段階無作為抽出。1134件の調査票回収。	イングランドとウェールズから質問紙調査によって500の学校の情報を収集。	15の学校における（途中から10に絞る）マルチ・サイト・ケース・スタディ、理事は約230人	ウェールズにおける学校理事会の調査。校長を介して理事個人に配布後、直接郵送による回収。
校長のメンバーシップ	–	77.2%の校長が理事になることを選択	およそ3/4の校長が理事になることを選択	８割弱の校長が理事になることを選択	–	–
女性理事の割合	57%（保護者理事の内） 34%（共同選出理事の内）	41%	回答した理事の53% 理事長（Chair）の内女性は30%	回答した理事の52% 理事長（Chair）の内女性は29%	1/3。15の学校のうち女性が理事長なのは３校	29%
エスニックマイノリティの割合	–	３%以下	回答した理事の1%強 理事長の３%	２%以下	７%	–
労働者階級の割合	非熟練労働者４人、失業者２人。専門的・管理的・教育関係の職を合わせると1/2程度になる。	3.1%（マニュアルレイバー）	非常に低い（理事の44%は専門職か大学の学位を持っている。39%の理事は教育関係の職についている。）	専門職は21%、管理職は50%、ノンマニュアルは11%であったのに対し、マニュアル労働者は５%。	–	–

図表 2-2　回答校の通学区域の特性

	校長票における実数	%
居住年数の長い世帯が多い	42	39.3
居住年数の長い世帯と短い世帯が混合している	59	55.1
居住年数の短い世帯が多い	6	5.6

（無回答を除く）

以下、①通学区域の特性、②学校運営協議会の開催回数、③学校運営協議会の開始時間、④学校運営協議会の会議時間、⑤委員の活動について確認していく。

まず、回答校の通学区域の特性について、回答があった校長によれば、最も多かったのは、「居住年数の長い世帯と短い世帯が混合している」で五五・一パーセント、次いで「居住年数の長い世帯が多い」で三九・三パーセントを占めた（図表2－2）。「居住年数の短い世帯が多い」の少なさが際立っている。「コミュニティ・スクール」の名が示唆する通り、旧来からの人間関係を比較的色濃く残す地域の学校が指定されているようである。

調査年度（二〇〇九年度）における学校運営協議会の開催回数は、図表2－3にまとめた通りである。最も多かったのは、三回（二〇・五パーセント）であり、次いで五回（一七・〇パーセント）・四回（一五・二パーセント）と続く。しかし、隔月以上の頻度で行なっている学校（六回以上の学校）の割合を合計してみると四二・九パーセントとなり、半数近くが月一回か隔月程度で行なっている。佐藤［編著］［2010:61］では、月一回か隔月程度の頻度で行われている学校が過半数になっており、それより今回のサンプルの方が若干頻度が低いとはいえ、ほぼ毎月会議を行なっている学校があることも見逃せない。

学校運営協議会の会議は、夕方に集中している。会議の開始時間を午前中と午後（2時間刻み）で分布を見たのが図表2－4である。昼間に就労している委員への配慮であろうが、一番多いのは「一九時台～」の三六・七パーセントで、

図表2-3　回答校における2009年度の学校運営協議会開催回数

校長票における					
回数	実数	%	回数	実数	%
1回	1	0.9	7回	8	7.1
2回	4	3.6	8回	4	3.6
3回	23	20.5	9回	4	3.6
4回	17	15.2	10回	6	5.4
5回	19	17.0	11回	10	8.9
6回	6	5.4	12回～	10	8.9

（無回答を除く）

「一七～一八時台」に開始する学校が二六・六パーセントと続いていることが分かる。

会議が実際に行われている時間（会議の長さ）については、図表2－5にまとめたとおりである。三〇分刻みでまとめた分布を見ると、最頻は二時間で六六・七パーセント、次が一時間の一五・七パーセントとなっており、三分の二が一回につき二時間という時間設定をしているものと考えられる。以上より、会議は夕方に開始し、一時間から二時間程度続くというのが大方の動向といえる。

コミュニティ・スクールとしての活動の中で、学校運営協議会によるボランティア活動への参加状況を問うた。これは、先行研究において、学校運営について協議するだけでなく、実働（学校支援ボランティア活動）を行っている場合が多いことが明らかだったため、その動向を捉える目的による設問である。

この設問については、ボランティアは学校を支援するものであるという考えから、保護者・地域住民の回答を分析対象としている。ボランティア活動に関わっているかどうかを、ボランティアの種類に沿ってそれぞれ問い、「あてはまる」に4点、「ややあてはまる」に3点、「あまりあてはまらない」に2点、「全くあてはまらない」に1点を与えたときの平均点を算出した。

図表 2-4　回答校における2009年度の学校運営協議会開始時間

	校長票における実数	%
午前中（9～12時台）	11	10.1
13～14時台	14	12.8
15～16時台	15	13.8
17～18時台	29	26.6
19時台～	40	36.7

（無回答を除く）

その結果を示した図表２－６を見ると、論理的平均値2.5を超えるものは、環境整備と安全確保、行事運営支援の三つに限られるが、多くの項目で偏りなく2点を超えるなど、ボランティアを盛んに行っていることがわかる。

第３節　学校運営協議会における協議事項の扱いと活動特性

次に、学校運営協議会における協議事項の取り扱いについて検討する。具体的には、さまざまな協議事項が、校長によって取り上げられている程度と、それに対して学校運営協議会委員からどの程度意見がなされているかを検討する。これらは、人事に対する意見や学校運営方針の承認など、法定された権限事項も含むもので、学校運営協議会の第一義的役割に関するものであると考えられたため、前節と分けて論じる。

学校運営協議会での協議事項について、全国質問紙調査では次のように扱っている。すなわち、校長に対して、各協議事項について、「取り上げている」・「ある程度取り上げている」・「あまり取り上げていない」・「取り上げていない」から択一回答するよう求めた。また、委員に対して、各協議事項について、「意見反映している」かどうかを、「当てはまる」・「ある程度当てはまる」・「あまり当てはまらない」・「当てはまらない」から択一回答するよう

図表 2-5　回答校における2009年度の学校運営協議会時間

	校長票における実数	%
30分	4	3.7
1時間	17	15.7
1時間30分	9	8.3
2時間	72	66.7
2時間30分	2	1.9
3時間	4	3.7

（無回答を除く）

求めた。

協議事項として例示したのは、次の一五項目である。すなわち「学校運営方針」・「学校行事」・「学校評価」・「地域人材の活用」・「家庭教育に関する保護者の意識啓発」・「地域・保護者の巻き込み方」・「授業改善」・「教育課程」・「いじめ・暴力等への対応」・「学校への苦情・注文への対応」・「学校予算」・「教員の資質改善」・「校内人事」・「教員評価」・「教員の任用」である。

図表２－７は、協議事項ごとに、それを「取り上げている」かどうか、それに「意見を反映している」かどうかを、それぞれ示したものである。左側の欄は、校長に対して「取り上げている」かどうかを問うたとき、「取り上げている」・「ある程度取り上げている」・「あまり取り上げていない」・「取り上げていない」に対する回答に４・３・２・１点を与えた得点の平均値を示したものである。右側の欄は、校長を含む全委員に対して、「意見を反映している」かどうかを尋ねたとき、「当てはまる」・「ある程度当てはまる」・「あまり当てはまらない」・「当てはまらない」のそれぞれに４・３・２・１点を与えた得点の平均値を示したものである。（なお、学校運営方針は、法律上承認を得なければならないものとされているため、校長に取り上げているかどうかを聞く設問は設けていない）。

このなかで、校長が「取り上げている」項目として、論理的中間値であ

図表 2-6　学校運営協議会委員のボランティア活動

	保護者・地域住民委員における あてはまる (4)- やや (3)- あまり (2)- 全くあてはまらない (1)の平均得点 (N)	
協議会が行うボランティア活動に関わっている		
—環境整備	2.64	(422)
—安全確保	2.79	(431)
—授業支援	2.26	(411)
—放課後の居場所作り	2.06	(414)
—行事運営支援	2.74	(427)
—教職員の事務の補助	1.48	(405)
協議会が行うボランティアの統括に関わっている	2.42	(425)

(無回答を除く)

る2.5を超えているのは、「学校行事」(3.58)、「学校評価」(3.52)、「地域人材の活用」(3.42)、「家庭教育に関する保護者の意識啓発」(3.21)、「地域・保護者の巻き込み方」(3.19)、「授業改善」(3.12)、「教育課程」(3.09)、「いじめ・暴力への対応」(2.71) の八項目であった。他方、「学校への苦情・注文への対応」(2.48)、「学校予算」(2.32)、「教員の資質改善」(2.23)、「校内人事」(1.81)、「教員評価」(1.71)、「教員の任用」(1.74) の六項目は、いずれも論理的中間値を超えておらず、概して取り上げていない傾向にあることがわかる。論理的中間値を上回っているものは、地域人材の活用、家庭教育に関する保護者の意識啓発、地域・保護者の巻き込み方などであり、概して学校が学校外の協力を仰ぐことに関わっての内容が多く取り上げられているようである。

また、委員によって「意見を反映している」とされた項目で論理的中間値2.5を超えたのは、「学校運営方針」(2.62)、「学校評価」(2.87)、「地域人材の活用」(2.83)、「家庭教育に関する保護者の意識啓発」(2.68)、「地域・保護者の巻き込み方」(2.85) の五項目にとどまり、その値も大部分低くなっている。

これらの結果で注目すべきことは二つある。

第一に、地方教育行政の組織及び運営に関する法律において学校運営協議会の権限として示された事項である「教育課程編成」・「学校予

図表 2-7　協議事項ごとの取り上げられる頻度と意見反映の程度

	（校長票による）	（全委員票による）
	「取り上げている」(4)-「ある程度取り上げている」(3)-「あまり取り上げていない」(2)-「取り上げていない」(1)の平均点（N）	「意見を反映している」に対して、「当てはまる」(4)-「ある程度当てはまる」(3)-「あまり当てはまらない」(2)-「当てはまらない」(1)の平均点（N）
学校運営方針	-	2.62（683）
学校行事	3.58（113）	2.11（692）
学校評価	3.52（112）	2.87（688）
地域人材の活用	3.42（113）	2.83（682）
家庭教育に関する保護者の意識啓発	3.21（110）	2.68（679）
地域・保護者の巻き込み方	3.19（111）	2.85（687）
授業改善	3.12（112）	2.27（668）
教育課程	3.09（110）	2.11（672）
いじめ・暴力等への対応	2.71（110）	2.45（671）
学校への苦情・注文への対応	2.48（110）	2.42（663）
学校予算	2.32（111）	1.94（673）
教員の資質改善	2.23（110）	2.37（672）
校内人事	1.81（110）	1.68（668）
教員評価	1.71（110）	1.83（668）
教員の任用	1.74（108）	1.59（657）

（無回答を除く）

算」・「教員の任用」についての権限行使が空洞化しつつあることである。一九九〇年代前半に、岩永は「教師は学校の教育目標、校内人事、学校の予算、教育内容関係など学校運営の鍵的領域への親の参加を敬遠する傾向にある」（岩永ら[1992：203]）と述べていたが、おそらくはその結果として学校側・素人委員側双方に蓄積された「鍵的領域」への非侵入意識が現代においてもなお影響を持っていると思われる。また、岩永［2011：51］は、学校運営協議会の機能の可能性として、学校優越を脱し、地域・保護者と学校が「対等の関係で意見交換をし、合意形成していく」という「参加・共同決定型コミュニティ・スクール」（岩永［2011：51］）の理想を提示しつつも、現在はまだ「学校の応援団」的な色合いの濃い「学校支援型コミュニティ・スクール」（岩永前掲［48-49］）であると主張していた。全国調査の結果は、この岩永の主張とも合致する。

第二に、「対外経営」に重点が置かれていることである。先述のように、佐藤［編著］［2010］では、「対外経営」という用語を用いて学校外部への渉外機能を捉え、それが学校運営協議会において多くなされている活動であるとしていたが、同様の傾向をこの結果からも見て取ることができた。「学校行事」・「地域人材の活用」・「家庭教育に関する保護者の意識啓発」・「地域・保護者の巻き込み方」が高い数値を示していることから、学校が外部に協力を仰ぐ上で、媒介的な位置にあるのが学校運営協議会であるといえよう。

全国質問紙調査では、委員の「議事における態度」も尋ねている。先行研究では、社会属性間で、議事における積極性や消極性に違いがあることが明らかにされていた。本書でも後にこの点を明らかにすることを試みるが、まず本節では、委員属性を分けず、「議事における態度」の全体的傾向を確認する。

「議事における態度」を尋ねる際には、消極性・積極性両面から検討した。消極性に関しては、具体的には、「意見を言うのを遠慮してしまう」・「何を発言して良いかわからないことがある」・「自由に意見を言えないと感じることがある」といった消極性を示す設問がある。この教示文に対し「あてはまる」・「ある程度あてはまる」・「あまりあてはまらない」・「あてはまらない」から択一回答を求めた。また、各質問項目に対する回答をそれぞれ4・3・2・1点として得点化した。

次に、積極性を示す項目も測定した。具体的には、「議題の設定に関わっている」・「他人の意見と対立することがある」・「保護者・地域住民から受けた相談を取り上げる」・「自らの発言が周りの委員の判断に影響を与え

図表 2-8　学校運営協議会委員の議事における態度

全委員における あてはまる(4)-やや(3)-あまり(2)-全くあてはまらない(1) の平均得点 (N)	
消極性得点	1.67 (672)
意見を言うのを遠慮してしまう	1.71 (659)
何を発言して良いかわからないことがある	1.71 (660)
自由に意見を言えないと感じることがある	1.52 (663)
積極性得点※	2.26 (672)
議題の設定に関わっている	2.23 (651)
他人の意見と対立することがある	1.92 (660)
保護者・地域住民から受けた相談を取り上げる	2.76 (657)
自らの発言が周りの委員の判断に影響を与える	2.27 (655)
学校の提案や施策に反対する※※	1.60 (492)

※「学校の提案や施策に反対する」を省いた上で全委員の得点を平均した。
※※この項目については校長、副校長・教頭、教員の票を省いて計算してある。

（無回答を除く）

る」といった設問を提示した。これらについても「あてはまる」・「ある程度あてはまる」・「あまりあてはまらない」・「あてはまらない」から択一回答を求めた。また、各質問項目に対する回答をそれぞれ４・３・２・１点として得点化した。

さらに、これらを総合して捉えるため、積極性・消極性それぞれに係る項目の平均得点も求め、「消極性得点」・「積極性得点」とした。ただし、積極性に係る項目においては「学校の提案や施策に反対する」という項目について、校長、副校長・教頭、教員の回答を含めることがふさわしくないため、これを省いて「積極性得点」を計算した。

以上の結果は、図表２－８に示したとおりである。

まず、消極性に関わる項目においては、いずれも論理的中間値を下回っており、1.5から1.7の値をとっている。最も高いのは、「意見を言うのを遠慮してしまう」であった。

積極性に関わる項目が低い得点にとどまることも確認された。論理的中間値を上回ったのは「保護者・地域住民から受けた相談を取り上げる」のみで、それ以外の議事における態度は論理的中間値を下回り、これら項目全体の平均

図表 2-9　学校運営協議会委員の選出区分①

	校長票における実数	%
校長	117	6.2
副校長・教頭	78	4.1
教員	310	16.4
保護者	391	20.7
地域住民	841	44.4
その他	156	8.2

（無回答を除く）

である「積極性得点」も2.26にとどまっている。

以上のことから、議事においては、遠慮や不自由さなどが際立つわけではないが、かといってあまり学校運営の意思決定に大きな影響を与える積極性もないという傾向が見える。

第４節　学校運営協議会委員の属性的傾向

本節では、本題である学校運営協議会の委員にどのような人がなっているのかという学校運営協議会委員の属性的傾向の把握を始める。

（1）　選出区分の検討

まず、委員の選出区分について把握するため、校長票において、自らの学校における学校運営協議会委員の選出区分ごとの人数を尋ねた。選択肢として示したのは、「校長」、「副校長・教頭」、「教員」、「保護者」、「地域住民」、「その他」という六つの選出区分で、各々の実数の記入を求めた(34)。結果をまとめたのが、図表２－９である。

ここからは、委員の選出区分として学校側から校長、副校長・教頭、教員と、合わせて二割強が委員になっていることが分かる。これに対し、素人（レイマン）とされる委員は、保護者が二割前後、保護者を除く地域住民が四割超とな

図表 2-10　学校運営協議会委員の選出区分②

		委員票における実数	%
副校長・教頭		46	7.28
教員		25	3.96
保護者		131	22.31
地域住民		333	52.70
その他	学識経験者	60	9.49
	無回答	27	4.27

（無回答を除く）

っている。このように、「地域住民」とカテゴライズされる人々が学校運営協議会の大部分を占めているのである。

なお、以上は校長が自校の学校運営協議会において、各選出区分が何人ずついるかを回答した結果から算出した数値であるが、委員票においても自らの選出区分に関する質問を設けてある。すなわち、委員には自ら選出区分を次の五つから選ぶよう求めた。例示したのは、「副校長・教頭」、「教員」、「保護者」、「地域住民」、「学識経験者」である。その結果は図表２－10に示した。

これを見ると、教員委員からの回収率が良くなかったことがわかる。これは、サンプルの偏りを示していよう。しかしながら、保護者委員の位置について検討する本研究の趣旨に即して、大きな問題は無いと考えられる。そのため以下では、分析に応じて適宜回答者を絞りながら考察を進めていくことにする。

次に、学校運営協議会長の選出区分についても確認しておく。校長票で学校運営協議会長の選出区分についても、記述式で尋ねてある。その回答結果を分類して示したのが図表２－11である。

ここから分かるのは、あくまで回収された学校においてではあれ、保護者や学識経験者が学校運営協議会長を担うのはごく僅かである一方、地域住民が組織の長を務めている学校の割合が九割に近いということである。

以上、選出区分の観点からは、委員全体においても、会長においても、「地域住民」が数的に優勢であるということが結論づけられる。

図表 2-11　学校運営協議会長の選出区分

	校長票における実数	%
保護者（PTA 会長の記述を含む）	6	5.8
地域住民（町内会長・自治会長の記述を含む）	92	89.3
学識経験者（有識者・大学教授の記述を含む）	5	4.9

（無回答を除く）

（2）社会属性の検討

次に、社会属性に関して考察を進める。その際、①年齢と②ジェンダーの他、③学歴と④世帯年収を検討項目とする。

①年齢

まず、学校運営協議会委員の年齢について確認する。学校運営協議会委員に対し、その年齢を尋ねた。回答された具体的な年齢を、年代ごとに再コーディングし、集計した結果を図表２−12に示してある。

ここからは、保護者と地域住民における年齢の差が大きいことが分かる。保護者はほぼ四〇代に集中しており、五〇代が一割いる程度である。対して地域住民は、六〇代が四一・〇パーセント、七〇代以上が二九・二パーセントと、合わせて七割程度が六〇代以上に属している。合計は、四〇代と六〇代という二つのピークを持つふたこぶ型となっているが、これは保護者・地域住民それぞれの年齢分布によるものと言えよう。

②ジェンダー

次に、学校運営協議会委員のジェンダーを分析する。

ジェンダーについては、校長票の中で、自校の学校運営協議会委員のジェンダー構成を尋ねた設問がある。また、委員票でも自らのジェンダーについて回答を

図表 2-12　学校運営協議会委員の年齢

	保護者		地域住民		合計	
	度数	%	度数	%	度数	%
30代	14	10.5	6	1.9	20	4.5
40代	102	76.7	33	10.5	135	30.1
50代	15	11.3	55	17.5	70	15.6
60代	2	1.5	129	41.0	131	29.2
70代以上	0	0.0	92	29.2	92	20.5

（無回答を除く）

求めている。その結果を図表2－13に示した。

まず、より客観的な校長票の合計を見ると、委員の6割以上が男性であり、女性が過少代表状況にあることが分かる。

ただ、委員票において、保護者・地域住民という選出区分とジェンダーをクロスしてみると、選出区分ごとにその比率は異なる。すなわち、保護者においては、女性の方がやや多く、地域住民においては、男性の優勢の度合いが高まる。英国の学校理事会の研究において、「保護者理事は女性の役目、地域の理事は男性の役目」（Golby & Lane［1989：5］）という表現があるが、女性委員と保護者、男性委員と地域住民というように、ジェンダーと選出区分が重なっている点では、日本でも同様の傾向が看取されるのである。

また学校運営協議会長についても、校長票においてジェンダー構成を尋ねてある。その結果、更に不均衡傾向は強まる。すなわち、八八・九パーセントと九割近くが男性ということになっている（図表2－14）。

③学歴

次に、委員の学歴[35]について見るため、委員票で、自身が最後に通った学校段階を問うた結果を示す。その際、管理職を含む教員や学識経験者は、学歴が四年制大学以上に集中するため分析から省き、「素人委員」として保護者・地域住民の回答を示すことにする（無回答を除く）。

図表 2-13　学校運営協議会委員のジェンダー

	（委員票における）				（校長票における）	
	保護者		地域住民		合計	
	度数	%	度数	%	度数	%
女性	71	53.8	88	28.0	689	35.3
男性	61	46.2	226	72.0	1265	64.7

（無回答を除く）

その結果を示した図表2－15を見ると、学歴が四年制大学以上である委員の割合は、三〇パーセント代後半となっている。逆に、中学校卒は二・三パーセントとごくわずかで、高等学校卒においても四割程度である。

この数値を日本社会全体と比較して理解するため、同時期のより大規模な社会調査の結果を参照したい。たとえば、二〇〇九年の日本版総合社会調査（JGSS）の結果によると、前期中等は一四・〇パーセント、後期中等は四七・八パーセント、短期高等は一四・二パーセント、四年制大学以上二四・〇パーセントとなっている（大阪商業大学比較地域研究所・東京大学社会科学研究所［2008］）。学校運営協議会に選任されている素人委員の相対的高学歴が明らかになるだろう。

これらの結果を保護者・地域住民という選出区分で比べてみると、保護者の方がいっそう高学歴層に偏っていることが分かる。たとえば高等学校卒は保護者においては二八・九パーセント、地域住民においては四四・二パーセントである。これに対して四年制大学卒は、保護者においては三七・五パーセント、地域住民においては三二・八パーセントとなっている。

このような保護者と地域住民の最終学歴の差は、年齢階級別の最終学歴の差と対応していると考えられる。ほぼ同年代の全国的傾向（平成二二年国勢調査）によると、保護者の大部分を占める四〇代では大卒以上が二一・九パーセントだったのに対し、地域住民の大部分を占める六〇代では一二・〇パーセント、七〇代以上だと六・〇パーセントにとどまっている。(36)

図表 2-14　学校運営協議会長のジェンダー

	校長票における実数	%
女性	12	11.1
男性	96	88.9

（無回答を除く）

④世帯年収

最後に、世帯年収について見てみるために、委員票の中で、自らの世帯年収について回答を求めた結果を示してみよう。

その結果を示した図表２－16を見ると、最頻は二〇〇万円以上四〇〇万円未満で二五パーセント強、次いで四〇〇万円以上六〇〇万円未満となっている。

学歴と同様に同時期の全国平均を比較するため、平成二〇年国民生活基礎調査（厚生労働省）の結果を参照する。それによると、「二〇〇万円未満」が一五・九パーセント、「二〇〇万円以上四〇〇万円未満」が二五・六パーセント、「四〇〇万円以上六〇〇万円未満」が一九・二パーセント、「六〇〇万円以上八〇〇万円未満」が一四・〇パーセント、「八〇〇万円以上一〇〇〇万円未満」が一〇・六パーセント、「一〇〇〇万円以上一五〇〇万円未満」が一〇・七パーセント、「一五〇〇万円以上二〇〇〇万円未満」が二・四パーセント、「二〇〇〇万円以上」が一・六パーセントであった。なお、以上は学校運営協議会委員のほとんどが四〇代～七〇代であることに鑑み、比較対象の全国平均も世帯主の年齢が四〇代～七〇代の世帯に限った数値である[37]。ここから見ても、学校運営協議会委員の階層的特徴として、高所得者層が多いということが分かる。

世帯年収を保護者・地域住民の間で比較すると、学歴同様こちらも保護者の方が高いことがわかる。保護者の最頻は四〇〇万円以上六〇〇万円未満、次いで六〇〇万円以上八〇〇万円未満となっているのに対し、地域住民の最頻は二〇〇万円以上四〇〇万円未満、次いで四〇〇万円以上六〇〇万円未満となっている。

図表 2-15　学校運営協議会委員の学歴

	保護者		地域住民		合計	
	度数	%	度数	%	度数	%
中学校	1	0.8	9	2.9	10	2.3
高等学校	37	28.9	136	44.2	173	40.1
専修学校・各種学校	6	4.7	13	4.2	14	3.2
高等専門学校・短期大学	31	24.2	43	14.0	74	17.2
四年制大学	48	37.5	101	32.8	149	34.6
大学院	5	3.9	6	1.9	11	2.6

（無回答除く）

これも、年齢によるものと考えられる。すなわち、比較的高齢の地域住民委員の場合は、退職しており、年収が低めに出ているのに対し、保護者委員は現在四〇代～五〇代が中心で、働き盛りの年代となっている（自らが就労していない女性保護者においても配偶者が同年代である可能性が高い）。そのため、世帯年収単位で、選出区分の間の差が生じたと考えられよう。

第5節　学校運営協議会内部の社会関係
――属性と活動傾向の差

以下では、学校運営協議会委員の間における社会属性の差異が、委員の活動傾向とどのように関連しているかを検討していく。

（1）選出区分の差

その第一に取り上げるのは、選出区分の差である。「校長」・「副校長」・「教頭」・「教員」・「保護者」・「学識経験者」・「地域住民」という七種類の選出区分ごとに、協議事項ごとの意見反映度と議事における態度を比較したのが図表２－17と図表２－18である。

協議事項ごとの意見反映度（図表２－17）を見てみると、校長が全

図表 2-16　学校運営協議会委員の世帯年収

	保護者		地域住民		合計	
	度数	%	度数	%	度数	%
200万円未満	1	0.9	6	2.1	7	1.8
200万円以上400万円未満	12	10.5	88	31.1	100	25.2
400万円以上600万円未満	32	28.1	61	21.6	93	23.4
600万円以上800万円未満	31	27.2	49	17.3	80	20.2
800万円以上1,000万円未満	13	11.4	31	11.0	44	11.1
1,000万円以上1,500万円未満	14	12.3	25	8.8	39	9.8
1,500万円以上2,000万円未満	5	4.4	12	4.2	17	4.3
2,000万円以上	6	5.3	11	3.9	17	4.3

（無回答除く）

体的に突出していることが見て取れる。そのほとんどの項目において論理的中間値2.5を超えているばかりでなく、3を超える項目も多い。また、すべての項目において、他のどの選出区分よりも得点が高くなっていることがわかる。また、Nは大きくないが、副校長・教頭や教員も一定の高さを示している。学識経験者は、おおよそ副校長・教頭と教員の間の数値となっている。

これに対して、素人委員である保護者・地域住民は、概して低調で、論理的中間値を超えているものは「学校行事」・「学校評価」・「地域人材の活用」・「家庭教育に関する保護者の意識啓発」であった。すなわち、大部分は学校を支援したり、学校への支援体制を強化したりするための外部への働きかけの部分である。

そして、保護者・地域住民という二者の間にも差異がある。すなわち、一部の項目を除いては、保護者の方が意見反映度が低い。

また、議事での態度をまとめた図表２－18を見てみると、前段落までに述べたことと相同的ながら、若干異なる様が見える。消極性に関わる諸項目については、やはり最も校長の得点が低い。しかし、これに次ぐのは学識経験者である。副校長・教頭や教員の遠慮や迷い、不自由感が見て取れる。また、同様に保護者も消極性に関わる諸項目の得点が高く、全ての選出区分の中でも突出している。これに対し、地

図表 2-17　協議事項ごとの意見反映度（選出区分ごと）

「意見を反映している」に対してあてはまる(4)－やや(3)－あまり(2)－全くあてはまらない(1) の平均得点（N）

	全委員	校長	副校長・教頭	教員	保護者	学識経験者	地域住民
学校運営方針	2.62（683）	3.79（101）	2.95（43）	2.57（21）	2.08（121）	2.73（55）	2.42（304）
学校行事	2.11（692）	3.53（100）	2.93（43）	2.95（22）	2.62（127）	2.61（57）	2.61（310）
学校評価	2.87（688）	3.57（101）	3.20（44）	2.59（22）	2.58（126）	3.02（56）	2.71（306）
地域人材の活用	2.83（682）	3.58（101）	2.95（41）	2.48（23）	2.42（127）	3.04（57）	2.77（302）
家庭教育に関する保護者の意識啓発	2.68（679）	3.22（101）	2.91（43）	2.57（23）	2.54（127）	2.79（57）	2.51（297）
地域・保護者の巻き込み方	2.85（687）	3.31（100）	2.93（42）	2.50（22）	2.70（130）	2.96（56）	2.77（305）
授業改善	2.27（668）	2.94（100）	2.60（43）	2.57（21）	1.97（126）	2.47（57）	2.08（289）
教育課程	2.11（672）	3.21（101）	2.66（41）	2.64（22）	1.75（129）	2.05（56）	1.83（293）
いじめ・暴力等への対応	2.45（671）	2.93（100）	2.62（42）	2.33（21）	2.15（127）	2.39（54）	2.14（294）
学校への苦情・注文への対応	2.42（663）	2.85（100）	2.55（40）	2.14（22）	2.08（126）	2.39（54）	2.44（291）
学校予算	1.94（673）	2.80（101）	2.12（42）	1.67（21）	2.08（128）	1.78（55）	1.85（296）
教員の資質改善	2.37（672）	2.96（99）	2.74（42）	2.43（21）	2.10（126）	2.46（56）	2.24（297）
校内人事	1.68（668）	2.27（99）	1.90（42）	1.86（21）	1.48（128）	1.54（56）	1.56（291）
教員評価	1.83（668）	2.28（98）	2.18（40）	1.81（21）	1.65（128）	1.58（56）	1.75（293）
教員の任用	1.59（657）	2.02（98）	1.85（41）	1.43（21）	1.45（126）	1.42（53）	1.52（287）

図表 2-18　学校運営協議会委員の議事における態度（選出区分ごと）

	あてはまる（4）－やや（3）－あまり（2）－全くあてはまらない（1）の平均得点（N）						
	全委員	校長	副校長・教頭	教員	保護者	学識経験者	地域住民
消極性得点（以下３項目の平均）	1.67（672）	1.37（99）	1.72（45）	2.10（23）	1.86（130）	1.45（57）	1.67（310）
意見を言うのを遠慮してしまう	1.71（659）	1.43（98）	1.96（45）	2.09（23）	1.96（129）	1.59（56）	1.66（308）
何を発言して良いかわからないことがある	1.71（660）	1.35（99）	1.57（44）	1.91（22）	1.99（130）	1.52（54）	1.75（311）
自由に意見を言えないと感じることがある	1.52（663）	1.34（99）	1.62（45）	2.14（22）	1.65（130）	1.28（57）	1.52（310）
積極性得点（以下4項目の平均）	2.26（672）	2.74（100）	2.23（45）	2.16（23）	1.99（131）	2.36（56）	2.21（317）
議題の設定に関わっている	2.23（651）	3.53（100）	2.50（44）	2.30（23）	1.66（128）	2.34（56）	1.98（300）
他人の意見と対立することがある	1.92（660）	1.87（100）	1.82（45）	1.70（23）	1.83（128）	1.96（56）	1.99（388）
保護者・地域住民から受けた相談を取り上げる	2.76（657）	2.72（100）	2.43（44）	2.45（22）	2.52（131）	2.54（54）	2.58（306）
自らの発言が周りの委員の判断に影響を与える	2.27（655）	2.85（99）	2.16（44）	2.05（22）	1.97（130）	2.63（54）	2.19（306）
学校の提案や施策に反対する※	1.60（492）	–	–	–	1.57（130）	1.49（305）	1.63（305）

※この項目については校長、副校長・教頭、教員の票を省いて計算してある

域住民は校長や学識経験者並に消極性が低く、遠慮や迷いや不自由感をさほど認識していない。

積極性に関わる諸項目については、校長の値が高い。特に議題の設定は、校長の値が3.53に達しており、また副校長・教頭は2.50、教員においても2.30と学校側が高く出ている。しかし、「他人の意見と対立することがある」という項目においては地域住民が最も高く、学校側の諸選出区分においては、逆に低い。本書の焦点である保護者委員は、いずれの項目においても全委員平均を下回り、概して低調である。

(2) 社会属性の差

続いて、社会属性要因が「議事における態度」に与える影響力を検討する。第一章で述べたように、学校運営参加においては、「社会的な属性の違い（マイノリティの親、下層の親は参加の度合いが低い）が大きく作用している」（広田［2004：65］）とされている。委員になるかならないかという段階において社会属性の偏りが観察されたのは先述の通りであるが（委員－非委員間の社会属性的偏差）、では、委員になってからは、社会属性の説明力はいかなるものであろうか。

ここでは、委員票を用いることで、委員間の社会属性的偏差を検討する。学校ガバナンス機関内部における社会的要因の影響力については、第一章で紹介した英国のディームが論じるように、ジェンダー、学歴、所得などの諸変数が議事での振る舞いを規定しているという。具体的にDeem *et al.*［1995］は議事の中での発言回数（contributions）を足し算して検討しているが、本研究では、議事における「消極性得点」と「積極性得点」を、属性ごとに比較する。なお、それぞれの協議項目への意見反映度の比較をしなかったのは、消極性・積極性得点を検討することで代替できると考えたからである。図表は省略するが、「積極性得点」と各協議項目への意見反映度とは正の相関を持ち、「消極性得点」と各協議項目への意見反映度とは負の相関を持っている。そのため、

図表 2-19　議事における態度のジェンダー間差

	保護者・地域住民	
	女性	男性
積極性得点（N）（p<.000）	1.99（161）	2.24（278）
消極性得点（N）（p<.05）	1.80（161）	1.67（287）

（無回答除く）

「消極性得点」・「積極性得点」の分析を行うことで代替し、煩雑さを避けたいと考えた。

社会属性としてここで取り扱うのは、①ジェンダー、②学歴、③所得という変数である。

なお、年齢については、ここでは直接分析しない。それは、先の図表２－12にも示した通り、地域住民と保護者の間に年齢帯の棲み分けがあるためである。したがって、地域住民と保護者の間の差は、年齢の差であるとも言えることを付言しておきたい。

①ジェンダー

まずジェンダーについて示したのが図表２－19である。

これを見ると、積極性得点は男性の方が高く、女性の方が低い。対して消極性得点は男性の方が低く、女性の方が高い。これらについてｔ検定（Turkey法）を行ったところ、その差は有意なものであり、総じて女性委員の非活性状態が確認された。すなわち、積極性得点は、女性が1.99、男性が2.24と、男性のほうが高い。他方、消極性得点は、女性1.80、男性1.67と、女性の方が高いという結果になっている。

②学歴

次に、学歴について示したのが図表２－20である。この分析では、管理職や教員は、分布が上方に偏っている可能性がある。そのため以下では社会的要因の影響力を特に

図表 2-20　議事における態度の学歴間差

	保護者・地域住民（N）		
	中学校・高等学校	専修学校・各種学校・高等専門学校・短期大学	四年制大学・大学院
積極性得点	2.13（169）	2.10（88）	2.25（155）
消極性得点	1.73（171）	1.79（89）	1.67（152）

（無回答除く）

取り出すため保護者・地域住民にケースを絞った分析をする。また、便宜的に学歴を三値に分割した。

これを見る限り、学歴の上昇がただちに積極性得点や消極性得点と結びついておらず、委員の学歴に応じた傾向性は特段見出せない(38)。すなわち、学歴が上昇することが、必ずしも積極性得点の上昇につながらないし、同様に消極性得点の下降につながらない。一貫した傾向が見出せないのである。

③世帯年収

次に、所得について示したのが図表２－21である。この分析でも、地域住民および保護者にケースを絞り、また便宜的に世帯年収を三値に分割した。

ここにおいても、世帯年収に応じて特段の傾向は見出せなかった(39)。積極性得点・消極性得点いずれも、一貫した増加／減少傾向はなく、統計的にも有意な差ではなかった。

すでに図表２－17と２－18に示したように、保護者委員の議事における意見反映度や積極性得点が低く、また消極性得点が高い。地域住民と保護者を比べると保護者委員の方が概して世帯年収・学歴が高いにもかかわらず、そのような傾向が現れることについては、学歴・所得は一貫した説明力を持たず、ジェンダーと選出区分が大きな影響を持っているからだと言えよう。この点に、日本の学校ガバナンス機関内部の社会関係の特徴があると言えるのである。

図表 2-21　議事における態度の世帯年収間差

	保護者・地域住民（N）		
	600万円未満	600万円以上 1000万円未満	1000万円以上
積極性得点	2.22（187）	2.12（117）	2.18（71）
消極性得点	1.73（192）	1.74（114）	1.64（69）

（無回答除く）

なお、英国における先行研究では、社会階層が学校ガバナンス機関（学校理事会）の中での積極性等に影響を与えているという結果があった。日本での結果は、先行研究の知見と異なっているため興味深い。念のため、保護者のみ・地域住民のみに絞り、学歴・世帯年収の差異を確認してみる。その結果を示したのが、図表２－22である。これを見ると、やはり、学歴・世帯年収いずれにおいても、それが上昇することが積極性得点の向上につながらず、また消極性得点の下降につながらない（n．s．）。このように、学歴・世帯年収は、議事における活動特性に、一貫した説明力を持っていないことが日本の学校ガバナンス機関に見出される特徴と言えよう。

以上を踏まえ、最後に、ジェンダーと選出区分の組み合わせによってどのような違いがあるのかを分析してみよう。

女性保護者・男性保護者・女性地域住民・男性地域住民に分けて、積極性得点と消極性得点の比較をしたのが、図表２－23である。これを見ると、ジェンダーと選出区分の複雑な組み合わせが分かる。

最も活性が低いのは女性保護者で、積極性得点が最低、消極性得点が最高となっている。逆に最も活性が高いのが男性地域住民で、積極性得点が最高、消極性得点が最低となっている。選出区分とジェンダーのいずれにおいても劣位な女性保護者において非活性状態が集約的に現れている。これに対して、選出区分かジェンダーのどちらか一方が優位な男性保護者と女性地域住民は、中間的である。結果として、積極性得点では女性保護者、女性地域住民、男性保護者、男性地域住民の順で高く

図表 2-22　保護者・地域住民のみにおける議事における態度の学歴間差・世帯年収間差

	保護者（N）			地域住民（N）		
学歴間差	中学校・高等学校	専修学校・各種学校・高等専門学校・短期大学	四年制大学・大学院	中学校・高等学校	専修学校・各種学校・高等専門学校・短期大学	四年制大学・大学院
積極性得点	1.98	2.09	1.98	2.22	2.25	2.23
消極性得点	2.09	1.89	1.82	1.61	1.69	1.64
	保護者（N）			地域住民（N）		
世帯年収間差	600万円未満	600万円以上1000万円未満	1000万円以上	600万円未満	600万円以上1000万円未満	1000万円以上
積極性得点	2.05（41）	2.05（38）	2.00（25）	2.27（146）	2.15（79）	2.28（46）
消極性得点	1.91（41）	1.97（38）	1.72（25）	1.68（151）	1.63（76）	1.60（44）

（無回答除く）

なり、消極性得点では女性保護者、男性保護者、女性地域住民、男性地域住民の順で低くなるのである。なお、女性保護者と男性保護者の間の差は、消極性得点においては$p<.000$、積極性得点においては$p<.05$で有意となった（検定（Turkey法）による）。

ここで、選出区分の差が年代と対応していたことを改めて想起したい。年齢とジェンダーにより男性優位な権力と役割が不均衡に配分される社会秩序を家父長制という概念で呼ぶならば（上野［1990］、瀬地山［1996］）、保護者／地域住民という選出区分とジェンダーの組み合わせによる活動特性の差異を、家父長制的な秩序の一端として解釈することもできよう（ただし、単なる年齢の差とだけ言い切ることはできない。保護者だからこそ消極的にならざるをえないような機制があることを、次章以降見ていきたい）。

いずれにせよ、以上のように、比較的年配で子育て世代ではない男性地域住民の突出した活性と、女性・保護者という子育てに最も関与するところの多いだろう層における突出した非活性が存在するのである。

図表 2-23　議事における態度のジェンダー・選出区分間差

	保護者・地域住民（N）			
	女性 保護者	男性 保護者	女性 地域住民	男性 地域住民
積極性得点	1.88（72）	2.13（59）	2.10（98）	2.27（219）
消極性得点	1.92（72）	1.80（59）	1.75（100）	1.64（218）

（無回答除く）

第6節　おわりに

本章では、筆者らが実施した「全国質問紙調査」の結果をもとに、学校運営協議会の基本的な情報をまとめたうえで、コミュニティ・スクールの活動特性、委員の属性、議事における態度の委員の属性による差異等を検討し、それらを通して保護者の位置を明らかにすることを試みてきた。

その結果、第一に明らかになったのは、学校運営協議会が、法に想定された権限行使（教員の任用・学校運営方針に対する意見等）はあまり行っておらず、むしろ学校支援活動、特に佐藤［編著］［2010：45］が「学校が保護者や地域などと外部連携を図り、その協力を得るなどの渉外を中心にした対外的な経営行為」とする「対外経営」に集中しているという事実であり、学校支援型コミュニティ・スクールという先行研究と同様の観察がなされた。

第二に、委員の属性に一定の偏りがあることも確認された。言い換えれば選出区分は地域住民の優勢が、ジェンダーにおいては男性の優勢が見て取れた。また社会階層としては高学歴層・高所得層が多く、保護者においてはとりわけその傾向が顕著であった。これは、実社会と比べて多様性が小さく、特定の社会属性がより多く委員となっているという点で、委員の代表性の問題とされるものであり、選出区分の問題を除いては、英国の学校理事会研究の知見とも相同性を持っている。

第三に、委員の議事における積極性・消極性の差異を見てみると、保護者・地域住民という素人委員は、学校側の委員、とりわけ校長や副校長・教頭と比べて、積極性においては得点が低く、また消極性において得点が高い。すなわち、素人委員の方が、学校側委員より活性が低いのである。専門職／素人という断線は厳然として存在していることがわかった。この結果を先に記した第一の点と併せて見ると、学校運営協議会における専門職優位が示された言えよう。

しかし、より重要なのは、委員の間の社会属性要因による差異という第四の点である。すなわち、社会属性が、議事における積極性・消極性と関連を持っていたことである。具体的には、選出区分とジェンダーの組み合わせが一貫して説明力を持っており、女性・保護者において消極性の高さ、積極性の低さが突出していることが明らかになった。他方、高学歴・高所得であることが、必ずしも議事における積極性・消極性の差に一貫した説明力を有していなかった。ここに日本における学校運営協議会の特質が見て取れる。

もちろん、消極性得点を見てみると論理的中間値を下回っており、抑圧的な状況と断ずるほどではない。ただ、そうした数値の中にも存在する微細な差異は、一定の傾向性を持っていた。すなわち、議事における態度に関して女性保護者と男性地域住民を両極とする差異が大規模な質問紙調査の中で現れてきたと考えられる。

第三章　コミュニティ・スクールの特性と女性保護者の劣位性

第1節　はじめに

前章では、全国質問紙調査の結果を用いて、社会属性要因が議事での態度に対して有する説明力を検討した。その結果明らかになったのは、学歴や世帯年収等は必ずしも一貫した影響を与えていないこと、むしろ重要なのは選出区分・ジェンダーと、それらの組み合わせが議事での態度に説明力を持っているという全国的に見られる傾向性だった。説明力を持ついくつかの変数が浮かび上がってきたわけだが、本書の問題意識にとって特に重要なのは「女性保護者」の非活性状態である。本章では、その傾向がどのように生じているかを、マルチ・サイト・ケース・スタディによって質的に検討することにする。

以下、まずジェンダーに着目し、女性委員と男性委員の意識や行動の特性を描く。その中で、前章で突出した結果が見られた女性保護者と男性地域住民との対比を論じることにする。

なお、本章において、調査協力者のインタビューをしばしば引用する。協力者については、その属性について次のような規則で表示してある。まず保護者か地域住民かの別はP/Cとして示した。またジェンダーについては女性をｆ、男性をｍとした。インタビューの引用においては、これらの組み合わせで示した。たとえば女性保護者ならPfと、男性地域住民ならCmと示されることになる。

以下、インタビューや観察などで明らかになった女性保護者の位置を示す挿話を分析的に論じることで、場合によっては他の属性との比較の中で女性保護者の非活性状態の背景を探る。

第2節　事例の概要

まず、各事例の学校運営協議会の状況について簡潔に紹介する。

西は、一九九九年に着任した当時の校長の発案で、学校と地域との連携を開始した先進的な学校である。同校では、ＰＴＡや、ＰＴＡのＯＧを中心に構成されている地域の諸団体が青少年健全育成や交通安全のために活動してきた経緯を持つ。校長は着任後まもなく、これまでなされてきた地域連携をを発展させ、保護者や地域住民による授業支援・放課後の居場所づくりを進める構想を発意した。比較的保護者の階層構成が高いこともあって、校長の呼びかけに応え、ボランティアは増え、その人数は年間二千名を超えるまでに至った。人数が増えた分、学校との日程調整も重要となるが、それを担う団体を発足させ、ボランティア登録を呼びかけ、二〇一〇年には一五〇人程度が登録している。その他にも、校長とＰＴＡ会長との発意による「夏祭り」が二〇〇三年に創設され、商工会や町内会との連携によって大々的に開催されている。こうした地域連携の延長において学校運営協議会を設置したのは二〇〇六年のことであった。

事例北は、中学校区におかれた学校運営協議会である。Ａ自治体の方針により、中学校区に一つの学校運営協議会を置き、小中連携での教育を行っている。そのため、事例西を含む学校群（四校）で教員の兼務発令を行い、合同授業などを行っている。また、各学校でそれぞれ行われてきた交通安全教室、餅つき、あいさつ運動などは、今も個々の学校で行われているが、中学校区全体の取り組みとして集約していこうという動きもある。四校独自に培ってきた地域との関係は、事例北の強みである一方、個々の学校に対する支援を積極的に行ってきた人たちであるため、中学校区というより、それを構成するいずれかの小学校により強い帰属意識を持っている委員もいる（Mさん、Yさん、Nさん）。小学校と中学校との文化の差による温度差も含めて、こうした複数校連携に苦心があると北の学校運営協議会長は語っていた。学校運営協議会のうち、保護者四人、教職員八人、地域住民一四人である。男女はともに一三人ずつである（二〇〇九年度）。

事例南の学校運営協議会も、中学校区に設置されたものである。この校区には、比較的自然が豊かに残り、地域自治の伝統もある地域である。主要な取り組みは土曜講座で、地域住民が講師となり、保護者や子ども、教員を対象としたさまざまな講座を行っている。また、人通りの少ない農業地域に通学路があることから、見回りも行われている。学校運営協議会委員の構成は、教職員九人、保護者三人、地域住民一五人で、男女比は一四：一三である（二〇〇九年度）。

以上、A自治体における三事例の概要から分かるように、それぞれの学校運営協議会は、学校に対する支援の具体的な活動を行う実働部隊的な色合いが強いことが分かる。実際、A自治体の中で最も先進的に学校運営への地域参加を進めている学校の一つである事例西においてさえも、実質的な議論とそれを踏まえた決定がなされているとは言いがたいようである。

その一例として次のようなことがあった。筆者は事例西にしばしば出入りしていたが、その取り次ぎを担ってくれたのがNさん（Pf）であった。あるとき、筆者は、近く開催される学校運営協議会の傍聴の取り次ぎを求めた。その際、彼女は次回の議事次第をメールで筆者に教示してくれたのだが、取り上げられる話題は次のように多岐にわたるものであった。というのも、年度当初の回であるため、当該年度の正副会長選出、教育目標・学校経営方針、教育課程の編制、組織編成、予算編成・執行、施設・設備の管理・整備・前年度の経営計画評価について議論するとされていたのである。しかし、会議は二時間あまりである。そのため、Nさんはメールの中で、「当日あの場で資料が配られるのにこれだけの内容を話し合うのは難しい」と述べていた。このように、協議事項によっては、議事・決定がラバースタンプを押すようなものだったようである（二〇一〇年四月二七日のやりとり）。とはいえ、校長による方針がその場で示され、権限を持って参加することの重みは多くの委員に意識されていたようである。

一方、事例東では、実質的な学校運営への参画を期した学校運営協議会の活用がなされている。事例東については、第四章以降で詳述するが、学校経営の「最高意思決定機関」として学校運営協議会を位置づけている点に特徴がある。学校運営協議会の要求を委託された教員集団が、校長を「執行責任者」と戴きながら、委託に従って教育活動を実施するものとされており、その委員構成は、保護者三人、地域住民三人、管理職・教員四人（さらに行政から担当者が一人加わる）としている。しかしながら、ジェンダーバランスで言うと、たとえば二〇〇八年度には女性が一人となっている。

このように、学校経営参加を重視した事例東ではあるが、学校への支援もさまざまに行われている。自治体の呼びかけに応じて二〇〇〇年度から「学校支援委員会」が組織され、その組織の長が学校運営協議会に充て職的に入っている。土曜授業、夏祭り、河川清掃、あいさつ運動があり、ＰＴＡにも積極的な協力が求められている。

第3節　女性委員にとっての活動の制約

前章では、ジェンダーと選出区分という二要因の組み合わせが重要だと述べたが、事例における質的調査の中で顕著に見られたのはジェンダーについての顕著な差異であった。

その一つに男女の委員の選ばれ方の差がある。学校運営協議会委員の選出について、全事例において教育委員会の学校運営協議会規則では、「当該指定学校の校長が教育委員会に推薦できる」とあり、基本的に学校長の判断によるものとされていた。こうした中で、女性委員は、概して学校を取り巻く学校関係組織からの充て職として選出されていた。学校関係組織の最も代表的なものはPTAである。PTAで経験を積み、その後子どもの卒業に伴って「地域住民」となりながらも、青少年健全育成組織や交通安全対策組織等の学校関係組織に属したり、民生・児童委員などの行政委嘱委員になっている人たちも委員に任命されやすい。

女性がこれまで運営の多くを担ってきた地域既存組織の特徴について、ある委員は「PTAのOG会」のようだ（事例北・Yさん・Cf）と説明している。この意味するところは、第一に、青少年健全育成組織や交通安全対策組織等、学校教育の補完的・支援的活動を行うそれら組織は、主に昼間に活動し、女性が実働の中心になっているという点でPTAと相同的である。そして第二に、PTAを母体として運営役員が輩出されているということがある。すなわちPTA役員等として頭角を現した女性保護者が子どもの卒業後に加入したり、PTAの委員として現役時代から当該組織に関わりを持ったりするという経緯の中で、人が集まっている。

こうしたPTAや「PTAのOG会」のような組織は、古くから存在している。長い人では「何十年も」（Yさん）活動しており、PTA経験を共通基盤とした文化も共有している。しかも、組織間で、それぞれが持つ行事の趣旨や活動時期が棲み分けをされており、伝統的な均衡をなしているというのも特徴である。

一方、男性の委員は、主に次の二つの選ばれ方がある。一つは、「地の人」（西・Nさん・Pf）と呼ばれる町会長や自営業者・地主層である。彼らはこの地域での自治活動を広く行ってきた経緯を持ち、必ずしも教育に関心を持っているとは限らないため、具体的な労務を担うことは少ないが、種々の委員に名を連ね、隠然とした影響力を有している。もう一つは、商工会・地域のNPO・会社の役員など、教育に限らない組織での活動をすでに行ってきており、その活動実績ゆえに新規組織に特命的に加入している人である。こちらのタイプは、当該学校との地縁的つながりが薄い場合もあるが、教育に関わる見識や行動力、市民ボランティアの組織運営などの経験により関わっている。

この後者について、Mさんは、次のように述べている。

〔男性委員として新たに〕(40)引っ張って来られてきた人は、子どもが小学校にいない人がかなりいますよね。だからそれもやっぱり、何て言うんだろう、私から見ると、PTAとして、そういう立場の体験なくして、いきなり「子どものために何か〔してくれ〕」って〔言われて入ってきている人たちです〕。それは行政が音頭を取って、それに乗っかって入ってきた人がいっぱいいて……特技があるからやってるんでしょう。

（事例北・Mさん・Cf）

この発言は、近年学校に関わり出した男性委員は、何らかの「特技」ゆえ、特命的に学校運営協議会等に加入しているという見立てを示している。彼らは、学校運営協議会に伴う学校改革を耳にして集まってきたり、校長などに請われて参加している。充て職ではなく、より任意性が高い参加なのである。

こうして学校に関わりの薄かった人々がにわかに存在感を増してきた事態について、女性委員の見解は複雑である。たとえば、数十年にわたり学校への支援を行ってきた団体の長であるMさんは、これまで自らが行ってきた学校への貢献を顧みつつ、次のように述べている。

学校があり、市から委嘱された青少年健全育成協議会とか、交通安全協議会とかは、「三位一体」と言っていたんです。それなのにそういう組織があることを全く知らない人が来て、学校運営協議会とかコミュニティ・スクールとか、そういうのがポンと来るので、三位一体というのはあっという間に崩れましたよね。その方たちは知らないわけですから。学校の応援団として地域で地道な活動をやってきた組織があり、もちろんＰＴＡもあって、そういうところの地道さみたいなところを知らないような人たちがなっていうことですよね。

（事例北・Mさん・Cf）

このように、さまざまな経歴を持つ委員を新たに加える背景には、コミュニティ・スクールになって「変化した」ことをアピールする意味があるという。「みんなで協力してこの事業を成し遂げたよ。〔まさに〕コミュニティ・スクールとして〔の成果です〕」（事例北・Mさん・Cf）と言わんばかりに、多くの団体を連ね、その多さによって組織構成の充実性を主張する場合が多いということである。以上のような男女の委員の対照的な経歴を確認しておきたい。

①時間的制約

さて、女性委員が学校関連組織から充て職的に選出されることの意味はどこにあるだろうか。

その一つの現れは、時間的制約である。たとえば、学校運営協議会は、男性委員を新規に加入させた結果、日中に仕事をしている男性委員の参加を可能とするべく、概して夕方か夜に行われている。第二章で示したとおり、学校運営協議会の開催時間帯として、最頻が一九時台で三五・八パーセント、次いで一八時台二二・〇パーセント、一五時台一一・九パーセントとなっている。また、会議時間は、再頻が二時間で六六・七パーセント、次いで一時間が一五・七パーセント、一・五時間が八・三パーセントとなっている。この四つの事例においても、会議は一八時ないし一九時に始まり一時間〜一時間半ほど続くことが大半であった。

こうした時間の設定と長さは、女性委員にとっていくつかの意味で負担となっている。まず、家事実施を担っている多くの女性が家で料理や子どもの世話をする時間と重なっているという（事例南・Hさん・Pf／事例西・Nさん・Pf）。また、昼間行われるPTA等の労務に加えて、夜に外出するという点も負担とされている。こうしたことは、子育てを行っている女性保護者にとっては特に障壁となる。

次の引用は、これらの点を集約的に示している。

女なんですよ、大変なの。その女性を、いかに使えるかで、学校の運営っていうかが違ってくると思いますよ。（中略）うちの夫は、個人タクシーやってるんだけど、家で夕食を食べる人。でも、その時間に、私は学校の用事で家に帰れないことがある。だから、夫のために夕食の準備を完璧にこなしていって、それに気を遣いながら、学校のことをやってる自分が、ときどき〝女って何なんだろう〟って思うときがあって。でもそうであってもそれ（＝学校支援活動）をしなきゃいけないのが女性なんですよね、学校のことで。

（事例東・Tさん・Pf）

この発言が示しているのは、昼間学校での業務をこなせるのは概して女性であり、しかも家事も負担しなければならないという二重負担問題である。二重というのは、「昼間＋夜」という意味と、「夜の家事＋夜の学校運営協議会」という意味を含んだ表現である。

他方、女性男性問わず、女性が夜に会議等で外出することに対する否定的な見解もある。事例西のある委員は、「子どもがいるからと言って女性を夜引き止めておく」規範は段々と和らいで来ているとはいえ、夜の会議に出るとき『迷惑かけてごめんね』って〔夫に〕謝って出て行く人が多いんじゃないかな。」という（事例西・Eさん・Cf）。この規範は、女性にも内面化されており、子どもがいるからには夜間に外出したくないという意見もある。こうした女性間の差異もあり意見は一本化しがたく、ＰＴＡの在り方等についての抜本的見直しはなされぬまま、学校運営協議会を夕～夜の時間帯に付加するという形式に落ち着いている。

②飲み会文化

時間帯に付随して女性委員を周縁化するのは、「飲み会文化」の存在である。夜の会議が行われると、その後に飲み会が行われることは非常に多い。おやじの会を研究した京須らの研究でも、「父親たちは、イベントの打ち合わせ時やイベントの開催後に必ずお酒を飲む。お酒は父親たちにとってコミュニケーションの手段となっている」（京須・橋本［2006：163］）とされているが、それと相同的である。

しかし、酒を伴う夜の懇親会が必ず行われれば、家事・育児・介護等がある（時間的都合）、何らかの都合でお酒を飲めない（嗜好や身体的都合）、会費に金銭的負担を感じる（経済的都合）などの要因により、毎回酒席に参加できる人と、足が遠のく人が出てくるものである。そうした中で排除されがちなのが女性である。

次の発言は、女性地域住民が、自らがＰＴＡ役員を引き受ける際、地域で盛んに行われる飲み会に出なくてはいけないことに対する不安感があったことを回想するものである。

〔PTA役員を引き受けた時〕私は対地域が不安だったんです。うちの地域は、とっても飲みの大好きな地域で、飲み会が多いんです。私はお酒がぜんぜんダメで、飲めないしなぁって思って、心配だったんです。でも、ぜんぜんそんなことはなかった。飲みの輪に入れてくれて、昔話をしてくれたりして、温かい地域なんだなって思ったりしました。
（事例南・Rさん・Cf）

ここから分かるように、結果的に「心配」は「ぜんぜんそんなことはなかった」ということだが、それは彼女が「飲みの輪に」入り、地域もそれを受け入れたからである。しかし、誰もが必ずしも毎回参加できるわけではない。

にもかかわらず、飲み会では、学校運営を巡る諸事が話題に上り、しばしば極めて真剣な議論が交わされていた。それは校長や副校長などの管理職が参加する場合特に顕著である。その飲み会において、意思決定に準ずる判断、あるいはアジェンダセッティングが行われることがある。たとえば事例西のEさんは、学校で行われる地域夏祭りの方向性が飲み会の席で決まっていたことを例示し、

〔正式の〕会議で決まったことがその後の飲み会で変わっちゃう〔中略〕一般的に女性は、そういう場にいない分、すごく割を食う。飲み会で大切なことが伝達されて、決まる。だから『何で知らなかったの？』ってことになる。」
（事例西・Eさん・Cf）

と述べている。(41)

第４節　二重負担が生み出す消極性

このような二重負担状況は、女性委員の発想にある傾向を生み出している。それは、新しい事業に対する消極性である。

繰り返しになるが、ＰＴＡなど既存組織を背景に持つ女性委員の立場から見ると、新規の行事がコミュニティ・スクール化によって増えたとしても、平常の学校への手伝いが消えることはない。特にＰＴＡは、単位ＰＴＡの平常業務だけでなく、自治体の中で組織されているＰＴＡの連合体や、行政が開催するイベントへの「動員」要求を受けることもあり、役員たちはより多忙となる。ＰＴＡなどの組織は、えてして役員の確保に困難を抱えているが、仕事の増加はいっそう「役員のなり手を遠ざける」（事例西・Ｒさん・Pf）効果を持つのである。下記は、コミュニティ・スクール化に伴って増えてきた学校支援組織の役員をＰＴＡ会長が兼ねてしまうと、「負担の先入観が大きくなってしま」うため、今後のＰＴＡ役員を減らしかねないとした発言である。

で、ＰＴＡにとっても、会長になったらただでさえあれもこれもあって忙しいのに、学校支援の役まで付いてくると思われると、後になる人が更に負担の先入観が大きくなってしまいます。

（事例西・Ｒさん・Pf）

学校支援ボランティアは、学校運営協議会が進める改革の中でも重要視される新規事業であるが、上の引用に示した背景から、事例西のRさんはあえてそちらの運営からは身を引いているのだという。[42]

次の発言も、二重負担問題によりPTAの運営に支障が及びつつあることを示している。

もれなく付いてくるみたいな流れをなくさないとなり手がないというのが現実です。〔中略〕学校運営協議会とか、なんとか委員会とか、準備会とか、圧倒的に増えているんですよね。で、必然的に、地域の方が多いのでどうしても夜の会議になるんです。そうすると、小さいお子さんがいたりすると、夜の会議があるというそれだけで、「〔PTA〕会長〔になるの〕は無理です」とか、「役員〔になるの〕は無理です」という形になってしまう。そういう意味では、夜の会議が増えるということはデメリットというかね。

（事例南・Rさん・Cf）

ここでも、叢生している種々の事業や会議がPTA役員とセットで「もれなくついてくる」ことが大きな負担であることが語られている。しかも、そうした会議もまた夜に行われるため、負担感は増し、「役員は無理です」という反応を生んでいるのである。

PTAをはじめ、女性によって担われる学校関連組織がこれまで行ってきた事業に配慮するがゆえ、女性委員が新規事業に躊躇するという場面も見られた。先述したとおり、長らく学校に関連する支援活動を行ってきた既存組織の間では、その役割や事業の開催予定が相互に棲み分けをし、一定の均衡が形成されていた。たとえば、事例南では、地域運営学校であるためか「地域に力がある」（事例南・Iさん・Cf）とされ、通学区域の中に複数ある自治会が、それぞれ盆踊りを企画しているため、「夏休みは毎週盆踊りがある」（同）というくらい、地域行事も豊富であった。しかし、このことは、言い換えれば類似の行事が主体と時期を住み分ける形で並存しているということであり、新たな事業を追加することが諸事業の均衡を破りかねないことをも意味していた。Iさんは、女性委員として既存事業の均衡を熟知しており、学校運営協議会企画で「新しいことは基本的に入れない」ようにするべきだと述べていた。このように、既存組織の活動を経験した女性委員が「消極的」になる様子が見て取れるのである。

これに対して事例西で起こったある「問題」は、男性委員と女性委員との間にある発想の対照性を示している。事例西では、毎年一月、PTA・OGを中心とした組織が餅つきを行っていたが、新規組織のある部会は、餅つきを含む盛大な相撲大会を冬休み中に新たに企画した。このイベントは、参加を抽選制にするなど参加できる子どもの数が少なく、にもかかわらず大きな予算を伴い、必ずしも十分な議論がないまま告知が先になされたものだった。(43)そのため学校運営協議会の場で反発を招いたが、ある女性地域住民委員は予算規模や意思決定の進め方とともに、

このタイミングでやられたら、〔既存組織が〕その後にやる例年の餅つきが全然盛り上がらないんです。そういうことをお考えいただいているんでしょうか？

（女性委員の発言（発言者は特定できず）二〇〇九年三月一五日　FLN）(44)

として事業均衡の観点から批判を加えていた。この餅つき大会の企画を行ったのは、男性の元PTA会長らで構成される部会であり、彼らは当初は問題を感じていなかったようである。このように、女性委員はPTAを中心とした既存組織を背負う立場という「組織の狭間での葛藤」から、学校運営協議会での主体的な活動を躊躇した

り、そこから距離を置いているものと解釈できる。

第5節　新規性・拡張性を重視するコミュニティ・スクールの組織特性

前節で述べたように女性委員は、ＰＴＡ等の既存組織を担うという立場によってその発想が方向付けられており、新たな学校支援事業が企画されることに対して違和感を持つことがある。しかし、こうした違和感は、表出されたとしても、必ずしも意思決定に十全に反映されるとは限らない。その例が先述の餅つき大会である。これについては、会議の場において既存の組織行事との均衡や、企画の意思決定の在り方の問題が盛んに提起されたが、すでに児童に告知をしたことをもって、「いったん子どもたちに与えてしまった夢を奪うことにもなってしまいますので、今回だけはぜひ前向きにお願いできないでしょうか？」として「子どもの夢」という反論しがたいロジックを用いながら、男性学校運営協議会長が引き取った。結果的に、若干の修正の後に実施に至ったが、物議を醸した企画であったにもかかわらず、当日の写真は学校で取りまとめている研究報告書や年度末の報告にも掲載され、意義ある成果の一つとして位置づけられた。

こうしたことの背景としてあるのは、コミュニティ・スクールが、学校改革への熱意や、目に見える成果を行政から求められているということであろう。教育委員会の肝煎りで学校運営協議会の実践研究が進められ、年度末に報告書が発行される場合も多い（全事例）。それゆえ、形に残る成果を重視する文化が広がっている。これをより丁寧に言えば、次の二つのようになる。

一つは、新たな事業の導入を重視する考え方であり、「新規性への志向」とでも言いうるものである。「常に何か新しいことをやっていないと不安」（事例北・Ｍさん・Cf）との発言がなされるように、既存組織が行わなかったような新しい取り組みを志向するものである。

もう一つは、そのイベントの参加人数や規模を拡大していくことを重んじる考え方であり、「拡張性への志向」とでも言いうるものである。たとえば事例東では、学校運営協議会地域委員は会議の場で夏祭りの参加人数の経年上昇を誇らしげに語り、いっそうの増加を呼びかけていた（二〇〇九年七月一六日　FLN）[45]。また、自治体の教育ビジョンとして地域連携を掲げているA自治体では、行政評価を行う際、その成果指標として「学校支援ボランティアの参加者数」が取り上げられ、「自治体経営白書」に掲載されている。各学校はボランティア数の集計を求められており、そのため数の増減に注意が向いてしまうのであろう。

こうした新規性・拡張性への志向に親和的なメンタリティを持つのが男性・地域住民委員である[46]。たとえば、NPO等での活動経験があったり、コミュニティ・スクール構想に共感して近年学校への関わりを持ち始めた男性委員は、学校運営協議会という進取的な取り組みに賛同し、それを盛り立てる新しい事業の考案にも積極的となる。たとえばある地域住民は（事例北・Rさん・Cm）、インタビューで、「次々に新しいことを提案していきたい」と発言をしている。

学校運営協議会の「新しさ」を強調する心性は、学校運営協議会に、PTAなどの既存組織以外からメンバーを入れようとする発想にもつながっている。今までならば考えられないような人が入っているということで、新しさが感じられるからである。しかし、その結果として女性の位置がますます周縁化される学校もある。事例北では、これまで学校に関わりの薄かったメンバー（すなわち地域委員）を充当した結果、保護者が三〇人中「四人しかいない」状態になった。以下の発言は、そうしたメンバー構成を批判的に述べているものである。

今のコミュニティ・スクールで、PTAから出ているのは四人だけなんです。そういう中で子どもたちのことを話し合うのはおかしいってずっと声を上げているんです。声を上げているんですけど、〔内々に委員構成におけるＰＴＡ枠の〕上限も決まっているので、これ以上は保護者を増やせないし、地域の方々を入れないと、地域も交えた子どもたちを育てる体制にならないのでって言うんです。でも地域の方々は、子どもたちの活動はされていますけど、もう子育ても終わった年配の方々が入ってらして、そういう方々ばっかりが入って、ＰＴＡの役員がぽつんと入って。約三〇人いるうちの実際の保護者は四人しかいないんですよ。

（事例北・Ｍさん・Pf）

これは、前章で示した女性保護者の非活性状態と密接に関わっていよう。現役の保護者は過少となり、ＰＴＡは「ぽつん」という状態になっている。

第6節　女性保護者の下働きの当然視と非難

さて、学校運営協議会では、既存組織を背負った女性委員の意見が必ずしも十全に反映されないまま新規性・拡張性を帯びた事業実施に大筋の合意が取り付けられるが、実働においては、次のように時に唐突に女性が動員されることがある。

実際、今、じゃあ、学校運営協議会にがっつり出て、働いてよ、パトロールしてよ、何々してよ、サポート隊入ってよって言われたら、できない。時間的に余裕がない。なのに、地域パトロールをこの時間帯にやってください〔と勝手に決められて〕バーンとやられちゃう〔打ちだされてしまう〕。

（事例南・Hさん・Pf）

Hさんは学校運営協議会委員ではないが、この発言からは、学校運営協議会委員でないにもかかわらず唐突に労力提供が求められる様が見て取れる。この背景の一つとしては、既存組織、特にPTAの女性が、学校支援を続けて来た経緯から、物品調達の知識や関連する人的ネットワークを保有しているため、新規組織が行う事業においても協力が求められることがあるだろう。

しかし、先のHさんの引用からは、知識やネットワークを買われて女性保護者に依頼が来るというよりは、女性保護者ならば当然協力するものだとして上から動員される、というニュアンスも感じられる。そして、そのような下働きの当然視は、かなり広範に観察されていた。たとえば次のやり取りを見てみよう。

R：地域での子どもの居場所づくりを進めていて、その実行委員会があって、全部で一〇人くらいいて。まあ、言ってみれば事務局みたいなものなんです。各クラスからお一人が委員さんとして出てもらって、全部で一二人います。その取りまとめや企画を実行委員会でやるわけです。その委員の経験をした人が残ってくれるというような形で実行委員としてやるんですね。三年四年続けてやってもらうことになります。楽しいわというような方ですよね。そこには私を入れて、地域がまだ三人ですね。これから卒業して実行委員として残ってってくれれば、その全員が全員地域の方になると思うんですけどね。

筆者：ちなみに、その三人はどういう方なんですか？

R：皆さんそのまま〔子どもが〕卒業してという方です。去年卒業した方、おととし卒業した方（笑）。いわゆる〔中略〕「地の人」ではありません。というのは、新たにそこに入ってもらうというようなことにはならないので。

（事例南・Rさん・Cf）

この引用では、子どもの居場所づくりという事業が学校に降ろされてきた時、「地域」の居場所づくりという表題とは裏腹に、その運営実務の大部分を保護者が担ったことが語られている。そして当時から中心的に関わっている女性たちは、数年前子どもの卒業に伴って肩書きを「保護者」から「地域住民」へと変えた。しかし、子どもが卒業しても子育ては継続している。その意味で実質的に彼女らは「保護者」であり、保護者によって「地域」の居場所づくりが運営されているのである。

日常の実務がとりわけ保護者に担われるという事実を正統化するロジックとして最もよく聞かれたのは、「子どもがお世話になっているのだからできるかぎりお手伝いしなきゃ」（事例南・Rさん・Cf）という役割意識である。また、それに加えてあったのは、保護者の年齢が若いため、「年配の方々にお手伝いをしてくださいとは言えない」（事例北・Mさん・Pf）という、年長者への遠慮であった。[47] さらに、先に引用したRさんの発言には、「『地の人』ではありません。というのは、新たにそこに入ってもらうというようなことにはならないので」とあるがこれは「地の人」は自営業や農業を営んでいるので、昼間の仕事は無理とのことであった。すなわち、昼間職業があることによって実働ができないことが男性ならば許容されるということでもある。

こう述べてくると保護者自身が自発的役割意識を持ち、配慮や責任感から自ら負担を買って出ているという印象を受ける。それは一面の事実と言えよう。

しかし、（特に女性の）保護者が労務提供を行うことを当然視する考え方は、保護者自身によって語られるだけでなく、地域住民や教員などによっても共有されている。本田由紀が指摘したように、専業主婦家庭を「標準的」とし、意欲や物的負担という学校教育への流入を前提とする高度成長期に普及した保護者（そして保護者－

学校関係像）の残影がいまだ強固であるとも言えるだろう（本田［2014］）。

そして、注意が必要なのは、保護者による労務提供を当然視するという共有された発想が時に保護者を周縁化する効果を持ちうるということである。

一例としては、事例東の夏祭りがある。コミュニティ・スクール化に伴って開始された地域主体の夏祭りは、地域の力を証明するものとして、毎年大々的になされている。しかし、そこには、「地域の力〔で成功したもの〕だって言っても、保護者の力も半分くらいは入ってるはず」（事例東・Iさん・Pf）というほど女性保護者の労力が提供されていた(48)。その上で、保護者の支援に十分な感謝がなされておらず、万一不首尾があれば非難されるとして、次のような不満が述べられている。

> 買い物も全部保護者に割り振ってやってるわけです。保護者にしてみれば地域住民が企画したんだから地域の人が全部やっておいて、当日お手伝いで参加するっていうんだったら全然構わないですよね。だけど、保護者に当たり前のように「はいこれね！」って〔買い物リストの〕紙を渡されて、私たちが全部調達してきて、それでやり方が悪ければ後で叩かれちゃうんですよ。……それで「地域の力〔で成功したもの〕」だって言っても、結局は保護者の力も半分くらい入ってるはずなんですから。
>
> （事例東・Iさん・Pf）

ここからは、平素の学校支援を行うだけでなく、地域住民中心の活動に対しての手伝いも当然視されている保護者の位置が見えてこよう。これまでＰＴＡの位置について、学校の下働きを行う「学校の嫁」との比喩で論じられることがあったが、さらに地域住民の下働きを行う「地域の嫁」（川端［2008：218］）にもなりつつあるとも言えよう。

さらに女性保護者の支援が低調である場合には「自分の子どもが通っているのに協力的でない」という保護者に対する非難にも転化する。事例西でも、地域企画の夏祭りが大々的になされているが、この運営に保護者が少ないことが次のように問題視されているという。

ここ二・三年夏祭りの実行委員会で批判が出ているのは、これだけ子どもたちのためにやってきたのに、数としては町会や商工会よりも一番大きいはずのＰＴＡの親が一番手伝いに出てこない、という批判は出てきてる。

（事例西・Nさん・Pf）

ここで「これだけ子どもたちのためにやってきた」というのは、夏祭りを主催する男性地域住民主体の実行委員会の男性自らが述べていることである。自分たちがやっているのだから協力するべきという論理が透けて見えてくるのである。

第７節　既存事業の価値剥奪

これまで学校に関わりのなかった男性がイベントで参加することは、男女共同参画という観点から見ればそれ自体として好ましいものである。しかし、このように、二重負担や、下働きの当然視があることから、女性委員からは男性の参加が「いいとこ取り」に見えることもある。学校と地域の連携が進展する中で、「おやじの会」が広がりを見せているが（京須・橋本［2006］）、本書の事例校も例外ではない。このおやじの会についての次の発言を見てみよう。

PTAやってる人たちは、〔男性で学校支援に参加する人たちについて〕おやじの会のようなたまのイベントで遊んでないで、PTAの役割もちゃんと担って欲しいとも思ってる。いいとこ取りして、子どもたちと楽しく遊んで、名前を上げて、ずるいじゃん。

（事例西・Oさん・Cf）

「たまのイベント」の「いいとこ取り」で「名前を上げて」いるという表現が端的に示しているのは、日常的に行ってきた継続的な事業が「いいとこ」とは捉えられないということである。「たまのイベント」であれ、これまで学校に関わらなかった人が参加するだけで、そのことが「名前を上げ」ることにさえなる。しかし平素の学校支援を行っている女性からすれば「PTAの役割ちゃんと担って欲しい」ということになる。言うまでもないが、この発言者が自らの「名前を上げ」たいと主張しているのではない。確認したいのは、PTA等の平素の支援が、当然視されるあまり、その価値を低く見られてしまう、いわば既存事業の価値剝奪が見られることである。逆に言えば、これまで学校に関わって来なかった男性の参加が過剰に価値づけられているということでもある。

PTAだけでなく、他の既存組織も同様に、学校運営協議会をはじめとした新たな組織の台頭の中で、これまで行ってきた事業が相対的価値を低落していることを感じている。次の発言は、数十年活動を行っている既存組織の女性委員が、例年当該組織の主催で行っている事業が、あたかもコミュニティ・スクールの事業に見えるような形で広報されたことを問題視して語っているものである。

私たちの組織が毎年行ってきた行事がありますが、あるときコミュニティ・スクールの広報誌にその行事が書かれていた。だから役所の人間にそれを見せて「うちの組織の名前どこに書いてあります？　これうちの行事ですよ！」と苦情を言いました。

（事例北・Yさん・Cf）

別の女性委員と、こうした状況について話していた際、筆者は、「横取り」されているという気持ちがするのかと訊ねた。これに対してMさんは、その言葉は使いたくないと否定しつつ、次のように語った。

私は「横取り」という言葉は、うちの組織としては使いたくないです。使いたくない。でも既存のものはとりあえずほっといて、新しくできた組織の名前で実績を積んでいきましょうっていうのはどうかと思います。(49)

（事例北・Mさん・Cf）

「既存のものはとりあえずほっといて、新しくできた組織の名前で実績を積んでいきましょう」という言葉から、「とりあえずほっとかれる」立場に置かれる既存組織、そしてそこに労力提供する女性からの価値剝奪への問題意識を見て取ることも不可能ではない。

価値剝奪を感じるという事態は、ＰＴＡにおいても妥当する。以下の引用は、コミュニティ・スクールになってからＰＴＡ室が縮小されたとのエピソードを引きながら、ＰＴＡが学校から重要視されていないという懸念を語るものである。

Mさん：〔近頃のPTAの役員は、メールでできる部分はPTA会室に集まらないで打ち合わせを進めるようになった、という話題の中で〕

今やっているお母さんたちは、お考えがあって、効率化するためにそのようにやってるんです。〔中略〕ただ、そうすると、学校側は、部屋が要らないんだ、って思ってPTAの部屋を半分にされたんです。コミュニティ・スクールが始まった時点で、だんだん、存在感が薄くなっていっているような気がするんですね。

筆者：その存在感の話ですが、今みたいにPTAに加えて、いろんな組織ができてくると、別にPTAじゃなくてもいいじゃないいって言われるようなことがあると思うんです。そういうこと、思うようなことがあるかと思うんですが。

Mさん：お部屋が削られたこと自体は、仕方ないと思うんです。でも、〔裏を返せば〕学校側自体が〔PTAを〕重要視していないから〔そのようなことが〕できちゃうんじゃないのかなぁと思いますね。

（事例北・Mさん・Pf）

先の引用は、直接にはPTAを「今やっているお母さんたち」のやり方が以前と変わってきたということを述べているのであるが、そうした変化に際してすぐさま部屋が縮小されることを問題視するものである。もちろん、直接的には校内の部屋割りの変更や、PTA活動方法の変化を受けてのことであろうが、MさんはそこにPTA軽視を読み取っている。彼女は続けて、以下のように述べている。

〔三〇人の委員のうち保護者が四人であるという〕その中で子どもたちのことが決まっていって、カリキュラムも決まっていって、年間通して何をしよう、これをしようということが決まっていって、流れていく訳じゃないですか。それって怖いですよね。で、いざ働くのはＰ（＝ＰＴＡ）ですから。もうちょっと、母親は言いたいことがあるんじゃないか。たとえば代表で私が出ていて、何かを言ったとしてもですね、母親をもっと出さないと、実際の子どもを持っている、育てている保護者の方々を出さないと、意見は分からないです。そういうことを見てみても、ＰＴＡの存在が軽視されているんではないかと。

（事例北・Mさん・Pf）

こうしたことも、既存の組織からの充て職女性委員の非活性状態に結びついているものと思われる。

第8節　地域の階層構成に応じた非斉一性

さて、以上述べたような下働きの当然視・価値剝奪・非難の現れ方は、学校が置かれた地域性や階層構成によって違いがある。女性の位置が最も劣位にあったのは事例東である。その一例を挙げておこう。

事例東では、学校運営協議会の活動報告会や講演会が毎年行われている。しかし、共働きが多く、学校に対する関心も他ケースと比較して高くないため、そうした報告会・講演会への出席・支援は、低調になりがちである。PTA役員でもある学校運営協議会委員の女性委員も、学校運営協議会の報告会を「変わり映えのしない話」（事例東・Tさん・Pf）として関心を持っていなかった。これに対して、事例西は階層構成が比較的高く、学校運営協議会による改革動向に対しても関心が高い。そのため、報告会には非常に多くの保護者が参加していた。事例東の存在する自治体の教育行政職員と筆者は、事例西の存在する自治体の公開研究発表会に同席したが、その際女性保護者層が多いことに驚愕したということが話題となったほどである（二〇一〇年一月三〇日　インフォーマルな会話）。

だが、校長や、学校運営協議会長をはじめとした男性地域委員からすると、背景がどうあれ学校運営協議会の報告会や講演会に保護者が集まらないことは問題に映る。事例東のある会議の場では、他校の学校公開で道沿いに案内の保護者が立って案内し、講演会にも多数の保護者が駆けつけていたことを引き合いに出しながら、年配の男性学校運営協議会前会長が強い語調で「要するに動員してくださいということです」（二〇〇九年一〇月二七日FLN）としてＰＴＡ役員を非難していた。こうしたことを受け、ＰＴＡ役員は授業参観後すぐに帰ろうとする保護者を、その後の報告会に留まるよう大声で叫びながら走り回らざるをえなかったという（事例東・Ｔさん・Pfへのインフォーマルインタビュー[50]）。

さらに女性保護者のいっそうの協力を求める動きの中で、二〇一〇年度、事例東ではＰＴＡの各委員のうち数人を、地域夏祭りを主催する団体への人出し担当とした。このように担当を付けることが、労力提供の効率化に資することは確かである。しかし新たな分掌を設定することで、労力提供を後々減らすことは困難になり、前述したような役員のなり手を減らすなどの弊害を生むだろう。次の発言は、男性ＰＴＡ会長からさえ出た事業増加による「疲弊」に関する不満である。

疲弊している感じなんですよね。結局何かやるんだったら、何かを捨てていかないと、同じ人がどんどん、仕事が増えて行っちゃう。

（事例東・Ａさん・Pm）

このように、事例東では非難がより突出した形で現れ、「動員」を迫られるまでになっていた。

なお、この事例については、次章以降でより詳細に検討される。

第9節　おわりに

本章では、四つのコミュニティ・スクールのケース・スタディを通じて、女性・保護者の位置づけを質的に探求し、その周縁化が生じる理由について考察した。この分析を通して、コミュニティ・スクールにおける女性・保護者の位置が若干ではあれ見えてきた。

まず確認されたのは、既存組織を担うがゆえに生じる二重負担という点においてジェンダーの差異があることであった。そのため、既存学校関連組織から充て職で学校運営協議会に出ている女性委員は、コミュニティ・スクール化に伴い開始された新規事業と既存組織の二重負担を課せられるという制約の中にあり、他方、既存のPTA活動等に対しては価値剝奪が起こるということであった。また、「子どもがお世話になっている」等の理由から女性保護者の学校支援は当然視され、不首尾があれば批判されるという状況にあった。こうした制約により、女性委員、なかんずく女性保護者委員が活動や議事に積極的になれないという様相が見て取れた。

もちろん、このように述べたからといって、女性が全て同様であるというわけではなく、「飲み会」や夜の会議に対する女性間の見解の違いや、学校の置かれた地域性・階層構成による差はすでに述べたとおりである。

むしろ本章にとって大事なのは、コミュニティ・スクール化が求める新規性・拡張性の規範であり、これによって女性委員、なかんずく女性保護者委員の位置が定まっている面があるということである。平素の学校支援業務負担が女性・保護者を中心に担われてきたことへは、ジェンダー不平等の観点から問い直しがなされてよいものであるが、特段の顧慮なく、新たな事業が企画されているため、PTA等の既存の組織を担うという立場が軛となり、女性（保護者）委員が周縁化されるのである。

先述のように、河上婦志子は、「システム内在的差別」という用語で、明示的な排除がないところにも差別が成り立つとしていた。河上は、中等教育の教員においては、部活指導や生活指導が重視されるという組織規範があるため、教員＝男性という前提に立った運営がさまざまな局面に埋め込まれやすく、その基準で能力評価がなされることで女性が周辺化されるとした。このように、明示的な女性排除がないにもかかわらず、システム全体に埋め込まれ、「隠された、一見中立的な差別」（河上［1990＝2009：99］）が、「システム内在的差別」として中等教育での男性教諭の数的優位を生み出しているとしている。

本章で見出されたのも、学校運営協議会における「システム内在的差別」というべきものであろう。すなわち、女性や保護者をあからさまに低く扱い、排除するというような直接的かつ赤裸々な差別要因という形で見出されたわけではなかった。しかし、拡張性・新規性を帯びた活動を重視するコミュニティ・スクールの組織規範がシステムに内在している。これは一見中立的ではあるが、ＰＴＡ等の既存組織にジェンダー規範が埋め込まれているという従来的在り方を問い直さず、むしろ前提とする限り、女性保護者の位置を周縁化しうる「システム内在的差別」だったのである。

第Ⅱ部　学校支援型コミュニティ・スクールによる「対外経営」と家庭教育

第Ⅰ部では、学校運営協議会内の社会関係を説明し、女性保護者の消極性を学校支援活動との関連で論述してきた。具体的には、学校運営協議会内部の対立的基盤について属性的な観点から把握した結果明らかになったのは、男性・地域住民の優位性と、女性・保護者の劣位性であった。その背景としてあったのは、女性をあからさまに排除するプロセスではなかった。むしろ、拡張的・新規的な事業を「成果」としてみなし、それに対する積極性が重視されているため、既存組織との二重負担を背負わざるをえない女性、特に女性保護者の消極性を生んでいることを主張した。いわば、学校支援や家事負担を女性・保護者の責任とする既存の規範が、成果重視の組織原理の中で温存され、再強化されつつある状況が見られた。

第Ⅱ部では、このような女性保護者の劣位性を踏まえ、学校運営協議会内部の社会関係がどのような社会的帰結をもたらすのかを明らかにする。とりわけ、コミュニティ・スクールによる「対外経営」が非委員の保護者、そしてその家庭教育に対して与える影響を論じる。

取り上げるケースは、第三章で扱ったケースのうちの一校である事例東である。第Ⅰ部では、複数の学校に見られる共通的特性を抽出するような論述を行ってきたわけだが、これに対して、第Ⅱ部はミクロな特性記述的研究になる。

さて、ここで、「ミクロ」・「特殊」であるとは述べたが、そのことが第Ⅱ部の価値をただちに下げるものではないことを主張しておきたい。その理由は二つある。

第一は次のようなものである。観察された事態は一ケースのものであっても、それをもたらす諸要因のレベルにおいてはある程度一般的なものがあるだろう。事象を一段階抽象化した諸要因の組み合わせの中で、ある帰結が生まれやすくなる何らかの必然性があることを示すことによって、他校の実践を考察する際にも示唆を得られるような主張を行うことが第Ⅱ部の目的であり、理論的一般化と言うべきものである（Yin［1984］）。同じ一般化であっても、統計的一般化は、当該事象がどの程度どこでも観察されうるかを明らかにしたり、その事象の分布を捉えることに目的がある。それとは異なり、分析的概念のレベルで他事例でも適用可能になるような立論を行うのである。

第二に活動が特徴的だからである。次章以降具体的に見るように、第Ⅱ部のケースでは保護者委員の劣位性と、男性地域住民委員の積極性の程度がそれぞれ特に高く、その意味では統計的に典型的な例である。他方、第五章で論じるように、学校運営協議会によって保護者に対して宿題の丸付けを求めるという、踏み込んだ「対外経営」が行われている。参考までに、第一章でも引用したこども未来財団［2009：37-38］では、「家庭教育のあり方を改善するための義務付け」を行っている学校運営協議会の割合について、「熱心に取り組んでいる」が四・四パーセント、「少し取り組んでいる」が一三・三パーセントとしている。その意味で、事例束は少数派に属し、特徴的な例であるとも評価されうる。こうした特徴ゆえ、事例それ自体に検討する価値がある。後述するように、事例束は、毎日の宿題の丸付けを保護者に義務付けるという取り組みを行っている。これは、家庭に対する介入的取り組みであり、第一章で分析したエプシュタインのパートナーシップ実践のように、家庭背景の多様性と緊張関係を持ちうる。その意味で学校運営協議会における意思決定の構造が、社会的帰結をもたらすプロセスの中でどのような意味を持つのかを抽出しやすいということも重要である。

概念や概念間関係が鮮明に取り出せることは、確かにそこで見られる事象が特殊であっても、ケース・スタディのサンプリングとしては「典型的」とも言える。

以上二点をまとめて言えば、現象としては特殊でも、特殊性自体に研究価値があり、そこから新しい理論的貢献が期待されるがゆえ重要だということである。

さて、第Ⅱ部で対象とする事例東は、先述したように東京都にある公立小学校で、学校規模として、教員数は二八名、児童数は四六一名の中規模校である（二〇一一年度）。駅前の商店街の雑踏を抜け、道を左に折れると少々静かな住宅街の中に学校は位置し、「く」の字を描くように曲がり目のある校舎が校庭を包むように立地している。

この学校は、比較的古い地域にある。周囲は、戦後の開発で広まってきたマンション等が立地してはいるが、戦前からのコミュニティや自治会活動が堅固で、同校の研究報告書にも「中小零細企業の多い、いわゆる下町の街」という認識が語られている。同時に、外国人居住者もあり、また就学援助率は四割弱であり、多様な家庭背景を持つ構成であることにも特徴がある。

同校は、自治体発信による「開かれた学校づくり」の実践を二〇〇〇年度から行ってきた。その意味で、学校と地域の連携を推進してきた「先進校」としての経緯を持つ。地域と学校との結び付きが強い学校として教育委員会からも認識される学校であり、コミュニティ・スクールの指定を受けたのも、そのことに由来していると思われる。

地方教育行政の組織及び運営に関する法律が改正され、学校運営協議会が法制化されたのは二〇〇四年のことだったが、同事例の学校運営協議会は、それより以前の二〇〇三年度から実践を行っている。その発端は、文部科学省の研究指定を受けて実践研究を開始したことにある。実践研究では、学校運営に関わる権限を与えられた地域住民・保護者参加による協議体を設置し、それを学校の最高意思決定機関と位置づける改革が進められた。すなわち、学校経営の「最高意思決定機関」として学校運営協議会を位置づけ、その要求を委託された教員集団が、校長を「執行責任者」と戴きながら、委託に従って教育活動を実施するというものであった。その委員は、保護者三人、地域住民三人、管理職・教員四人（さらに行政から担当者が一人加わる）としている。この中で、保護者委員はＰＴＡ代表の三〇〜四〇代で、ＰＴＡ会長として男性一名、残り二名は女性であった。他方、地域委員は六〇〜七〇代の男性で、地域の指導的「名士」（保護者インタビューより）であり影響力が強い。

前記の構成比を見ると分かるように、事例東の学校運営協議会では、地域住民と保護者が過半数を占めている。これは、管理職・教員に行政担当者委員を加えても数的に勝ることができないような選出区分の割り振りがなされていることを示している。

「最高意思決定機関」という言葉から分かるように、着目すべきはその権限範囲である。学校運営協議会は、校長が作成する教育計画・予算計画などを承認する。承認されなかった場合は、校長は再度計画を検討し直し、承認されるように修正しなければならない。また、教職員人事について都教育委員会に意見を述べることができ、それを都教育委員会は尊重することとされている。これらはその後、地方教育行政の組織及び運営に関する法律における規定としてほぼ踏襲される格好となるが、そうした全国化以前の段階から「民意を取り入れた学校経営」（事例東［2004b：2］）、「保護者・地域のニーズを生かす学校改革」（事例東［2004a：表紙］）と定義される学校運営改革が進められてきた。

この事例東の学校運営協議会については、前章までの分析でもその特徴が断片的に明らかになっていると思われる。たとえば、ジェンダー不平等がより強く現れていることなどである。第Ⅱ部第四章では、そうした特徴も踏まえて、事例東の学校運営協議会における保護者委員の劣位性を確認する。この中で、前章までに明らかにした傾向性、すなわち男性・年長者の委員を優位にするジェンダー規範とともに、「拡張性」「新規性」を重視する成果志向が学校運営協議会の組織特性として存在し、既存組織の制約によって十分に応答できない女性委員（とりわけ女性保護者委員）が周縁化されていくというプロセスが同様に見られるのかを確認するとともに、この学校固有の事情についても把握したい。

次いで、第五章では、学校運営協議会が行う対外経営の具体例として保護者に対する啓発を取り上げ、保護者委員の劣位性と関わらせながら、対外経営活動の展開と論理を追う。事例東学校運営協議会における保護者委員の劣位性をあえて第四章で取り上げたのは、第五章の分析の前提となるからである。

第六章では、第五章で分析した保護者啓発という対外経営活動が保護者全体に対していかなる影響を与えているかを、学校運営協議会の社会的帰結として捉え、分析する。

第Ⅱ部では、第一章第四節で示した①と②の両方の課題を扱うことになる。そのことの意義は、分析の総合性を確保するためである。この学校のケース・スタディを通して、学校運営協議会の活動がどのような社会的帰結をもたらし、そのプロセスにおいて保護者委員の劣位性がどのような意味を持っているのかを明らかにするためには、その前提として保護者委員の劣位性について把握されなければならない。先に青木栄一［2011］を引いて論じたように、学校レベルにはさまざまな改革が合流し、社会的要因が輻輳的に存在する。これらの諸要因は、学校それぞれに独特の組み合わせをとっている。したがって、ケース・スタディもなるべく総合的な記述を取ることが望ましいと考えたからである。

第四章　萎縮する保護者——学校運営協議会における「無言委員」の所在

第1節　はじめに

本章では、事例東の学校運営協議会における保護者委員の位置を明確にし、その劣位性を確認する。方法としては、学校運営協議会の議事録を分析する。

議事における各アクターの行動については、いくつかの先行研究からその特徴を捉えることができる。たとえば、橋本・岩永ら［2010］は、学校運営協議会の議事の様子を、学校運営協議会設置校の校園長を対象とした質問紙調査によって把握している。結果として、議事の様子を「活発な意見交換」・「熱心」・「和やか」・「学校教育を理解しようと努める雰囲気」との回答は、「思う」・「やや思う」を合わせると九割を超え、「議論がまとまりにくい」・「反対意見が出にくい雰囲気」・「一部の人の意見に引きずられる」が一割を切っているとされている。他方、「発言する委員が固定」という項目に対しては肯定的回答が八割を超えている。これは、学校運営協議会の議事についての動向を知る上で重要な研究であるが、あくまで回答者である校園長の主観的観測であり、実際の議事を分析したものではない。また、活発に意見交換し、熱心かつ和やかに学校教育を学んでいる積極的委員は誰で、消極的な委員は誰なのかが明らかでなく、これらの点を乗り越える必要があると思われる。

これに対し文部科学省［2012a］では、校長への質問紙調査において、「地域選出委員」・「保護者選出委員」・「学識者選出委員」・「教職員選出委員」のそれぞれについて、議事で「よく発言している」か否かを訊ね、「はい」・「どちらとも言えない」・「いいえ」の三肢から選ばせている。その結果として、「はい」との回答は地域選出委員が九割近くで最も多く、次いで「学識者選出委員」・「教職員選出委員」・「保護者選出委員」の順となっていることが明らかになっている。しかし、これも校園長に対する質問紙調査によるものであり、そこに現れた数値も校園長の主観に基づく部分があるという方法的な限界を有していた。

こうした限界を乗り越える意味で、本書では、学校運営協議会委員本人に対する質問紙調査を用い、どのような意識や行動を以って議事に臨んでいるかを分析した（第二章）。本章では、事例東学校運営協議会における保護者の位置を、学校運営協議会の実際の議事録を分析することを通して把握する。実際にどのようなやり取りが交わされたのかが分かる議事録をもとに分析することで、より客観的に実態に迫ることができると思われる。

なお、事例東の学校運営協議会の構成は、以上の課題を追究する上で、適切なものである。事例東の学校運営協議会の構成を保護者の観点から見てみると、必ずしも劣位となるとは限らないような構成をしている。先述の通り、事例東の学校運営協議会は、地域住民委員三名、保護者委員三名、教員委員四名、行政委員一名と、各選出区分の数が規定されている（なお、学識経験者は含まれていない）。これまで、日本の学校運営協議会は地域・教職員・保護者など選出区分の構成比に配慮が乏しく、保護者委員は地域委員より構成比が小さいことが明らかにされてきた（こども未来財団［2009：21］）。第二章でも保護者委員の割合が少なく、地域住民の選出区分が半数を占めていたことを指摘した（図表2－9、図2－10）。

保護者委員がそもそも少ない学校では積極性は抑制されると考えられる。そのような中、事例東の学校運営協議会は選出区分ごとの人数を明示し、保護者に一定の人数を割り当てている。もし事例東の学校運営協議会で保護者委員の劣位性があるとすれば、「人数的に少数である」ということ以外の要因を、より客観的に取り出すことにつながるだろう。事例研究の考え方の中には、「最も不利な例を分析してそこでも仮説が成立していることを示して仮説の確からしさを確認する（least likely case）」ことで仮説検証ができるという考え方がある（久米［2008：163］）。この考え方からすれば、選出区分比において保護者の位置が良好であると考えられる事例でも保護者の劣位性が確認されることで、他校でも一定程度援用可能な知見を導き出せるだろうと考えられる。

分析の対象とするのは、事例東における学校運営協議会の二〇〇三年度から二〇〇八年度までの議事録である。筆者は、これを収集し、整理・電算化した。

事例東の学校運営協議会では、毎回「開催年月日」、「会議に付した議題」などとともに、各委員の発言が、実際に近い形で記録された議事録が作成されている。入手できたのは筆者が参観する以前の二〇〇三年度から二〇〇八年度にかけての議事録五六回分と、配布資料の一部である。この時期に限定して取り扱う理由は二つある。第一は、直近のものに近付くほど、現在も動いている話題を含み取り扱いに注意を要するからである。第二は、筆者の研究において、継続的に観察に赴くことができ、データを完全に収集できたのがこの時期だったからである。時期は限定されているが、発言者が明記されている議事録が、設置から一定期間にわたって継続して作成されているという事例は稀であり、議事録分析をすることの意義は大きい。

なお、この議事録が研究のために作成されたものではないという点には留意が必要である。

そこで、分析を始める前に、次のような確認を行った。それは、実際の発言状況と議事録との対比である。筆者は二〇〇九年度の学校運営協議会に、四回、傍聴参加をした。その四回分について観察記録と照合すると次のことが指摘できる。まず、司会である協議会長の発言については、議題最初の「次に～に移ります」や議題最後の「以上で承認してよろしいですか」等が含まれることがあったが、それを除いては議事進行に関係する発言（たとえば「他に意見のある委員はいませんか」・「～委員いかがですか」等）は議事録に記載されておらず、それ以外の発言回数は観察記録とほぼ一致した。以上から、議長の立場としての発言によって議長の発言回数が特段に増加しているということはないと考えられ、基本的に各人が一委員として発言していることの記録として判断できると考えた。

議事録には、文法上の間違いや、誤字脱字等があった。明らかに間違いと判断できたものについては文意を損なわない範囲で修正してある。また、文脈上間違いと考えられるもの（たとえば、議事録において否定文となっているが、当該箇所は肯定文でないと文脈に反するなどの場合）は、修正記録を註釈に残してある。補足が必要なものについては〔　〕を挿入して記してある。

以上より、発言回数を分析するが、先行研究では、Deem *et al.*［1995］が、観察記録をもとに各選出区分の総発言回数（contributions）を人数で除した平均発言回数を分析しており、発言回数を分析することは、先行研究とも平仄が合う（Deem *et al.*［1995：147-148］）。

本章では、議事録分析に加えて、観察記録やインタビューデータも、分析に組み入れる。インタビューについては、筆者は、図表４‐１におけるＰ４委員とＰ９委員に対して、協議会の取り組みや議事についての見解を尋ねた（二〇〇七年一一月一日　FLNと二〇〇九年八月二五日　FLN）。それぞれ二時間程度で、会話の流れによっては話題の拡散も許容する形式を採った。調査意図の説明の上、許可を得た上で録音し、文字化したものを分析する。電算化においては、文意を損ねない範囲で語順を入れ替えたり、加除を施したりしている。

第2節　学校運営協議会における「無言委員」とその偏在

手元にある全回次の議事における委員名と、各委員の発言回数をまとめたのが図表4－1である。これは、次の方法によってまとめてある。

①　横軸には、学校運営協議会の委員IDが配置されている。学校運営協議会委員は各人にアルファベットと数字を組み合わせたIDを付してある。年度ごとに委員の入れ替わりがあるため、横軸は年度ごとに作成されている。

②　各委員IDの冒頭の大文字で記されたアルファベットは、選出区分を示す。これには四種類あり、Cは地域住民（Community）、Tは管理職・教員（Teachers）、Pは保護者（Parents）、Aは行政から派遣された委員（Administration）という区分である。

③　各委員IDの二番目に付されている数字は、各選出区分の中での個人識別のために付与された番号であり、議事録に名前が登場した順に付してある。年度をまたいで継続している場合があるが、これはその委員が複数年度、委員として関わっている場合、同一人物であることを示している。

以上の二つの記号を組み合わせることによって、委員を識別できるようになっている。

④　各委員IDの後に付された小文字のアルファベットは、ジェンダーを示している。fは女性、mは男性である。

また、丸括弧内は当該委員が何年目かを示している。

⑤　縦軸には、各年度の回次が記されてある。各セルにある数字は、当該委員の各回次の審議事項における発言回数である。議事録には、発言ごとに発言者が書かれている。別の発言者に代わるまで、その発言の長短にかかわらず、ひと続きの発言を一回と数え、回数の和を示している。なお、この学校では、議事次第において「審議事項」という項目を設け、合議によって決定されるべき重要な事項を話し合うこととしている。その重要度に鑑み、審議事項を分析の対象とした。

⑥　各選出区分の最左列に位置しているゴシック体の部分は、各選出区分の筆頭を示している。各選出区分の長として位置づけられ、保護者の場合はＰＴＡ会長、管理職・教員の場合は校長が充て職的に位置づく。二〇〇七年度から二〇〇八年度に変わる際、副校長であったT10が校長に昇任した。

⑦　「-」（ハイフン）は、その回において欠席であったことを示している。

極めて素朴なまとめであるが、ここから事例東の学校運営協議会における「保護者の位置」に関していくつか見出せることがある。

第一に、保護者委員の入れ替わりの激しさが指摘される。二〇〇三から二〇〇八年度までで見た時、地域委員が五名入れ替わっているのに対し、保護者委員は一一名入れ替わっている。教員委員も同様に入れ替わりがあるが、平均年数は一・八五年であり、経験年数が最長四年の委員もいる（T５）いる。他方、保護者はＰ４委員が最長四年であるのみで、二〇〇八年度は保護者委員全員が入れ替わっている。このように、入れ替わりの多さにその特徴がある。

このことをよりはっきり確認するため、図表４－１をもとに図表４－２を作成した。これは、各年度における各委員が何年目であるかを選出区分ごとに平均したものである。その結果、地域住民委員は、二〇〇六年度以降三年以上の平均年数となっているのに対し、保護者委員・教員委員は継続的な入れ替わりのため平均年数が二年程度にとどまっている。

図表4-1　各委員の発言量[51]

（単位：回）

2003年度	C1m（1）	C2m(1)	C3m(1)	T1f（1）	T2m(1)	T3m(1)	T4f(1)	P1m（1）	P2f(1)	P3f(1)	A[52]
第１回	16	2	2	10	0	0	0	0	2	0	6
第２回	8	5	7	30	1	1	3	1	–	3	1
第３回	23	4	3	21	3	0	0	1	2	5	8
第４回	12	1	4	6	2	3	3	1	1	2	3
第５回	20	6	2	19	2	4	1	1	3	2	4
第６回	10	2	2	–	0	1	2	–	1	0	6
第７回	4	0	1	1	–	–	0	–	0	–	4
第８回	10	2	4	8	0	0	0	–	0	1	10
第９回	13	2	1	9	2	1	1	1	1	0	4
2004年度	C1m（2）	C2m(2)	C4f(1)	T5m（1）	T6m(1)	T4f(2)	T7m(1)	P2f（2）	P3f(2)	P4f(1)	A
第１回	17	3	3	11	1	1	1	1	1	1	5
第２回	18	4	1	15	1	1	1	2	3	3	3
第３回	40	4	1	21	2	2	5	4	4	2	9
第４回	11	5	–	12	3	2	3	1	4	2	4
第５回	19	1	3	15	4	1	1	0	2	0	6
第６回	22	2	1	4	2	1	1	2	6	1	6
第７回	26	3	1	9	0	0	0	0	1	7	13
第８回	18	3	0	9	4	0	–	3	2	0	1
第９回	17	1	–	5	3	–	1	2	4	1	9
第10回	10	5	1	5	1	0	1	1	0	1	0
第11回	21	3	2	17	2	0	7	3	5	1	2
第12回	20	3	3	7	12	1	1	1	–	6	4
2005年度	C1m（3）	C3m(2)	C4f(2)	T5m（2）	T8m(1)	T7m(2)	T9m(1)	P2f（3）	P4f(2)	P5f(1)	A
第２回	10	5	0	9	1	0	3	2	1	0	2
第４回	15	6	0	7	9	5	9	1	3	0	6
第５回	23	6	10	18	2	1	8	2	3	0	4
第６回	16	8	2	14	7	4	12	1	0	0	8

第7回	19	9	0	17	8	1	3	3	4	0	4
第8回	9	2	0	7	2	1	4	1	1	0	5
2006年度	C2m (3)	C3m(3)	C4f(3)	T5m (3)	T10m(1)	T9m(1)	T11m(1)	P6m (1)	P4f(3)	P5f(2)	A
第1回	10	2	2	4	3	2	3	2	0	0	4
第2回	5	1	0	3	3	3	0	4	2	−	1
第3回	8	3	3	7	4	2	1	3	1	0	1
第4回	8	2	0	2	0	1	0	0	0	0	3
第5回	6	3	1	4	3	0	0	0	−	0	4
第6回	7	4	1	2	2	2	4	3	2	1	3
第7回	4	2	0	4	1	2	0	3	3	−	1
第8回	8	4	0	2	7	−	1	0	1	0	1
第9回	8	2	2	6	1	0	1	2	2	1	1
第10回	12	1	1	6	3	1	2	2	3	0	1
2007年度	C2m (4)	C4f(4)	C3m(3)	T5m (4)	T10m(2)	T11m(2)	T9m(2)	P7m (1)	P4f(4)	P8f(1)	A
第1回	10	0	4	1	1	1	1	1	2	0	5
第2回	3	0	2	3	2	0	0	2	2	0	−
第3回	5	0	3	6	3	−	0	2	2	0	1
第4回	7	1	3	4	4	0	1	1	1	0	1
第5回	7	1	1	4	2	1	0	1	1	0	−
第6回	2	1	0	1	1	0	−	2	0	0	1
第7回	4	0	1	0	3	0	1	2	0	0	0
2008年度	C2m (5)	C5m(1)	C3m(4)	T10m (3)	T12m(1)	T9m(3)	T13m(1)	P9m (1)	P10m(1)	P11f(1)	A
第1回	7	1	1	5	0	1	0	0	0	0	2
第2回	9	2	3	4	0	0	2	1	2	1	0
第3回	3	0	1	2	1	0	0	0	0	0	0
第4回	9	2	8	8	3	−	0	0	4	0	10
第5回	6	4	4	6	2	0	2	0	1	0	4
第6回	8	2	2	3	4	1	0	0	1	0	2
第7回	8	2	1	4	1	5	0	0	1	1	−
第8回	5	2	1	−	4	0	0	0	1	0	−

図表 4-2　事例東における学校運営協議会の各選出区分の平均勤続年数（年度ごと）

年度	地域住民委員	教員委員	保護者委員
2003	1.00	1.00	1.00
2004	1.67	1.25	1.67
2005	2.33	1.50	2.00
2006	3.00	1.75	2.00
2007	3.00	2.50	2.00
2008	3.33	2.00	1.00

（単位：年）

第二に、選出区分間のジェンダーの不均衡性、特に保護者委員における女性の多さがある。そもそも事例東の学校運営協議会では、全体の中でも女性委員の数は少なく、一番多かった時でも五名（二〇〇四年度）と過半数に及んでいない。特に二〇〇八年度には一名にとどまっている。その上で選出区分毎に見てみると、各年度の選出区分毎の女性委員の割合は、一貫して保護者委員において多い（図表４－３）。この結果は、全国質問紙調査結果の傾向と相同的でありつつも、いっそう顕著にジェンダー不平等が見出されると解釈できよう。

第三に、会議に出席していても発言しない委員が存在しており、それが保護者に偏在していることも分かる。ある委員が無言である回数の平均を年度と地域住民・教員・保護者の各選出区分でまとめたのが図表４－４である。ここからは、二〇〇三年度を除く各年度で最も無言である場合の多い選出区分が保護者であることが分かる。

具体的には、保護者委員のうち、Ｐ５委員は二〇〇五・二〇〇六年度で二回しか発言した回がなく、Ｐ８委員もすべて無言、Ｐ９委員も一回、Ｐ11委員も二回しか発言が記録されていない。

ディームらは、学校理事会でほとんど発言しない理事を「無言理事（silent governors）」と呼んでいる（Deem *et al.* [1995: 148]）。この表現を借りれば、いわば「無言委員（silent members）」がこの小学校の学校運

図表 4-3　事例東における学校運営協議会の各選出区分の女性委員割合（年度ごと）

年度	地域住民委員	教員委員	保護者委員
2003	0.0	50.0	66.7
2004	33.3	25.0	100.0
2005	33.3	0.0	100.0
2006	33.3	0.0	66.7
2007	0.0	0.0	66.7
2008	0.0	0.0	33.3

（各年度における各選出区分の女性委員数を、各選出区分の人数で除したもの）

営協議会には存在し、それが保護者委員に偏在しているのである。

第四に地域委員と教員委員は発言回数が多いことも分かる。図表４－５は、各年度において、各選出区分の発言回数の占有率を示している。ここからは、過半数が地域委員の発言によって占められ、保護者委員の発言は二割以下にすぎない状態になっていることがわかる。このことからは、事例東の学校運営協議会において、やり取りは地域住民－教員間で交わされていることが推測される。

第五に、二〇〇五年度頃から保護者の無言回平均が増加していることもわかる。特に保護者委員全員が入れ替わった二〇〇八年度は無言回が多く、また図表４－５に示したように、二〇〇八年度は二〇〇五年度と同様に発言占有率も低くなっている。

以上をまとめると、男性を中心とした地域住民委員が安定的に委員として参加し続け、発言を多くしているのに対し、女性・保護者委員の入れ替わりの激しさと、発言量の少なさが目に付く。

第3節　保護者委員の発言の具体例

保護者委員の発言量が他選出区分のそれと比べて少ないことは、それだけでも保護者委員の劣位性を示唆するが、それとともに保護者委員の

図表 4-4　年度・選出区分ごとの無言回平均

年度	地域住民委員	教員委員	保護者委員
2003	1/18=0.06	9/33=0.27	5/22=0.23
2004	1/34=0.03	4/46=0.13	5/35=0.14
2005	4/18=0.22	1/24=0.04	7/18=0.39
2006	4/30=0.13	7/39=0.18	11/30=0.37
2007	5/21=0.23	8/26=0.31	9/21=0.43
2008	1/29=0.03	12/30=0.40	15/24=0.63

（分母は各年度における各選出区分の総出席回数。分子は各年度における各選出区分の総無言回数）

発言内容からも劣位性が見て取れる。以下では、発言の具体例を見てみよう。その際、インタビューが可能となったＰ４とＰ９についてその発言を抜き書くことを考えたが、Ｐ９はほとんど発言がないため、Ｐ４に絞って抜き出すこととした。そして、次のようにまとめた。

①　発言にナンバーを振り、「年度」・「回」（その年度の何回目か）順に並べた。

②　「発言内容」は、発言の中身と、必要に応じてその発言がなされた文脈をまとめてある。

③　「発言形式」としては、議題が提示された直後の第一声であれば「新規」、誰かの発言の後に出されているものであれば「継続」と分類した。

その結果が図表４－６である。

順が逆になるが、まず「発言形式」について見てみると、そのほとんど全てが「継続」として分類されるものであることが分かる。例外は、チケット代に関する値段設定について、周囲の保護者から聞かれる見解をもとに意見する場面（No・３）が新規であったことである（この話題については、

図表 4-5　地域住民委員・教員委員・保護者委員の発言回数と発言占有率

	発言回数			発言占有率（%）		
年度	地域委員	教員委員	保護者委員	地域委員	教員委員	保護者委員
2003	166	134	28	50.6	40.9	8.5
2004	292	196	77	51.7	34.7	13.6
2005	140	152	22	44.6	48.4	7.0
2006	110	92	35	46.4	38.8	14.8
2007	55	40	19	48.2	35.1	16.7
2008	91	58	13	56.2	35.8	8.0

（発言占有率は、年度ごとに、各選出区分の総発言回数を、３選出区分の総発言回数で除したもの）

次の節でも扱う）。ほとんどの話題において、第一声ではなく、大部分、保護者委員は第一声を他の委員に任せ、それを追うように発言している。

発言の内容については、個人的な教育観を主張するというよりも、No・3、5、9、12、14、18、22に見られるように、保護者の実態を伝えながら、保護者委員としての立場を述べる場合が多い。また、学校運営協議会の方針を大きく変更させるというよりは、具体的な進め方について案を出しているもの（1、4、6、7、9、11、12、15、20、21）や、単純な疑問（8、13、16）が大部分で、他の委員と意見がかち合うような意見は、No・3のものだけであった。このように、比較的発言の多い保護者委員であっても、議事をリードするというよりも、別の委員が形成した議事の方向性を覆すことのないように継続するという形での発言に遍していることがわかる。

第４節　保護者委員の発言を少なくする制約

（1）「当初からの差」の要因

以上を踏まえ本節では、なぜ保護者委員の発言が少なく、なぜ地域委員が有力になるのかについて、インタビューと観察記録を中心にその要因を考察していく。

図表 4-6　保護者委員の発言例

No.	年度	回	発言内容	発言形式
1	2006	2	自治体が行った学力調査の結果を見ながら、感想を出し合う中で「各校毎の都段階でどのくらいの位置にいるかの資料があるともっとがんばれるのではないか。」	継続
2	2006	2	学校運営協議会制度に対する行政の支援打ち切りを話題に、意見を出し合う中で、「行政の支援は当初からの約束だ。」	継続
3	2006	3	夏祭りにおける参加者のチケット代に関して、「会費の件ですが、500円程度ならという声もある。会場設営や模擬店など協力は惜しまないが、2000円はやはり高い。去年はお付き合いしたが、今年は、という声もある。」	新規
4	2006	6	学校運営協議会主催の発表会に関して、その運営上の工夫への意見を出し合う中で、「学校から発信するだけではなく、参加者からの発言を聞くということも重要ではないか。保護者の方々に来ていただくことは大変だが、実際に来てくれるといっぱい話してくれる。」	継続
5	2006	6	学校選択制に関して、「保育園に通園している保護者から、この学校には入れてもらえないのかという心配も耳にする。」	継続
6	2006	7	学校運営協議会主催の発表会に関して、その運営上の工夫への意見を出し合う中で、「時間的制約もある中で、各委員会の活動報告ができるかどうか。プレゼンの時間配分を示していただきたい。」	継続
7	2006	7	学校運営協議会主催の発表会に関して、その運営上の工夫への意見を出し合う中で、「自由な雰囲気のなかで、希望者だけが参加する懇談会形式を考えている。」	継続
8	2006	7	２学期の予定に関して、「学校公開の公開時間については変更があるのですか。」	継続
9	2006	8	学校選択制による通学圏が拡大したことに伴う登下校班の解消に関して、「通学路のことなど、子どもの安全を確認することなども理由にすれば保護者の理解も得られやすいのではないか。」	継続

10	2006	9	学校運営協議会主催の発表会に関して、その反省を言い合う中で、「保護者の意識変化に関してだが、年度末懇談会とそれに引き続き茶話会があったのだが、驚くことに茶話会になると帰ってしまう保護者が多く見られた。今回も電話連絡網や保護者会での担任からの呼びかけをしたが、保護者の意識に何か質的な変化が起こっていることを感じる。」	継続
11	2006	9	文部科学省の研究において、誰が保護者側の担当者になるかを議論する中で、「まったく新しいメンバーといっても難しい。コミュニティ・スクール分科会（CS）から誰かがチーフになり、新しい人を加えたチームがのぞましいのではないか。」	継続
12	2006	10	学校の授業サポートを行うボランティアの組織の現状を報告する中で、「現在のサポーターの方々は全員が顔見知りで、学校外で会ったときなどにも連絡が頻繁にとれている。組織化を整備することは将来的に必要になるが、今はサポート内容の確立が課題になっている。」	継続
13	2006	10	文部科学省の研究において、誰が保護者側の担当者になるかを議論する中で、「組織的な面だが、新研究組織はどの組織に属するものなのか、それとも独立したものになるのだろうか。」	継続
14	2006	10	登下校班の解消に伴って保護者が責任を負うという校長の言明に対して、「安全登校に対して、1・2年生保護者は何らかの手立てを考えようとしている。5・6年生の保護者は自主登校に不安はない。問題は3・4年生の保護者が、今後は親が責任を負っちゃうのという不安に駆られている。」	継続
15	2007	1	学校の施設設備に関して、「仮に来年、郷土資料室を転用するにしても、ハッピールーム・少人数教室は認められない。ただ、来年までかけても、どうにもならないだろうという気がする。」	継続
16	2007	1	1学期の予定に関して、「学校公開の時間帯はどうなりますか。」	継続
17	2007	2	授業をめぐる意見交流保護者会の運営の工夫について感想を出し合う中で、「私も授業診断部会の集計に関わったが、意見交流集会までによく間に合わせたな、というのが実感だった。」	継続
18	2007	2	授業をめぐる意見交流保護者会の感想を出し合う中で、「3年と5年の会に参加したが、親は安心しているんだなと感じた。先生に対して面と向かって授業内容について話せないという意見もあった。低学年の保護者にとっては、最初からこの交流会形式しか経験がなく、このスタイルに慣れてしまっているが、高学年になるとまだ、浸透していない部分もある。」	継続

19	2007	3	授業をめぐる意見交流保護者会の感想について感想を出し合う中で、「いつも集計していて話題になるのだが、こうした方に限って名前の記載がない。名前が書かれていなくても載せるべきなのだろうか。」	継続
20	2007	3	学校運営協議会主催の視察に関して、「コミュニティ・スクールを区内に広げる、啓蒙活動とまではいかなくても、交流をかねて視察することはできないだろうか。」	継続
21	2007	4	学校運営協議会の研修における講演会の議題に関して、「それをみんなで考えていくというのは有意義ではないか。」	継続
22	2007	5	保護者への確認書の内容に関して、「内容の2·4項が少し誤解を招きやすいのでは、と感じます。忘れ物のチェックにしても、徐々に学年の発達段階に応じて自分でするものが、保護者が性急にしてしまう恐れがあるのではないでしょうか。同様に、4項の丸付けを待つ間、隣で本を読んでいてあげれば、という表現も分かりやすくしたほうが良いのではないでしょうか。」	継続

発言量を規定する要因として、第二章でも挙げたディームは、まず属人的要因を挙げている。ディームらの分析によれば、一九八八年の教育改革法直後に権限や人数の増強された保護者理事の実態を分析したため、議事に不慣れであることもその要因となると述べていた。しかしこの点についても、二〇〇三年度当初において、保護者委員と地域委員の間に発言回数の差があるため妥当しないと考えられる。

また、ディームらは、時間・モチベーション・知識等において、理事の社会属性による差があると指摘している。すなわち、学校の人事・予算・教育課程に関わる権限を行使することに際して多くの準備が必要となるが、その時間的余裕においては所得階層の低い理事においてとりわけ難しいこと、また権限行使自体について消極的であり、とりわけ人事に対してのモチベーションについては企業出身の理事が優位であり、予算等についてもビジネスで培った知識があるなどという点である。しかし、このことは事例東では必ずしも妥当しているとは限らない。なぜなら、保護者委員もＰＴＡ役員としてしばしば学校に足を運ぶなど、教育への関心も高いと考えられ、ＰＴＡの組織活動で予算を取り扱うことから特段に知識等において劣るわけではないからである。このような結果は、社会階層要因が必ずしも有意な影響力を持っているとは限らないという第二章の分析結果とも合致するものである。

ディームらの捉え方は、属性をベースにした資源動員論と言えるが、これに対しては一定の留保が必要である。すなわち、特定属性が社会的に周縁化されていることを所有資源の多寡のみで説明する場合、その属性が固有に持つ「欠点」が直接的な要因であるかのような言明となり、属性決定論ないしは本質主義に陥りかねない（Hall [1996]）。特定属性の資源が組織の要求基準に満たないというよりもむしろ、万人に開かれ中立的に見える組織の要求基準そのものが、多くの場合マジョリティによって構築された何らかのバイアスを孕んだものであり、その結果として特定属性が周縁化されている可能性も視野に入れる必要がある。どのような関係性がその周縁化をもたらしていくのか、「関係論的把握」（Hall［1996：23-28］）が必要になるのである。

このような観点から、学校運営協議会内部の社会関係に焦点づけて以下では分析を行うが、社会関係についてはディームらの研究でも言及があった。すなわち、社会関係的要因である。従来、学校理事会は、地元の政治家のような父権的地域代表が占めてきた（Bacon［1978］）ように、地域の権力関係に影響を受けてきた。さらに一九八八年教育改革法は「学校を公的管理のエートスから経済的な雰囲気（atmosphere）に変化させること」（Deem *et al.*［1995：33］）を強調するものであった。このため、企業代表を父権的地域代表に加えて理事会の中心的活動家にするという。このように、組織成員が前提として抱いている考え方が理事の行動様式を規定し、結果的に「ただ保護者であるだけの理事」を消極的にするのである。そこで、以下では社会関係的要因に着目して、インタビューや観察記録から見出されたことを論じていこう。

①地域の社会関係を反映した議事の雰囲気

第一に見出される保護者の消極性要因には、地域の社会関係を反映した議事の雰囲気がある。

参与観察によると、事例東の学校運営協議会の議事には次のようなパターンが見られた。まず、司会を務める協議会長が議題毎に口火を切り、その学校・行政とのやりとりが議論の方向性を形成していた。それに続けて、協議会長と近しい意見を地域委員が発言してやりとりを続け、保護者はその後協議会長に促されて付加的に感想を述べるにとどまるというものであった。このことは、保護者委員の発言に「継続」が多かったという先の分析とも一致しており、前掲の図表４−６に記載していない二〇〇九年度の議事においてもこの傾向は観察された。

その中で保護者委員が地域委員の意向に反する発言をしたことは一度のみであった。これは、学校のイベントに対する一般保護者の出席状況の悪さが問題となった時、保護者委員が、参加しない一般保護者の気持ちにも理解できる面があるとした発言であった（二〇〇九年一〇月二七日）。しかし、その時には、地域住民委員が、保護者委員の発言を遮断し、これまでいかに熱意を込めて学校運営協議会が活動してきたか、先進的な取り組みとして注目されているか、にもかかわらず保護者の出席が悪いことは問題であるなどの説明を加えていた。発言を中断された保護者委員は聞き手に徹し、諭されるように「はい。はい」と相槌を打っていた。

こうした議事の雰囲気は、学校をめぐる地域の社会関係を反映したものと考えられる。Ｐ９委員は次のように述べている。

Ｐ９：どうしても、そこ〔学校運営協議会〕に、学校と保護者と地域の方が入ってくるとなれば、地域の方は、おそらく学校の周りの、〔教育や地域の在り方について〕一家言ある方々ですね。あまりやる気のない方々は来ないと思います。そうすると、その方たちに保護者がどうしても萎縮して物も言えないということはどこの地域でもあると思うんですよね。

地域住民委員は、町内会長として長らく地域自治を担う有力者であった。また、教育への思いも強く、「一家言ある方々」であった。こうした地域住民委員に対して、保護者は萎縮してしまうのである。

こうした関係には、男性を事柄の順序の先に置くというジェンダー化された価値も影響を与えている。この地域では、学校運営協議会に限らず、組織の長や意思決定には男性が関与し、女性保護者は〔時に自発的に〕そこから排除されることが多い。学校運営協議会における女性委員の少なさは先述した通りであるが、たとえばＰＴＡでも、この時点で歴代会長二二名のうち女性は三名にとどまるのに対して、副会長には女性を配する形式が慣例化している。また、地域・保護者・学校が連携して実施する夏祭り（二〇〇九年七月二六日）への参与観察でも、意思決定段階での女性の消極性が見られた。すなわち、前日から女性保護者は買出しを担い、当日も料理の仕込みを行うなど、「半分は母親の力」（インフォーマルインタビューにおける母親の発言）と言うほど女性保護者の尽力があった。しかし、後日行われた売上の使途を巡る議論の場面（二〇〇九年九月一七日）における筆者の観察からは、発言していたのは八名で、そのうち現役の女性保護者は一名、しかも最後の方に質問をしていただけであったことが明らかになっている。

以上のような社会関係を、Ｐ４委員は次のように指摘していた。すなわち、町内会のトップである男性有力者が学校運営協議会では地域委員に、町内会での子ども会を担当する三〇代から四〇代の女性が保護者委員に対応すると述べ、「町会と学校の組織が並行するような形」で地域関係が学校に持ち込まれているとしていた。

Ｐ４：そこ〔町会〕には婦人部とか青少年部とか、その中に子ども会があって、子どもたちの集まりがあるんです。そこに保護者がいるんです。これが学校に関わってくると、町会の偉い人が学校運営協議会の人〔地域住民委員〕と重なり、ＰＴＡの役員や委員長くらいの人たちは、地域で何かあったらあの人に頼めば何とかしてくれるっていうくらいのお母さんたちがなるんです。町会と学校の組織が並行する様な形だったんです。何かあったとき、委員長くらいはやってくれるようなお母さんたち。

このように、地域住民を尊重するという共有された規範が一つの要因となって、保護者の消極性が生み出されているものと考えられる。

②保護者の多様性の問題

第二は、保護者の多様性の問題である。すなわち、数百名いる保護者の多様性を統御し、その意見を集約して学校運営協議会に伝えることの困難性がしばしば聞かれていた。

議事録では、P3委員が、すでに二〇〇四年第六回会議（二〇〇四年九月二四日）の段階から次のような発言をしている。

P3：委員の構成で保護者代表・地域代表であると言いますが、私たちは保護者の意見を取り上げるというのが非常に難しいんです。それを課題としていかに保護者の意見を吸い上げるか、地域も地域の意見を吸い上げて、そしてその代表としてここに来ているという在り方、そういうことを考えていかなければいけないと考えている。

C1：それは東小の学校運営協議会のことですか。

P3：東小保護者委員として。

C1：保護者のいろんな意見を吸い上げる努力はPTAでなさっていますね、それは学校運営協議会が全部やろうというのは不可能です。ですから地域は地域代表が、保護者は保護者代表がそれぞれの持ち分の中でやっていただいてそれをこういう場で総合調整します。

P3：今まではそれができていないと思う。

C1：是非より一層のご努力をお願いいたします。

P3：それを具体的にどうしていったらいいのだろうか、かけ離れて行ってしまう。

C1：それはいつでもこういう場で言って下さい。

P3：そこはいつも気をつけていかなければいけないし、ただ私たちが一生懸命やってもただ走っていっているだけではこの地域の代表、保護者の代表としてはなかなか、違うかなという気がする。

このやり取りからは、保護者の意見を的確に吸い上げ、議事で反映させることは当初から課題であることが分かる。P3の発言では、「いかに保護者の意見を吸い上げるか」・「今まではそれができていない」・「それを具体的にどうしていったらいいのだろうか」という疑問や不安が繰り返されている。

さらに、「ただ走っていっているだけ」という言葉は、学校運営協議会が保護者全体と乖離してしまうことへの不安も伝えている。

これに対して地域委員であるC1委員は、「保護者のいろんな意見を吸い上げる努力はPTAで」してきていると述べる。「是非より一層のご努力をお願いします」・「いつでもこういう場で言って下さい」との発言がなされ、議論は収束に向かう。またさらに、以上の展開の直後には、C1委員から次のような発言がなされ、保護者の代表性については今回の議題ではないとして、別の話題に切り替わっていった。

C1：今お話しているのは、わが校の学校運営協議会と国が示している制度の方向性の関係について議論をしている。

この発言は、二〇〇四年度に学校運営協議会が法制化されるにあたって、これまでの経緯をどの程度引き継ぐことができるかを議論していた最中であったため、P3委員の発言は流れを乱すものとして扱われたのであろう。

同様に、P9委員へのインタビューでも、保護者委員が背景にしている保護者全体の多様性の大きさから、自らが十分に代表しているのかわからず、代表性確保の難しさがあるとの発言がなされた。

P9：保護者の方が何を望んでいるのか、何をやってほしいのかを分かりきれていない。それが発言数の少なさにつながっているように思います。

興味深いのは、P9委員がこの引用に続けて述べた以下のような発言である。

P9：地域の代表は、あくまであなたの考えで全て良いよということで任されて出ているのだと思いますけどね。あと、学校も校長が全権ということでいいのかと思いますしね。ただ保護者は、私とそのほかの二人で、保護者全権だって言われても、そこまで責任持てるかな、っていう気がしますけどね。
筆者：保護者の多様性は、ほかのセクターより大きいということなんですよね。
P9：そうですね。もちろん、本来は町会が一番多様でしょうけど、町内会の場合無関係な人は無関係というか。でも保護者は、大きければ数百世帯の意見で、それを集約して多数意見として持ち込んでいくというところの難しさがある。

このやり取りからは、「そこまで責任持てるかな」として、保護者の多様性を十分に汲むことの難しさをP9委員が感じていることが分かるが、より重要なのは「町内会の場合無関係な人は無関係」という部分である。「無関係」という時、どのようなことととの関係なのかは明言されていないが、学校運営協議会による決定事項や、具体的な学校支援活動が念頭に置かれているものと想像される。地域住民は、その大多数は学校の当事者というわけではないし、学校に対する支援活動などに駆り出されることもないという点で、学校運営協議会の意思決定と「無関係」な位置にいる。そのため、地域住民委員の場合は、背景に大規模で意見の多様性の大きい組織（町内会）を抱えていても、多様な声をいかに代弁・代表するかという問題が、差し迫ったものになりにくいのである。

また教員も、意見の分散は比較的小さく、一応は校長の「全権」を想定できる。このことには、校内の意思決定がどのようになされてきたかによっては反論もあろうが[(53)]、人数が少ない点や、所属する社会階層が同一であることから、ある程度は首肯できる言明だろう。

これに対して保護者は多様であり、なおかつ全員が学校経営の変化の影響を被りやすい当事者である。それゆえ、意見の一本化が困難で、「代表」する自信が持ちにくいとされていると解釈されるのである。

観察では、保護者全体の多様性と協議会の方針の間で保護者委員が板ばさみになる場面もあった。現在進行中の事柄を含むため具体的には述べられないが、それは教育委員会の学校管理や、それを受けて学校運営協議会が行っている平素の学校運営の在り方に対する疑問が一保護者から挙げられ、保護者委員がその案件に関して保護者アンケートを実施しようとしたものであった。しかしながら、アンケートを実施すれば協議会決定に反する意向が過半になる可能性もあり、それが保護者を刺激して事態を複雑化させる可能性もあった。そのため、地域委員は保護者委員に、

C2：学校運営協議会の方針の意義を理解していない保護者がいればそれをもっと説明するなり何なりして、十分に認識を深めて説明する立場じゃないですか。ここにいる一人ひとりが同じ方向を向かなきゃおかしいじゃないですか。

との意見を厳しく伝え、保護者委員に対して「保護者の代弁者」ではなく「学校運営協議会の説明者」たることを求めた（二〇〇九年度第三回）。Vincent［1996］が指摘する通り、保護者委員は協議会の「一部分」（integral part）と看做され、選出母体（constituency）の多様性を統御する困難性を抱えていると考えられる。

（2）差異の維持・再生産の契機

③管理職－地域委員間の事前相談過程の重要性とそこへの保護者の非関与

さて、以上の二点は当初から存在していた要因であると考えられるが、データを時系列的に読むと、単に既存の社会関係が流入しているというだけではなく、前記のような積極性の差を維持・再生産する契機があることも指摘できると考えられる。変化の具体は、次章でも改めて論じるが、第一に、管理職と地域委員間の事前相談過程の生成と、そこへの保護者の非関与である。前節で述べた社会関係に支えられながら、地域委員は、活発な意見交換を通して学校運営に関する知識や経験を得、管理職にとって重要な相談相手になっていったという。T10は、ある教育雑誌への寄稿文において、二〇〇六年度の着任以降、地域委員とは「日頃から連絡をとり、提案事項を提出するときにも、唐突に会議に持っていくのではなく事前に話をすることを心がけている」と述べている。これは、二〇〇四年度第一一回協議会で、地域委員が「協議会と学校との意思疎通に欠けているところはないか」と記した資料を配布していたことから変化があったことを示している。

これに対して、保護者委員が事前相談に関与するのは相対的に少なかった。実際、T10の寄稿文に挙げられていた事前相談の相手にPTA会長は挙げられていない。また、P9委員は、

> P9：保護者提出議案っていうのが少ない。〔中略〕保護者の方からどうするなんて言えないし、してはいない。本来はPTA運営委員会で意見を出して、保護者委員として次の協議会に出してみようという形になるのかもしれませんが、そういったことが協議会が発足してから行われてきてないいんじゃないか。

と述べ、その結果、保護者委員にとって「ほとんど審議内容については既定路線であったりする」というのである。

他方、数年前から議事に附されている事項の場合は、数年前からの経緯が前提として議事に持ち込まれ、いずれにせよ新参者である保護者委員は排除されがちになる。これは、学校運営協議会による学校運営の特質に関わっている。すなわち学校運営協議会があることで、校長をはじめとしたメンバーが代わってもぶれることのない学校運営ができるという期待である。次の引用からは、そのことがよく伝わってくる。

C2：〔新年度になって〕委員の方々も大きく変わり、新しい体制で新しい方向性が見出せたら良いと考えています。〔中略〕原点にたちかえり、それを再確認しながら発展をめざしたいと考えています（二〇〇八年度第一回傍線引用者）。

傍線部からは、メンバーが代わり、「新しい方向性」を見出そうとはするが、あくまでそれは「原点」を再確認した「発展」であることが示されていることが見て取れよう。

ここでいう「原点」の重視は、以前行った議論の結果の尊重につながる。いみじくも、協議会長は、二〇〇六年度第一回の就任挨拶で、「作り上げたものを当たり前のごとく運営するという、いわば第二ステップに立った」と述べ、従前の決定の「運用」を旨とした新たな段階への移行を示唆していた。実際二〇〇四年度から毎年取り上げられている次年度教育課程に関する議論における発言回数の推移を示した図表4－7からは、年度が下るにつれ教育課程に関する議論が少なくなる傾向が看取される。「原点」として大筋が決定されている議題は、可変性が

図表 4-7　次年度教育課程に関する議事の総発言回数

開催年月日	回数
2005年1月11日・2月15日・3月9日	112
2006年2月21日・3月15日	51
2007年1月22日・2月7日	21
2008年2月7日	9
2009年2月22日	17

少ないものとして提議されるのである。

こうした中、保護者委員の入れ替わりの激しさは大きな意味を持つ。先述の通り、保護者委員は新規参入の場合が多いが、それによる知識・経験の乏しさは前決定過程への参加を難しくする。他方、既定事項の議論時間の減少は新参者の委員にとって学校運営に関する知識を得る機会の減少を意味する。

知識の差は、たとえば次のように発言量に影響を与える。二〇〇九年度第三回会議では、前年度決算・本年度予算について議論が行われたことがあった。その際、協議会長は「以前はこうだったのですが、その辺のことを知らないと予算に関しては非常に分かりづらいですね」と述べ、質問があれば会議後に学校に伝えるよう促していた。これは、「以前はこうだった」ということを知らない委員がいるとした上で、意見や質問が出ない前提の議事進行をしていたものと考えられる。こうして保護者委員は、積極性を獲得することのないまま任を降りるという差異の再生産スパイラルが生じていると考えられる。

④熱心な学校支援の対価としての地域委員への価値づけ

第二に、熱心な学校支援を背景とする地域委員への価値づけがある。地域委員にとって、学校運営協議会による学校改革は、自らの努力と意見で学校が変わる実感をもたらすものであった。彼らは、地域を上げて行われるさまざまな事業・イベントに積極的に参加したり、朝の交通当番を担ったりするなど、熱心な学校支援者となっていった。そのことは保護者の目からも明らかであった。Ｐ４委員は、次のように述べている。

Ｐ４：地域の方たちは本当に手弁当で、子どもも、お孫さんだって〔学校に通って〕いないのに〔学校への支援活動を〕やってるんです。雨が降ってもヤリが降っても学校で安全管理してて、雨が降るときこそ子どもが危ないんだっていうんです。〔中略〕年配の方は経済的に安定しているし、ボランティア精神にも富んでるし、精神の若々しさっていうんですか？　パワーがありますよね。

他方、保護者による学校支援は相対的に「非協力的」であった。ここで「非協力的」というのは、協力をしないという意味ではない。地域住民ほどは積極的でない、ということである。Ｐ４委員は先の発言に続けて以下のように述べる。

Ｐ４：ＰＴＡというのは常にやる気に乏しいんです。子どものご飯作る時に是非とも美味しいご飯を毎回毎回作ろうと思う母親はいないですが、それと同じで子どもを学校に通わせている以上、お手伝いするのは当然のことだからやってるんです。だからＰＴＡが組織としてやる気をそれほどキープしてはいなくて「なまくら」だったわけです。生活の全部を捧げられるわけではなく、「お世話になってはいるから」程度で煮え切らない。でも、私たちは、朝子どもを送り出して、パートもして、家の片付けも掃除も洗濯もある。その中で学校がちょっとあって。生活の中の一個ですからやる気満々とはいかないんです。

これらの引用からは、地域住民委員と保護者（委員）の間にある違いがくっきりと浮かび上がってくる。

違いの第一は、地域住民による学校支援と保護者によるそれの質が違うということである。P4によれば、地域住民の学校支援は、「雨が降ってもヤリが降っても」遂行され、「ボランティア精神にも富」み、「精神の若々しさ」や「パワー」を感じさせるものである。これに対し、保護者のそれは「やる気満々とはいかない」「なまくら」なものだという。

第二は、その差が生まれる規定因についてである。P4によれば、保護者の学校支援が「なまくら」な背景には「生活」の制約がある。保護者には、仕事や子育ての現役世代として、時間的な制約が多い。しかもその負担は継続的なもので、常に欠かすことができない分、毎回ベストを尽くすわけにもいかない。学校支援はその中の一つとしてなされており、one of them の扱いにならざるをえない。それは、「ご飯作る時に是非とも美味しいご飯を毎回毎回作ろうと思う母親はいない」ようにである。これに対して年配の地域住民委員は子育ての現役を退いている。また、「経済的に安定している」ため、おそらく時間的にも余裕があるのだろう。このような「生活」負担の軽重から、学校支援の熱意が規定されているのである[54]。

第三は、ジェンダーの差である。P4の発言には、「朝子どもを送り出して、パートもして、家の片付けも掃除も洗濯もある」とある。ここからは、仕事をしていても家事・育児の負担が女性によって担われているという性別役割分業の影響を見て取ることができる。地域住民委員は主に男性であり、家庭負担の軽重も対比的であると考えられる。

こうした違いは、小さなものに見えるかもしれないが、長期的に学校支援が要求される中にあっては大きな意味を持つ。「生活の中の一個」としての保護者による学校支援と、「やる気満々」の地域委員の学校支援の差異は顕在化し、保護者は相対的に非協力的と位置づけられるのである[55]。

このような活動性の差は、議事における消極性と無関係ではない。次の発言を見てみよう。

P4：ここがボランティアの難しいところで、〔事業を〕「やるよ」って言った人が一番なんですよ。〔その人がやらなければ〕じゃあ一体、他に誰がやってくれるんでしょう？〔ということになる。〕もっと言ったら、私が保護者の立場だけれども、仕事も何もやめて、「私がやります」と、もし言ったら、そしたら私が強くなります。でもそうは言えない。それ〔＝「私がやります」〕を言ってくれる人が強くなるんです。

この引用が意味するのは次のようなことである。「開かれた学校づくり」を推進する同校では、学校支援の諸事業が多い。学校支援が続く以上、それを誰かが担わなければならない。現状、その活動は、地域住民が中心的に担い、大きな支援を行っている。そのため、仮に保護者委員が議事に上った活動方針に疑問を持ったとしても、彼らに対して対案を出すためには、「私がやります」と言わなければならない。

しかし、先述したような「生活の中の一個」としての制約もある。そのため、他の保護者を動員しながら対案を出し、それを実施することは、保護者委員自身にとって難しいと認識されている。こうして彼／女らは沈黙しながら「同意」するものと考えられる。

第5節　おわりに

本章では、事例東の学校ガバナンスにおける保護者委員の位置を捉えるために、学校運営協議会における選出区分による発言回数の差、特に保護者委員の劣位性を確認した上で、保護者の消極性の要因ならびにそれが維持・再生産されるプロセスについて考察を行ってきた。

まず、学校運営協議会の議事録を検討し、議事における発言量の差を明らかにした。具体的には発言回数を委員ごとに分析し、その多寡から「無言委員」とも言うべき発言の少ない委員の所在と、その保護者委員への偏在が確認された。それを踏まえ、保護者委員の発言の少なさの理由を観察記録やインタビューデータから考察した。それによれば、①地域の社会関係を反映した議事の雰囲気、②保護者の多様性の問題が一貫して存在するとともに、③管理職と地域委員の事前相談過程の重要性とそこへの保護者の非関与、さらには、④熱心な学校支援の対価としての地域委員への価値づけが、地域委員と保護者委員の間にある差異を維持・再生産していることを指摘した。

ここからは、学校を取り巻く社会関係の重要性、すなわち議事の「雰囲気」が既存のミクロ社会関係に規定されながら説明力を有していたことが示される。学校ガバナンスにおける保護者の位置は、当人自身の意思や能力だけに規定されるのではなく、ローカルな関係性を背景とした学校をめぐるミクロ社会関係に影響されながら定まっていく可能性が見出される。しかし、こうした社会関係的要因は維持再生産されるが、その際に、時間・金銭的余裕や、知識の差といった属人的要因が、委員交代の長短という制度運用上の要因とも関わって影響を与えていたことも重要である。つまり、Deem *et al.*［1995］が述べた雰囲気および属人的要因は、並列的に存在するのではなく、相乗的に作用する可能性を指摘したい。

こうして考えてくると、この学校を取り巻く社会関係の特性をよりいっそう詳細に把握する必要性があるということが分かる。すでに指摘した地域住民の有力性や管理職と地域委員の事前相談過程の生成、熱心な学校支援が求められる気風などはどのようなプロセスで生じたのか。そしてそれらを背景に、学校運営協議会の議事における保護者委員の劣位性が非委員保護者の経験にとってどのような意味を持つのか。

次章では、二〇〇三年の改革当初にさかのぼって、その経緯と具体を明らかにすることとする。

第五章　「対外経営」の展開と保護者委員の位置

第1節　はじめに

前章で見てきたのは、学校運営協議会における「議事の構造」とその要因であった。具体的には、保護者委員の劣位性を確認した上で、その要因について検討し、「管理職－地域委員間の事前相談過程の重要性とそこからの保護者委員の排除」や「熱心な学校支援の対価としての地域委員への価値づけ」を分析概念としてあげた。

本章では、前章で行った「議事の構造」の分析を踏まえ、学校運営協議会における「議事の内容と展開」を記述する。これは言い換えれば、学校運営協議会が行う改革の内容と展開を記述することでもあろう。改革の内容と展開については、すでに、Ｐ４委員やＰ９委員のインタビューをもって論じた（第四章）が、あえて章を改めて論じる理由は、以下の二点である。一つは、「熱心な学校支援の対価としての地域委員への価値づけ」という分析概念が示すように、学校運営協議会が主導する学校支援活動等の改革内容をいかに遂行するかということが、議事の積極性と関係すると考えられることである。もう一つは、学校運営協議会活動の帰結を「対外経営」に即して明らかにする目的への基礎作業として、具体的な改革内容と展開を把握しておく必要があることである。

第2節　改革を導く地域委員の有力性

教諭：〔初代〕会長さんをどうやって納得させるかっていうそれだけなんです。この改革は。すべてそこだった。〔中略〕彼は、オンリーワンじゃなくて、ナンバーワンじゃなくてはいけない人なんですよね。どこでもナンバーワン。〔中略〕すべての面でトップを走ってきた人だったんです。今でも有力者だしね。〔その人に対しては〕上も〔＝行政も〕ノーとは言えない。地域もノーとは言わない。学校はましてノーとは言えない。締め付けは強かったわけです。〔学校運営に地域住民・保護者を参加させる〕この改革も〔全国的に〕初めてだから、全国でナンバーワンになるように何とかシステムを〔ナンバーワンになるよう変えていく〕。まずシステムありきで、それにいかに学校を追いつかせるか、ってことだったんですね。

（インタビュー）

この発言は、二〇〇七年度に筆者が行ったある教員へのインタビューからの引用である。二〇〇三年度に学校運営協議会の会長を担った地域委員について、当時を振り返りながら語っている。

言及されている会長は地域住民委員の一人であり、前章ではC1とされている。引用に示されるように地域において大きな影響力を持っていた。加えて、「ナンバーワン」を目指す志向性が強く、自らが学校運営協議会長の役割を引き受けたからには、それを全国的に発信できる成果に結びつけようとする気概の持ち主であったという。インタビュイーが語るところによれば、学校に対する「締め付けは強」く、学校運営協議会がシステムを構築したうえで、それに「いかに学校を追いつかせるか」が課題となるような改革先導者であった。

こうした改革に対して、当時の教職員の受け止めは、好意的ではなかった。先の引用における「締め付け」という言葉が象徴的だが、地域住民委員は、教員の実践が自らの意に沿うよう強い力で方向付けていた。だが、締め付けがあったということは、見方を変えれば、そのような締め付けが必要となる状況、すなわち、改革の方向性と学校側の齟齬があったということになる。実際、同じ教員からは、次のような発言もなされていた。

教諭：最初は、ネックは、この人（＝初代会長）があまりに力がありすぎたので、この方の意向で全て走ってきたような状況だったのね。それに学校がついて行けなかった。というより、ついて行かなかったのかな。結局そこら辺の溝があまりに大きくて、えーまたあんなこと言い出して、っていう風に思った先生が多かった。

（インタビュー）

この引用における「学校がついて行けなかった。というより、ついて行かなかった」という表現に見られるように、改革課題に対して学校を挙げた協力体制が構築されたわけではなかったのである。

以上からは、「保護者が劣位」で「地域住民委員が優位」という前章で述べた構図だけでなく、地域住民委員が上に立ち、教職員に対しても強い要求が向けられているという構図が見て取れる。前章で、二〇〇三年度当初、保護者委員の発言が少なかったと述べた（図表4－1・4－5を参照されたい）が、このことの一つの要因は、保護者委員の劣位性だけに見出されるのではなかったことも分かる。すなわち、改革の矢面に立たされた管理職・教員側と地域住民委員とのやりとりが頻繁だったためとも言えるのである。

実は、この構図は後に変質するのであるが、改革のベクトルが教職員に向かっていたという初期状態をまずは押さえておきたい。

では、学校を対象とした改革がどのようなものであり、上の引用に示した教職員の「対応」はより具体的にどのようなものであったのだろうか。そして、それはどのように変質していったのだろうか。節を改めて論じていこう。

第3節　学校運営協議会による学校改革

事例東の学校運営協議会が取り上げた改革課題には、次の二つの事柄があった。一つは学力の向上であり、もう一つは地域を挙げて行う事業への参加である。

（1）学力向上課題と当初の教員の対応

第一に取り沙汰されたのは、「学力向上」であり、それが最重要課題とされた。当時の学校運営協議会長は、「ゆとり教育の弊害」という言葉を用いて、「学力低下」がこの学校でも起こっているという認識を持っていた。そのため、ペーパーテストで測定しうる「学力」の向上を重視し、その実現のために学校を挙げた取り組みを求めた。

C1をはじめ、当時の学校運営協議会委員が問題としたのは、たとえば、「宿題を出さない」や、「できるまで待つ」というような教員の姿勢であった。事例東が行った研究指定の報告書には、こう記載されている。

C1：書物などを通してゆとり教育の弊害について勉強しましたが、東小の先生方の話に、「できるまで待ちます」

「できるだけ宿題を出さない」など、その例がよく見受けられました。

（事例東［2004a：4］）

このような教員の対応は、競争を否定する「誤った児童中心主義」とも評されていた。そしてその系として授業前後に挨拶をしないことに象徴される教師・児童関係の在り方も、教員の指導力の低落の結果と憶断され、学校運営協議会の場面において度々問題とされた。たとえば以下の通りである。

C1：私たちが一番望むことは子どもたちがより高い学力を持つこと、より豊かな心を持つ子どもに育ってほしいこと。これは永遠のテーマとは思うが〔学校・保護者・地域が〕三位一体となって努力を重ねていきたい。その成果が、一年一年、目に見えて出ていくような成果が得られることが責務と考えている。

（二〇〇三年一月二七日　学校運営協議会議事録）

C2：望まれる学校像の中でも一番が学力アップになっている。

C1：めざす学校の中に掲げている中に、学力を上げるということを掲げている。東小の子供《ママ》たちのレベルに危機感を持っている……

（二〇〇三年五月一二日　学校運営協議会議事録）

C1：学校運営協議会は創設以来基礎基本の練習というのは一番強く打ち出してきたわけです。……

（二〇〇五年二月一五日　学校運営協議会議事録）

C1：〔小学校英語の議論において〕小学校というのは、私はあくまで基礎基本を習得するところだと思うんです。
（二〇〇五年三月九日　学校運営協議会議事録）

このように度重なる学力問題への言及からは、学力をいかに向上させるかが学校運営協議会の重要テーマであったことを見て取れよう。

なお、「ゆとり」・「誤った児童中心主義」への批判的態度も確認しておきたい。ここからは、事例東で重視された学力が、教師の指導性に裏付けられた基礎基本重視のそれであることも推察される(56)。当時、すなわち二〇〇〇年代初頭は、いうまでもなく学力低下論が巷間に取り沙汰されていた時代である。高等教育における基礎学力の問題に端を発した学力低下論が、学習指導要領における内容削減に対するセンセーショナルな批判に媒介されて初等中等教育に議論の対象を拡張していた(57)。学力低下や学級崩壊が問題とされ、教師の指導力に対する批判的な眼差しが広がっていた当時の社会心理がここでの議論に影響していなかったとは言い切れない。会長が「ゆとり教育の弊害」という問題に言及した時、「書物などを通して」知ったとしていることがそれを例証している。

ともあれ、このような「問題」とされる現状認識に基づき、「地域の意向による教育活動」を実現するため、学校運営協議会は次のような対教員ポリシーを提示した。すなわち、「めざせスーパーティーチャー」という表題のもと、「望む教師像」という五項目を提示したのである（事例東［2004a］）。その詳細は、以下の通りである。

1．基礎・基本の定着をめざした教育指導

児童・保護者や地域との信頼関係の上に、明確な教育観をもち、粘り強く基礎・基本を習熟させる熱意と、「生きる力」をはぐくむ教育活動を展開し、子どもを心から愛する豊かな人間性と専門的な知識・能力や幅広い教養を基盤とする実践的な指導力をもつ教師

2．意識と技術をもった教員

校長の方針を良く理解し、協調性や協働意識をもち、授業研究・授業診断を通して自らの課題を認識し、その解決に向け日々自己研鑽に努めるとともに、学校全体の教育活動のレベルの向上を図りながら、保護者や地域の信頼に応えるためのコミュニケーションを計る教師

3．心の教育の実践とカウンセリングマインド

自他を尊重する態度と、優しさ・思いやりの気持ち等、豊かな人間性をはぐくむ「心の教育」と、人に迷惑をかけないという社会のルールを理解させながら、広い心で一人ひとりの児童を受容し、その悩み等の解決に努力するカウンセリングマインドをもち、かつ実践する教師

4．自己啓発の実践

国際化や情報化などの現代的な課題に対応しつつ、教科指導や生活指導、学級経営などの実践的指導力を高めるため、「自らも学び、自らも考える」教師を心掛けるとともに、変わらぬ輝きを保ちながら、柔軟な教師観・教育観を常に志向することをめざす気概のある教師

5．東小との《ママ》アイデンティティ

歴史と伝統のある東小学校や地域に愛着を感じながらとけ込もうと行動し、「めざす学校像」に賛同しつつ、学校運営協議会の意向に基づき地域や保護者と共感し、積極的に対話しながら、情熱をもって職務に精励する教師

（事例東［2004a］）

これが出されたのは、改革当初の二〇〇二年度であった。教員の指導力を心の教育にも求め（第三項目関連）、また地域との連携（第五項目関連）を盛り込むなど、全方位的な要求がなされていることも特徴的だが、要求の筆頭に「基礎・基本の定着」がきていることに、事例東の学校改革における学力問題の重要性が示されていることを確認したい。

なお、事例東では「望む校長像」・「望む学校像」・「望まれる家庭像」・「望まれる児童像」も作成されている。「望まれる家庭像」は、次章で「対外経営」の実相を描く際にも重要になるが、ここではすべてのアクターに何らかの要求がなされていたことを確認するにとどめたい。

学校運営協議会は「望む教師像」に基づき、具体的な改革課題を設定していくわけだが、とりわけ焦点となったのは、教育内容や指導法の問題であった。学校運営協議会の何人かの委員は、学力向上において名を馳せる尾道市立土堂小学校[58]に研修訪問をしたり（二〇〇三年一一月二一～二二日）、書物を通して学習したようである。研修成果は学校運営協議会で報告され、さらなる議論が行われた。検討の結果導入された改革はさまざまあるが、主要なものとして次の三つを取り上げておこう。第一に、当時流行していた「陰山流」の教育方法、すなわち

「百マス計算」の実施や漢字の前倒し・繰り返し学習であり、第二に公開授業における授業評価の実施、第三に宿題の強化がある。これらの実施にあたり学校運営協議会が要求した水準は、各教員が適宜取り入れる程度にとどまらず、学校を挙げて組織的に行うべき指導法として学校に要求していったのであった。

第一について学校を挙げて行う具体的な取り組みとして、朝や昼休み前後の時間を使ったモジュールタイムがある。授業時程表にも明記されたこの時間は、全教員が、土堂小学校の「陰山式」でマス計算や漢字の繰り返し学習、その他音読などの活動を行うものとされた。

第二については、公開授業日において、保護者に授業評価シートを渡し、教員の授業の在り方について評価を得る機会を設けた。この後には、保護者と教員の意見交換会を設けるなどし、振り返りをする機会を設けている。

第三に挙げた宿題の強化について、当時、学校では、宿題は同じ学年内でも異なる内容が出されていたり、学校運営協議会長が「問題」としたように宿題を出さない教室もあったようであった。そのため学校運営協議会からは、組織的に、すなわち学年で統一し、毎日計画的な宿題を出すことが要求された。

二〇〇三年二月一日の学校運営協議会議事録には、次のようにある。

C1：宿題を出してもらいたい。東小学校は宿題が少ない。家庭の教育力向上のためには学校の宿題が出ないと子どもは勉強をしない。

T3：二学期後半から家庭学習カードを配布して、毎日提出をさせている。自分の課題を見つけて家庭学習に取り組ませている。高学年は特に自ら取り組む学習の体制づくりが必要だと考えている。

C1：小学校は教えこみでいい。

（二〇〇三年二月一日　学校運営協議会議事録）

一連のやりとりからは、この時点ですでに組織的な宿題に向けた「家庭学習カード」というものが実施されていたことがわかる。これは二学期後半から始められたもので、学校運営協議会の要望に沿って宿題を増やしていた結果であったことが窺われる。しかしそれでもまだ「東小学校は宿題が少ない」とされている。これに対し、T３は単に量を増やすのではなく、特に高学年では自主的な取り組みを促す必要を提起したが、「教えこみでいい」と返されている。ここからは、まずは質より量に力点が置かれていたことも見て取れる。(59)

しかし、このような学校運営協議会による介入的改革は、必ずしも教員の受容するところとならなかった。その背景には、「素人」による教育への介入を忌避する考え方があったことは言うまでもない。しかし、筆者のインタビューに教員が答えて語るところによれば、個々の教員の個性や、児童の状況を鑑みたとき、一律の教育指導法を適用することが困難であるというのが、主な理由であったようである。たとえば、「学校をあげての採用」が必要であることの根拠を、学校運営協議会は教師による「当たり外れ」があることとしていた。この「当たり外れ」という表現は、最も教員から反発を呼んだ言葉の一つである。

学年主任：「子どもは先生を選べないわけですから」……これは言葉どおりに言われたんですけど、どの先生に当たったとしても、当たり外れの無いようにして欲しい。

（インタビュー）

専科教諭：「先生によって当たり外れがあっては困る」っていうことで。そのセリフは、この仕事をやっていると、えっ!?　って思う一言ではあるんじゃないかな。自分が「外れ」だって言われたら誰だって嫌。その子たちに合わせて色々やっているのに、それが理解されないで文句を言われたら、反発になっていくのかな。

（インタビュー）

このように、一律の動きを求めることについて、それが実践の多様性やその背景にある児童の多様性に配慮しない発言であるとして、「反発」となったのである。なお、ここに直接引用はしないが、事例東の児童の家庭背景は多様であり、就学援助率も低いとは言えない状況であるため、学年や学級の個性は強い。にもかかわらず問題を教員にのみ帰すような態度を向けられたことにも理不尽さが感じられていたようである。

さらに、外部の指導法を一方的に移入するよう要求されたことについても、批判がなされていた。たとえば次のようにである。

専科教諭：私たちはね、なにも百マスをやってなかったわけじゃなかったんです。足し算とか引き算とかやったりすると、ちゃんと百マスやっていたわけですよ。でも、「モジュールタイムで必ず百マス計算をやって欲しい！」って来たのです。それは、あの頃、陰山さんのことを本を読んだか何かで、とにかくそれ一辺倒だったんです。もう「それをやらないと大変だ」っていうくらい。私たちはそんな必要だったらやってるよって思うくらいでしたが、言われたから朝のモジュールタイムを設定してやるわけですよ。でも、そのやり方に対して、学校運営協議会の人は何年もやってる人のと比べて、「そのやり方じゃ違う」、「もっとタイムを計って」……ってジャンジャン要求がくるんですよ。教育現場じゃない人が、あるところのを見てマネをして同じふうにやって欲しいって言ったわけです。私たちはその都度考えてやっていくのに、そのたびに、言われると変えたりして、言われた通りやりました。でも違うって言われました。そして学校運営協議会の委員の人たちが教室を回ってやるんです。私たちは、言われたことはそれなりに受け止めてやるわけです。でも同じにやって欲しいって言うわけです。

（インタビュー）

以上の引用から、当時教員側にあった「反発」が見て取れよう。この引用からは学校運営協議会からの要求を、統一的に実施していたとは言えない学校側の状況が容易に予想されよう。この不統一性は地域住民の知るところとなり、「すれ違い」として認識されるに至る。

C1：「モジュールタイムに関して（中略）学校運営協議会との共通理解」とある。学校運営協議会は繰り返し学習が重要と言っている。これに対して、進め方等について学校運営協議会との共通の理解を持つような、具体的なものがない。教員との意見交換の場があればいい。我々は一貫して、土堂小学校の件を例に出して提案しているが、学校側からのメッセージが返ってこない。その辺の共通理解が欲しい。

（二〇〇四年六月一八日　学校運営協議会議事録）

C1：モジュールタイムは陰山先生等のもとで行うことは決定事項であり、勝手に覆すことはできない。実際に学校側が行えないのであれば説明が必要である。

（二〇〇五年七月一四日　学校運営協議会議事録）

これらは二〇〇四・二〇〇五年度の会議議事録からの引用である。一つ目の中には、「一貫して、土堂小学校の例を出して提案している」のに、学校側から「共通の理解を持つような、具体的なものがない」・「メッセージが返ってこない」とある。同様に二つ目の議事録でも「実際に学校側が行えないのであれば説明が必要である」として、「メッセージ」を求めている。このような「すれ違い」ー「共通理解」問題は、少なくとも二〇〇五年度中までは、学校運営協議会の主な議題の一つとして引き継がれていった。

（2） 地域を挙げて行う事業への参加

もう一つの教員への要求は、地域を挙げて行う事業への積極的参加であった。

前々章で検討したように、多くのコミュニティ・スクールでは、地域住民の力を得てさまざまな行事が行われており、事例東も例外ではなかった。学校運営協議会の年度報告書を見ると、土曜授業、夏祭り、学校参観などが、非常に大きな規模で実施されていた。たとえば土曜授業について、報告書には次のような記述がある。

「子供《マ》たち《マ》一一一六名、保護者サポーター二四一名、先生・事務局七二名、アドバイザー一三一名で、総数一五六一名と昨年より増加しました」

（事例東［2008：81］）

このように数値で成果を表示し、「昨年より増加し」たことに言及する書きぶりからは、人数の多さとその拡大傾向を誇る考え方、第三章でいう拡張性の規範が見て取れよう。

事例東における地域行事として特に重要なのは、二〇〇五年度から実施されている「夏祭り」である。これは、校庭を借りて行い、地域と教員・子どもが交流する地域連携の祭りである。数年の経過の中で次第に規模を拡大して実施されているものである。たとえば同報告書には、二〇〇七年度の第五回の人数と売上が紹介されている。

> 六〇〇名の方が参加、お手伝いして下さり、皆さんの協力により、「すべては子どもたちのために」の活動資金として、約三九万円の収益金が得られました。
>
> （事例東［2008：81］）

確認したいのは、六〇〇人という参加者数や、三九万円という収益金の大きさである。こうした事業規模は二〇〇七年度だけのことではない。上に引用した報告書に参考として掲載されているその前年度の実績を見ても、やはり六〇〇名の参加があり、売上は約八七万円、収益が四五万円であったとされている（事例東［2008：81］）。なお、引用にある「『すべては子どもたちのために』の活動予算」という表現はわかりにくいが、子どもに還元される物品購入資金に収益金を充てるという意味である。「夏祭り」は学校と地域の紐帯を確認する象徴的な意味合いとともに、一種のファンドレイジング機能も有する重要事業と位置づけられているのである。なお、「すべては子どもたちのために」とは事例東におけるスローガンであるとともに、活動の正統性を主張する表現にもなっており、事業の実施、参加の要請、収益の確保、収益金の支出先などを論じる際に用いられていた。

しかし、以下に示した学校運営協議会の議事録を見ると、地域の注力にもかかわらず、学校側は距離を置いており、そのことが問題視されていたことがわかる。二〇〇五年九月のことであった。

> C３：……七月の夏祭りに先生方の協力が得られなかった。このようなチャンスは大切にしてほしい。
>
> C２：どのような意識を持っているのか、新しい先生方を含め東小学校にたまたま赴任してきたのかは知りませんが、

学校運営協議会としては管理職にしっかり指導して欲しいと思っている。

T8：学校運営協議会との関係が薄くなってしまったことを反省している。夏祭りの件に関しては校内で意識の統一はできていなかった。必要な会であるのかを厳選していただけないか。学校運営協議会の方針を無視して学校主導で動いていると思っていない。校長を見ても学校運営協議会をとても気にしている。先生も、年間七、八回土曜日に参加している。これは強制ではなく自分の意志で参加しているということだけわかっていただきたい。また、モジュールタイムも管理職を通すと伝わらないこともある。先生方に直接思いを伝えてほしい。道徳も人材活用だけではクリアできない側面もある。ねらい、カリキュラムの中であてはまるところを考え努力していきたい。

（二〇〇五年九月五日　学校運営協議会議事録）

この引用は、夏祭りだけでなく、モジュールタイムにおける教員のバラツキに対する問題意識を含めて、教員側の対応全般について疑義を呈するものであった。

議論を整理すると、次のとおりである。まず、二人の地域委員から、夏祭りに教員の出席が悪かったことへの問題提起がなされる。

これに対し、教員委員から「反省」という言葉が述べられる。そして、「学校運営協議会の方針を無視して」はいないという弁明もなされている。しかし同時に、土日も含めた行事への参加を「自分の意志で」すでに教員が一定数行っていることへの理解も求めている。この発言は、地域行事の多さと、休日返上でそれに出席せねばならないことへの批判が教員側にあったことをも暗黙的に示していよう。T8は「必要な会であるのかを厳選していただけないか」とも発言し、地域行事の多さへの批判を匂わせた。(60)

Ｔ８委員の弁明とも取れる発言に対しては、しかし、次のような地域委員の発言があり、校長（Ｔ７）を加えてやりとりが交わされた。

Ｃ２：重要な事を行っている。必要でなければやっていない。出ていらっしゃらなくても通用するのはおかしい[61]。地域立である。
Ｔ７：地区の納涼会は初めてのことであったのでは。
Ｃ２：花火を見ながら一杯という流れからできた。
Ｔ７：臨海学園の後というのも原因では。職員が一人一回ずつは参加しようという表には入っていなかった。
Ｃ２：ラジオ体操にも先生が出てきていないという声がいっぱい入ってきている。
Ｔ７：基本的に勤務時間以外[62]は働かないということはない。

（二〇〇五年九月五日　学校運営協議会議事録）

このやりとりでは、再度、夏祭りへの低出席率が問題とされている。この中で校長（Ｔ７）は、「初めてのこと」であることや「臨海学園の後」というタイミング上の制約を示して理解を求めた。さらに「職員が一人一回ずつは参加しようという表には入っていなかった」という形で、参加率の悪さの原因が説明されるとともに、「一人一回ずつ」のノルマを課して地域行事への参加促進がなされていることも暗に伝えられた。だが、こうした弁明に対して、Ｃ２は「ラジオ体操にも先生が出てこない」という別の不満を追加的に投げかけたため、学校側の守勢は変わらないままであった。そうした結果として、校長は勤務時間以外にも地域活動をするという宣言をするに至った。

この校長の発言によって、若干流れが変わった。さらに続きを引用する。

C2：このままでは協力を御願いするしかできなくなる。進まなくなってしまう。今年度になってそんな風潮がひとり歩きしている。
C3：地域の人も見る目が厳しくなっている。自分たちだけ協力している。同じだけ協力してほしい。東小学校に来ている先生はがんばっていると思うが。
T7：負のスパイラルである。良い学校を作ろうという気持ちは同じである。正のスパイラルにしたい。
C2：学校運営協議会に教師の参加を。コミュニケーションは大切である。
T8：協力体制は全部が参加しなければならないのではない。
C3：そう思う。ベースになるのは信頼関係である。
T8：地域がいないと授業ができない。教師がいないと何かができないのではないと思う。信頼を深めていきたい。
P2：ラジオ体操の件はたまたまだったかもしれない。負のイメージを持つ人へ、学校運営協議会からも正へと変えていくように発信していくことも大切ではないか。学校側は学校運営協議会のイメージをやはり同じくしていくので信頼関係はあると思う。
C2：昨年度と違ってきている。勤務時間以外は働かないなどと思っていないことも、やはり聞くまではわからなかった。良くない流れをつくらないようにしていきたい。

（二〇〇五年九月五日　学校運営協議会議事録）

校長（T7）の発言を受け、地域住民委員は、教員側に協力する気がないわけではないことを確認し、校長に念を押すような発言をしている。すなわち「このままでは協力を御願いするしかできなくなる」とした上で、「地域の人も見る目が厳しくなっている。自分たちだけ協力している。同じだけ協力してほしい」と述べた。そして、「負のスパイラル」を脱せねばならないというT7の発言を受け、「信頼関係」の重要性が語られる。P2によって「ラジオ体操の件はたまたまだったかもしれない」というフォローも入り、最終的にC2によって「昨年度と違ってきている。勤務時間以外は働かないなどと思っていないことも、やはり聞くまではわからなかった。」として、引き取られた。

以上、長めにやりとりを引用したが、教員による協力の調達は重要な問題でありながら、長らく膠着し、懸案とされ続けてきたことが確認されるのである。

第4節　学校－地域の良好な関係の生成

(1)　管理職のリーダーシップと夏祭りの全員参加

前項で述べたような構図は概ね二〇〇五年度までは続いていた。しかし、二〇〇五年度は変化の始まる年にもなった。そのきっかけはさまざまある。たとえば、二〇〇四年度をもって、研究指定が終了したことがある。学校運営協議会の仕組みに関する報告書と、学校運営協議会の提言によって行われた授業や学校組織内部の改革に関する報告書の二分冊（事例東［2004a］［2004b］）が調えられ、報告会も行われた。同時に、影響力の強い会長（C1）は「顧問」という位置づけで一線を退いた。二〇〇五年度、いわばコミュニティ・スクールとしての第二期に入ったとも言える。

第二期の開始に際し、新たに会長になるC2委員は、従前の教員－地域住民間の関係性を改善するために懇談会を設け、教員が感じていることを聞き取ることとしたという（C2委員インタビュー）。懇談会がどのように持たれたかについては調査が十分でないため詳述できない。しかしこの懇談会が有意義だったと複数の教員がインタビューで述べていたことから、関係改善を期する地域住民委員のスタンスが教員にも伝わっていたものと思われる。

本書が注目したいのは、変化がより本格化した二〇〇六年以降である。この年には新たな副校長（前章におけるT10）が赴任した。その後の変化のキーパーソンとなる彼がどのようなリーダー行動をとったのかに照射して、以下論じていく。

着任時、彼は、前項までに述べてきたような「すれ違い」状況について問題意識を持つとともに、地域住民を味方にすることが学校運営の要であることを察知した。

T10：〔この学校に着任する前に自分は〕行政から言われました。「溝があるから。地域と一緒に先生の力が発揮できないでいる。地域との関係をうまくやってくれ」と言われたんです。来てみたらやっぱその通りだと思いました。たとえば、夏祭りがありましたが、一年目は教員で参加した人が0人。職員室で仕事してる人はいました。それなのに、私が着任した年は全員参加。もうこのことで地域からの評価はOKになりました。

（二〇〇七年七月二七日　インタビュー）

彼は、当時の状況を学校と地域との「溝」という言葉で表現している。象徴的な出来事として、前節で言及した夏祭りに教員の参加がゼロであったことが挙げられている。しかし、「私が着任した年は全員参加」となり、「地域からの評価」が「OK」に転じたと述べている。では、このような変化はいかに生まれたかのであろうか。

インタビューにおいてT10は、自らが学校の教員と地域住民の間をつなぐために多様な取り組みを行ってきたと述べる。その一例として頻繁に言及されたのは、地域住民を交えた飲み会に積極的に参加し、インフォーマルな社交を行ったことである。

T10：たとえば、着任してすぐ、学期が始まる前に花見がありました。その日、夜に出なければいけない会合があって、どうしようということになりました。学校運営協議会長は来て欲しい〔と思っている〕。私もそういう飲み会は出るタイプで、教員の時もそういう活動には全部出ていた人間です。それで、会合が終わった後で、「OKです。行きます行きます」って〔電話で伝えて〕ダッシュで行ったのです。前と現の学校運営協議会長や、地域の人が十数人いるところでした。そこに行ったら、「こんな管理職いない」って、みんなとても喜んだ。これができるかできないかで、こんな違う。絶対行かなければいけない会合ではないから、〔行かなくても〕マイナス評価にはなりませんが、「よく来てくれて」って言われてさ。こちらとしては飲みに行っただけなのに（笑）、そしたら、そこで、入学式で代表として壇上に上がっている来賓、みんな顔が分かったのです。

この発言からは、地域有力者が、一緒に花見をすることに象徴される良好な関係を築いているということが分かる。先に、地域の紐帯の強い地域であると述べたが、筆者が学校訪問した時も、夜の会議の後は必ずと言って良いほど学校近隣の料理屋や居酒屋で地域住民が懇親を行っていた。強い紐帯の中で日常的に結ばれた地域のメンバーは、学校の式典の時には来賓として壇上に席が設けられる人物と重複していることが、上の引用の末尾から分かる。

このように、頻繁に行われる地域の懇親会は、T10にとってはチャンスであった。他の用事があってもそこに顔を出すことで、「こんな管理職いない」という高評価につながったのである。地域住民がインフォーマルに行っている社交の中に積極的に入っていくことが、この副校長の特徴であった。

さらに彼は、自らが開発した人間関係を拡張することで、地域住民と教員の関係を強めていった。そのプロセスは次のようなものである。

T10：若い教員にまず声をかけて、会議に出てもらいました。あと〔教員が参加する〕スポーツの応援に、「来てよ」って地域の人に頼んだら、〔地域の人が来てくれた。その時には〕「先生もこんなにスポーツができて、熱くなったりとか、燃えてるんだとわかってよかった」と言ってもらいました。その時は運良く勝てたので、飲み会やったのですが、そこに学校運営協議会長をお呼びした。みなが暖かく迎えて、グチャグチャになって盛り上がった。これが大成功でした。そこでできた関係をもとに〔教員が揃って〕夏祭りに出ようという話を進めたのです。「出よう出よう」と言って全員で出た。それを地域の人が見て、「本当に一生懸命よくやってくれたよね」と、私はプラスの評価が来る。教員が出たことによって地域委員たちは喜ぶ。逆に教員は地域委員たちを見て「こんなに一生懸命やってくれてるんだ」って会話をするようになって。歯車が二回転くらい回りました。

上の引用では、「若い教員」を会議に出して議事場面の様子を知ってもらったことが語られている。前節の引用（p.175）に「学校運営協議会に教師の参加を。コミュニケーションは大切である。」という地域住民委員（C２）の要望があったことに対応した取り組みであると想像される。さらに、教員のスポーツ大会に地域住民委員の応援を依頼し、祝勝会にも招待してインフォーマルな交流を促したことが挙げられている。こうしてお互いの関係が強化された流れを背景に、課題となっていた「夏祭り」への教員参加を呼びかけていったところ、教員の積極的対応を調達でき、全員参加を実現した。末尾にある「歯車が二回転くらい回」ったという表現は、学校と地域住民にある「歯車」が、これまで脱連結・膠着状態にあったこと、そしてその状態が変化し双方が機能的なサイクルに入ったことの喩えであろう。

インフォーマルな関係性が広がっていったということは、次の発言からも分かる。「くだらない飲み会から、開かれてきた」という発言が象徴的であろう。

T10：飲み会にしてもバレーにしても、仲良くなって、飲み会のときは、「おいお前来いよ、紹介するからさ」って地域委員とか紹介して、顔つなぎして、そういうことを繰り返してやって、先生と学校運営協議会と上手く回るようになって、先生たちが夏祭り出て、その後も飲み会に行った。そうすれば、今度イベントがあって来てよって言われたら、もう、そうなれば私だけではなく、地域の人だって〔先生たちに〕声をかけるようになる。そうしたら出るようになるじゃない。今度、おやじの会の会もあるけど、教員だけで十何人出る。半分以上出る。くだらない飲み会から、開かれてきた。

なお、こうした変化の背景について、飲み会の効果が際立って語られているように見えるが、当然ながらそれだけではない。飲み会をはじめとしたインフォーマルな場での意見交換や信頼構築を前提に、議事やその他のさまざまな場面で情報を密に交換していったのである。

さて、「夏祭りの全員参加」は、「②地域を挙げる事業への参加」にかかわる事柄であったが、もう一つの課題である「①学力向上課題」への対応も、T10によってさまざまに調整がなされていった。

まず挙げられるのは、地域住民との良好な関係を基盤に、教員側の利害を代弁することで、発想や決定の変更を促していったことである。前章で述べたように、一律の教授法が移入されるなどの学校運営協議会からのプレッシャーが教員には感じられていた。これに対し、

T10：「教員たちはこういうふうに思ってますよ」と言った。で、「私も教員の意見と同感です」っていうようなことは言った。

というように、T10は会議等の場面で、教員の意見を代弁していったようである。と同時に、会議の場で教員の意見を伝えている事実を教員に広めもした。次の引用を見てみよう。

T10：〔教員には〕「〔学校運営協議会に関しての否定的な捉え方は事実と〕違うぞ、誤解してるんじゃないの？」ということを、ことあるごとに言っていた。言ってるほどではないよね、違うよねって言ってたわけ。理解を示した人間に、部会とか出ろとか言った。〔学校運営協議会で〕ここ変えてよ、って言ってる姿を俺が見せたわけ。そうすると、その教員は「あ、ホントだ」って言う。そうしたら私は「おかしいから変えてくれ、このままじゃ教員は納得しないから」って言ってる。そうすると、職員は、ああホントにやってくれてるんだって思っていく。それに方向性も基本的にはそう違ってないこともだんだん分かるわけ。

「違うぞ。誤解してるんじゃないの？」というのは、教員に対して発した言葉である。誤解とは、「言ってるほどではないよね、違うよね」という部分から推測するに、学校運営協議会が「一方的である」とか「学校側の意見

を聞かない」といった「誤解」であろう。それだけでなくＴ10は、「誤解」を解く意味を込めて教員を学校運営協議会の部会に呼んだ。そして、Ｔ10が教員たちの思いを自らの思いと重ねて議事場面で発言し、教員を代弁する姿を見せたとしている。議事にオブザーバーとして参加しＴ10の姿勢を見ることで、大筋の方向性において共有できる部分を見て取った教員もいたという。教員が参加したり、Ｔ10が意見を述べたりした諸会議は、学校運営協議会にとどまらない。「部会とかに出ろ」とは、学校支援活動を行う地域組織や、ＰＴＡの運営委員会・各種部会を示していると考えられる。

別のインタビューでＴ10が語るところによれば、教員の意向から改善された具体的な事柄として、授業公開の時間の縮小、授業公開時に保護者から取る評価アンケートの内容変更などがあったという。授業公開で行われる評価については、匿名のもと根拠のない批判を行う参加者もあるようで、教員からは問題視されていた。その時間を縮小し、アンケート内容を精選することで、評価結果をもとに後日行われる意見交換をより集中した意見交換とするねらいもあったようである。

（2）モジュールタイムの成果――「統一感」「基礎学力の向上」

前項で述べたような管理職を中心とした調整と同時に、モジュールタイムの問題についても「改善」が進められていった。これは、教員による自主的な取り組みの成果でもある。最もわかりやすいことは、年度が重なる中で、教材や年間計画が揃ってきたため、足並みを揃え取り組みが容易になったということである。教務主幹のインタビューによれば、二〇〇四年度をもっての研究指定終了に伴う報告書に、モジュールタイムの計画をまとめ直したことで、一つの型ができたとされていた。

しかしそれだけではない。次の引用からは、以前のような厳密性が求められなくなっていったということもまた見て取れる。

学年主任：今はちょっと、ゆるやかな感じなんです。〔モジュールタイムについて〕学年の年間計画はあるけれど、行事が近くなれば、その時間は「運用」で、迫る行事に充てたりするってことはあります。行事一週間前になっても、結局時間割を〔学年で〕そろえられない現状があるんですね、うちの学校の良くないところというか、仕方ないところなんだけど。算数の少人数が入って、国語の少人数やってて、専科は国語に図工に音楽にと入っていて、もちろん体育もあるしってなると、この学年で一緒にやりましょうっていうことができなくなっているんですよ。下手すると六時間あるのに、こっちのクラスは専科で分かれるとか、戻ってきたら今度は別のクラスが専科とかなるとか。で、結局朝しかできない。そうすると朝〔＝モジュールタイムを使って〕やりましょう、ってなって。授業もあまりつぶせない〔中で、実際に〕遠足だったかな？　体育館に集まって〔事前指導を〕やったりしたけど。誤差が出てはいけないですよね。できるだけ一箇所に集めて、一人が言う方がニュアンスがブレないからね。そうして、朝〔のモジュールタイムを〕使う。今は厳しく固められてない。良い方に使えるようになっていますね。

（二〇〇七年一〇月一九日　インタビュー）

冒頭には「ゆるやかな感じ」とあり、末尾にも「厳しく固められてない」とあることからわかるように、統制が和らいできたことが分かる。

「ゆるやか」さの背景にはさまざまな事柄がある。第一に、学校と地域との関係改善である。インタビューの別の部分では、地域が望む指導法の徹底実施を求める前会長の個人的要因が大きかったが、会長の交代によってその程度が弱まったという。また、前述したT10による教員の代弁も影響を与えていよう。

しかし、重要なのは次の第二の点、すなわち教員がモジュールタイムを「活用」するようになったことである。二つ前の引用からは、学級をまたいで同時に行われる共通時間であるというモジュールタイムの特質に教員が積極的な意味を見出していることがわかる。すなわち、小学校では少人数指導や専科の都合上、複数学級が同時に用いることのできる時間が少ない。しかし、学年行事など、学年統一の指示・確認が必要な事項を扱うときには学年全体で集まることが必要である。統制のゆるやかさを前提に、学年全体で集まれる時間としてモジュールタイムを「転用」（appropriate）できるようになった。

第三に、学力の成果が可視化されたこともゆるやかさの一因と考えられる。東小の作成した研究報告書には、二〇〇四年度の学力テストの成績について言及がある。ここには、「国語と算数の領域ごとの達成率の結果」について、自治体の学力テスト結果が示されている。それによると、国語では次のような状況であるという。

・すべての領域で自治体の平均より五～一二パーセント上回っている。
・合計得点の達成率は自治体の六三・五パーセントに対して七五・九パーセントと高い。
・「話す力・聞く力」「基礎」は、七五パーセント以上の達成率がある。
・「文字や言葉の知識」は六七・〇パーセントで、領域の中で最も低い達成率である。

また、算数では次のようにある。

・すべての領域で自治体の平均より一二～一六パーセント上回っている。

・合計得点の達成率は、自治体が五九・〇パーセントに対して本校は七三・五パーセントと高い。
・「数や形についての知識」が六七・〇パーセントとやや劣るが他の領域はどれも七五パーセント近くの達成率がありバランスがとれている。

とされているのである。

また、学校運営協議会の席上でも、校長から学力向上について報告がなされた。以下は自治体実施の学力テストにおいて、自治体平均を「基礎基本」において上回ったことの報告である。

T５：〔学力テスト結果を説明し、算数の線や形、国語の読み書き等において、自治体平均を大幅に上回っていることを説明した上で〕学校運営協議会の方から再三基礎基本の力をつけてくれというご要望をいただいていました。それを実現すべく色々取り組みをしてきましたが、少なくとも今回のものでは形として見せられる形となっているかと見ております〔中略〕基礎基本の部分は自治体のスコアを相当上回っていると考えられますが、しかしながら学びの基礎力、つまり学び方とか学びの学習の意欲とかに関しては平均レベルなので、そこを上げていくとともに学校運営協議会からの要請、願いとして基礎力を付けてやってくれという部分に関してもなお一層徹底し、九月以降もやっていくという事を先般ご報告致しました方針に基づいて展開していきたいと思っております。

（二〇〇四年八月二四日　学校運営協議会議事録）

「学校運営協議会の方から再三基礎基本の力をつけてくれ」という要望があったことは既述の通りであるが、これに対して「形として見せられる形となっている」ことを報告した。T５が、学校運営協議会の方針に則って教育活動を行った結果としての向上であるという述べ方をしているのはある種のリップサービスも含まれようが、いずれにせよこの結果は、地域住民を大いに喜ばせるものであった(63)。

なお、こうした「改善」の背景には、勤務時間外の事業にも積極的で、指導力の高い教員が集まっていたことも関係していると思われる。引用は省略するが、この学校は、文部科学省の研究指定を受けていたこともあって、教育委員会から人事上の配慮を受けていたことも推察される。

第5節　「保護者問題」の浮上と地域住民との共同対応

(1)「保護者問題」の浮上

容易に想像されることとして、教職員と地域住民の関係変化は、ただ「二者関係」の変化だけではなく、学校運営協議会における学校・地域住民・保護者という「三者の関係構造」の変化と相関している。この間、保護者というアクターはどのように位置づいていったのだろうか。それを検討するにあたって押さえておきたいことは、教職員だけでなく保護者もまた、学校改革に向けた協力行動を求められていたということである。その内容は、教員に対する要求と同様である。すなわち、①学力向上と、②地域を挙げての学校行事の成功という課題への協力である。

具体的に見てみよう。まず、①学力向上課題に関しては宿題が重視されていった。学力向上のためには授業だけでなく、児童の学習習慣を支える「家庭の教育力」も重要と考えられたからである。このことは学校運営協議会の議事でも取り上げられている。早くも二〇〇三年度二月一日の会議において、行政担当委員から「基礎学力を徹底的に身につけて欲しいと思っている。学校はそれに対して具体的な方策を明確にしていく。」という方向性が示された際、その具体策として「たとえば、家庭の教育力の重要性について、手段・方法・仕組みを具体的に出していく等」と述べている。すなわち学力向上のための有力な方法として「宿題を出させる」ことが提起されているのである。

②地域を挙げる事業への参加も重要であった。事例東では、「地域に支えられる学校」・「地域・保護者との連携による開かれた学校」として、保護者の協力行動を必要としていた。朝の旗当番、土曜授業の講師や手伝い、学外授業での見守り、運動会の補助、夏祭りの手伝い、学校運営協議会の報告会での補助など、保護者の参加を求める学校支援活動は枚挙にいとまがない。もちろんその中には他校でも保護者に求められているものもあるが、東小ではその種類・数が多いとのことである。

こうした中、学校運営協議会の保護者委員は、ＰＴＡ役員でもあるためにそれらの諸業務を担うとともに、他の保護者の参加を調達する役割も担うことになった。組織的に多くの保護者を動員するべく始められたのは、「一家庭一ボランティア」という取り組みである。これは、「学校支援カード」と呼ばれる用紙を保護者に配布して、全家庭が一年間に一回、学校行事のお手伝いか、ＰＴＡ活動に参加することを促す活動であり、二〇〇四年度から始められている。交通ボランティアや校庭開放、放課後や土曜の事業などのメニューが用意され、協力が募られている。

これら二つの要求は、「望む教師像」と同時に作成された「望まれる保護者像」として明文化されている。具体的な内容は次の通りである。

1．学力づくりの基礎である、生活リズム・健康づくりのできる保護者

・家庭で毎日学習する習慣をしっかりつけ、勉強に自信がもてる子となるよう保護者もサポートする。
・朝食をしっかりとる、睡眠時間を確保する、テレビやゲームなどを見る時間をできるだけ減らすなどの生活サイクルを整える。
・外で遊ぶ、体を鍛えるなどを大事にし、子どもの体の健康づくりに心がける。
・子どもが自立する心を育てるとともに、過保護にならないように気をつける。

2. 家庭、学校、社会のそれぞれのルールを守らせその「しつけ」ができる保護者

・「おはようございます。」「ありがとうございました。」などの挨拶の基本をしっかり身につけさせる。
・「東小よいこの一日」を理解し、人との約束や人に迷惑をかけてはいけないという社会のルールを覚えさせる。
・良いことは「ほめ」、悪いことは「しかる」という、けじめをはっきりする。
・家事の手伝いやお使いなど、家族の一員としての役割をもたせる。

3. 安らぎのある楽しい家庭づくりに努める保護者

・家族団らんの機会を増やし、楽しく温かい家庭をつくる。
・家族とのコミュニケーションを大切にし、子どもと将来の夢について語り合えるよう努める。
・親自身も子育てを通して学び、ボランティア活動など、子どもの手本となるよう努める。
・隣近所とのつきあいを大切にし、地域や自分の家の伝統的な習慣や年中行事等を大事にする。

4. ふるさとを子どもとともに愛し、学校・地域づくりに参加する保護者

・地域の行事などに積極的に参加し、子どもにとって健全で安全なまちであるよう心がける。

・保護者も常に、「学ぶ、スポーツに参加する」などの大切さを行動や態度で子どもに見せる。
・保護者会をはじめ、学校やＰＴＡ行事に参加して子どもたちの課題を理解し、保護者の役割を自覚して、学校と連携した子育てをめざす。

分かるように、冒頭には「学力づくりの基礎」として家庭の「生活リズム・健康づくり」が示されている。また、「ふるさとを子どもとともに愛し、学校・地域づくりに参加する保護者」の項目においては、「地域の行事などに積極的に参加」や、「保護者会をはじめ、学校やＰＴＡ行事に参加して子どもたちの課題を理解し、保護者の役割を自覚して、学校と連携した子育てをめざす」など、学校に積極的に協力することが保護者に対しても要求されていたことがわかる。

指摘しておくべきは、このように繰り返し、保護者による協力的な対学校行動を求める背景に、保護者の協力体制が不十分であるという認識があったということである。次のやり取りを参照したい。

Ｃ１：宿題を出してもらいたい。東小学校は宿題が少ない。家庭の教育力向上のためには学校の宿題が出ないと子どもは勉強をしない。
Ｔ３：二学期後半から家庭学習カードを配布して、毎日提出をさせている。自分の課題を見つけて家庭学習に取り組ませている。高学年は特に自ら取り組む学習の体制づくりが必要だと考えている。
Ｃ１：小学校は教えこみでいい。

（二〇〇三年二月一日　学校運営協議会議事録(64)）

T2：宿題の丸付けで授業の時間をさくことはできないので、そこで家庭との連携が必要だと思う。これらの取り組みは学校全体として一貫したものでないと意味がない。

C1：コミュニティ・スクール専門委員会で作成する「望まれる家庭像」の中で家庭学習の必要性を打ち出している。保護者と学校との徹底的なコミュニケーションが必要だと考えている。

（二〇〇三年二月二七日　学校運営協議会議事録）

右のやり取りは再掲である。あえて再掲したのは、地域住民によってなされた宿題の強化要求の意味を再確認するためである。宿題強化要求は、学年で歩調を合わせ、学力向上に向けた組織的対応を行うという学校に対しての要求だけでなく、「家庭の教育力向上」のための取り組みでもあった。言い換えれば、宿題が組織的に出されるようになってきたことの反照として、保護者もそれの監督を通した「家庭の教育力向上」に協力させられていったのである。

しかし、言うまでもないことだが、保護者は多様であり、必ずしも学校運営協議会の求める通りに協力をできる／するとは限らない。学校運営協議会の議事録の中では、散発的ながら保護者の多様性が提起される場面があった。以下は、二〇〇三年一二月一日における議事の抜粋である。

T1：家庭の協力が得られないところもある、個人面談で聞いたところによると、やらないんですよねとか、早く寝なさいと言っても聞かない、先生何とかして下さいというご家庭もあると聞いているので、学校では親御さんを教育していくのは非常に難しい、学校でも個別の指導は努力しますが、学校も悩んでいる。

P３：働いているから丸付けとかを止めてくれと言う人もいるのですが。
T１：止めてくれというよりはやらない、してくれないというのはある。
P２：子が二～三人いる人は負担との話も聞いている、特に高学年は計算が難しくなってきているから親が頭抱えている事もある、その辺いい方法で親が取り組めるように学校運営協議会、PTA会長の方からでも。

（二〇〇三年一二月一日　学校運営協議会議事録）

ここでは、校長（T１）から、「家庭の協力が得られない」として、保護者の状況に問題が提起されていた。それに対しては、P３から「働いているから丸付けとかを止めてくれと言う人もいる」、あるいはP２から「子が二～三人いる人は負担との話も聞いている」・「特に高学年は計算が難しくなってきているから親が頭抱えている」として、保護者から上がっている声が代弁されている。P２は、続けて「その辺いい方法で親が取り組めるように」として、解決に向けた動きを求めている。

この議論は、以下のように続いている。

T１：生活アンケートを見ると傾向がわかると思う、どうしても五・六年生は宿題忘れる率が多い。就寝時間も遅い傾向があったり、テレビやテレビゲームをやる時間が五・六年生は多くなっている。生活の乱れもあるので学校でも課題かなと思う。
P３：そういうところも示し、ただやって下さいでは、宿題をやっている子は伸びているというのを示せば、親は誰でも子どもができるようになってほしいという気持ちはあり真剣になってくると思う、そういう情報をもっとどんどん出せばいいのでは。

C1：学校から、学校運営協議会からと色々な角度から家庭学習、宿題をやる、やらないというのが数字に跳ね返ってきていますよという、メッセージとして保護者に示してあげた方がわかりいいでしょうね、親の励みという意味でもあった方がいいと思う。

T1：五年生は、三から六年生までの中で読書量が一番少ない、こういうことも学力に関係してくるのかなと思うし、いろいろなことが見えてくる、これも一年後にアンケートを取り、比較することは親御さんの努力がどこまで《ママ》と。

P2：生活アンケートのまとめで家庭との連携だけでは弱いと思うので、危機感のある数字を示した方が、学年により定着率が違うというのもよいのではないか。

（二〇〇三年一二月一日）

このやり取りでは、宿題実施率や家庭学習習慣・生活習慣が学年によって異なることを示し、それらの違いが成績に結びついていることを示せば、保護者への動機づけとなるのではないかという議論がなされている。より踏み込んだ表現では、学年による定着度の違いを明示することで「危機感」（P2）を与えるという解決策も提示されている。こうした解決策がどこまで具体化されたかは定かではないが、ひとまずは一部保護者に対する問題視と配慮の交錯がすでにあったことを確認したい。

保護者に対する問題視が輪郭を濃くして現れてくるのは二〇〇五年前後になってからである。特に二〇〇六年以降学校と地域委員が関係を濃くしてからは、学校側によって保護者の「問題性」について盛んに言説が供給されていった。

たとえば、二〇〇五年一一月の学校運営協議会における議論（二〇〇五年一一月一一日）では、保護者問題が集中的に取り上げられている。

T9：今六年生は、副担任の自分が丸付けをして対応している。六年では五時までの予定なのに面談を六時にしてくれ、又は返事がない家庭もある。宿題が家庭でできないので学校でやらせてくださいという家庭もある。家庭も協力をお願いしたい。学校運営協議会からも啓蒙を宜しくお願いします。(65)

C2：教師が困る状況に関してのミーティングの場をも持ちたいと思います。困ったことがあれば言って下さい。

この引用からは興味深いことが分かる。先述のように、宿題を組織的に出し、保護者が丸付けをするということは、学校運営協議会の発意によって追加された取り組みであった。しかし、二〇〇五年の段階になると、宿題の実施と丸付けが学校運営協議会によって新たに増やされた負担であるという認識は消え、丸付けは保護者の当然の役割とみなされていることがわかる。「宿題が家庭でできないので学校でやらせてくださいという家庭」の存在を呆れたように紹介する発言がそのことを示している。

その上で、保護者を「啓蒙」すべきとする学校側の問題提起がなされ、この提案に応ずる形で学校運営協議会長（C2）から「教師が困る状況に関してのミーティングの場」を持つことが示されている。

こうして「保護者問題」に関する言説が説得力を持つうえで、管理職らが地域委員と良好な関係を作っていったことは重要である。繰り返しになるが、この間、管理職は、自ら地域行事への出席・協力をするだけでなく、地域と情報共有や信頼関係を構築するため、会議後の懇親会も含めたインフォーマルなコミュニケーションを行っていったのである。先述のように、T10は懇親会などに一般教員を誘い、積極的に教員と地域代表とをつなげていった。実際観察によれば、各種会議の後はほぼ毎回行きつけの居酒屋に地域代表が集まり、そこに教員も加わって、酒を酌み交わしながら学校運営に関する議論を行っていた。こうした場において、校長は、保護者の態度について「教員はここが不満です、とか、こんなことで困ってますという情報・本音も積極的に出し」（T10）ていったという。管理職・教員が地域委員を学校の味方としていったことは「保護者問題」を浮上させる一因であったと考えられる。

（2）地域住民との共同対応

さて、地域住民委員との緊密な連携のもと、「保護者問題」が共有された問題意識となっていった結果、事例東では、苦情対応に地域住民委員が同席するまでになった。この学校では二〇〇三年頃から保護者の苦情対応が問題とされていたが、地域住民と共同で実際の対応が行われ始めるのは二〇〇八年頃である。

この間の変化を振り返っておこう。すでに二〇〇三年度の第五回学校運営協議会では次のように、保護者からの意見・苦情を学校運営協議会に持ち込むよう促す議論がなされていた。

C2：……保護者からの話で先生方が悩んでいるということがあれば学校運営協議会にお話いただくこともできると思う。地域に御願いしているということは、学校に全て御願いするな、家庭は家庭の領分をちゃんとやって下さいと発信しているわけですから、お互いに話し合えることができれば先生方も今までやっていたことがやらなくて他に時間が使える、何かそういったような物の見方とか考え方は基本的と思う。今までと違うぞという感覚で進んでいただければこの研究いいのかなと思う。

T1：個人情報でこういう問題というのを話しがしたいが、公開なのでなかなか難しいところがある、先生方それぞれ悩んでいるが、福祉や、児童相談所に御願いしているのがたくさんある、本当はそういう部分もタッチしていただけると、地域でお子さんを見てどんなフォローができるか考えていただけるのではないかと思います。是非話し合いをしたいし、おっしゃるとおりです。

（二〇〇三年一二月一日　学校運営協議会議事録）

このやりとりからは、この頃はまだ学校運営協議会と学校の間での情報共有に躊躇していることが分かる。おそらくクレームを指すものと考えられる「保護者からの話」で「先生方が悩んでいるということ」があれば共同対応してもよいと申し出られた学校側であるが、「個人情報でこういう問題というのを話しがしたいが、公開なのでなかなか難しいところがある」として謝絶している。続けてT1は、「福祉や、児童相談所に御願いしているのがたくさんある、本当はそういう部分もタッチしていただけると」と発言してもいる。つまり、保護者対応事例の中には、複雑な家庭環境にある家族への対応が何件か含まれていたことが推察される。そのことは次のやり取りからも分かる。

P1：家庭父兄に関係することで、問題にしなければならないことが多数あると思うが、我々も見えないところがある、個人情報のこともあるが許される範囲で提示していただければ、我々父兄代表として、PTAとして働きかけたい。

C3：学校の状況で見えない部分がある。おそらく地域・家庭がやらなければならないのを全部学校が背負っているのではないかと思う。そういうのを我々が学校現場に入っていくことにより、交通整理をし、これは地域でやって下さい、では地域は誰がやるのか、民生委員、保護司とか、たくさんの方が地域にいる、学校の状況をもっと、学校が本来やらなければいけないのが、全部受け入れるばかりで、個人情報ということで外に出すわけにはいかないということで。我々学校運営協議会の役目として整理をすれば、学校でやらなくても良いことを学校でやっていたわけですから、もっと本来の意味で学校の先生の時間を使う事ができる。できればそこまで踏み込めばかなり前進と思います。

T1：学校運営協議会となると公開ですから難しいが、委員が来て学校の情報を知ることはできると思います、個人面談で出た話しは深刻な問題もありますし、個人名は出さなくても話しはできる。

A　：内容により切り替えて、個人情報の場合は別の場としていただければと思います。

C1：課題によりそういう対応をとなる。

ここで「民生委員、保護司」への言及があることから、やはり福祉領域の専門家の力を借りることが提言されていることがわかる。これに対し、P1からは「家庭父兄に関係することで、問題にしなければならないことが多数あると思う」として、福祉的な問題として扱うのではなく、PTA内部で助言することで対応するという方向性も示された。ただ、いずれにせよ確認したいのは、具体的対応を取るのは、PTAや福祉専門職による対応を模索しつつ、地域は「交通整理」を行うにとどまるとされていたことである。

これに対し、二〇〇八年の筆者の調査段階では、地域住民委員が学校と共同で保護者対応をしていた。学校側に立ち、学校とともに自ら対応するに至った背景には、先述した「教師が困る状況に関してのミーティングの場」が持たれたこと、また、管理職・教員と地域住民委員の緊密な関係、さらにはちょうど当時世間に流布していた「モンスター・ペアレント」言説などの影響が考えられる。

以下は、学校に対して苦情を述べてきた保護者に対して、校長だけでなく、地域住民委員を「介入」させて「問題」を「解決」した事例を回想する校長の発言である。

T10：入ってもらいました。介入してもらった。あれは助かりました。普通校長と副校長対応です。揉め事があったとき、普通大変です。それを学校運営協議会委員に言いました。委員に言えば行政も来る。そうしたら、校長室のソファのこっちサイドが埋まります。校長・副校長・学校運営協議会長・行政の代表がいて、副協議会長がいて、それで親だと、単純に数でも、夫婦で来たとしても、2対1より強いです。子どもの問題で誤解があって、ご立腹だったときの話です。こうして学校運営協議会に情報を流していく。そこは先生もわかっていて、困ったときに学校側を代弁してくれる、味方・応援してくれる人たちだとは思ってると思います。

ここから分かるのは、地域住民委員が「学校側を代弁してくれる、味方・応援してくれる人たち」だと認識されていることである。そのため、両親対校長であれば「2対1」となるところ、地域住民委員の「代弁」・「応援」を得た学校側が強化され（この発言通りだと両親：学校側＝2：5になる）、「より強い」状態になるのである。クレーム対応に立ち会ってもらうという踏み込んだ取り組みの背景には、「学校運営協議会に情報を流していく」との発言から分かるように、地域住民との緊密な関係の中で、保護者対応案件についても情報共有がなされていたことがある。先に掲載した引用の中で、保護者対応について「教師が困る状況に関してのミーティングの場」を持つことが提案されていたが、そのミーティングが実際に持たれ、「困る状況」として保護者対応問題が挙げられていったことが推察される。

こうして、地域住民と学校との間で「保護者問題」が共有され、共同での対応が開始されてからは、学校運営協議会の場面で保護者委員が問責される場面も見られるようになった。以下の事例は、学校と地域住民の関係が良好になってから一定の時間が経った二〇〇九年、管理職が学校運営協議会の席上で、保護者の非協力性を主張し、その「解決」を迫る場面である。ここでT10は、学校の主催する講演会や参観への保護者の出席率の低さを問題提起した。その時彼は、学校公開参加人数の経年変化の表・グラフを作成して示し、多い時には七〇〇名を超えた参加者が直前期には五〇二名に「低迷」したとした。この時は、体力に関する道徳講座を学校公開と同日に催し、学校には多くの保護者が来ていたにもかかわらず、講演会になると帰宅するという状況に対する批判である。そして、コミュニティ・スクールであるにもかかわらず参加をしない保護者の意識の低さを印象づけながら、解決を迫ったのである。その際のやり取りを起こしたフィールドノーツは以下の囲みの通りである（二〇〇九年一〇月二七日　FLN）。

この回では、学校で行われた講演会への保護者参加人数が少なかったことが校長によって問題とされた。端緒となったT10の発言は以下のようなものである。

T10：PTAでも提案し、学校だよりでも書いたが、地域・保護者に協力して貰う形での講演会を催したが、四〇〇家庭の内五〇〇人が校内に来ていて、にもかかわらず体育館には七〇～八〇人の保護者しか来ていない。学校としてはHP・お知らせ・チラシ・メール配信などあらゆる手を尽くしたが「PTAは何をしてくれたのか」と、PTA役員会でキツい言葉を言った。これから何を期待したらいいのかということを言わせて頂きました。

これに対し、議場には静寂が走った。その中で、C2は呆れるように、「親って何なのだろうと思う」と述べながらPTA会長に意見を求める次のような発言を行った。

C2：いつもこの話になるとこういうことになる。学力もあるが体力の点で東小の子供たちが良くない状況であると話をしていたが、そのことについて保護者は実感がないのか。そういうことなのに何とも思わない親って何なのだろうと思う。聞きにも来ないという。PTA会長、いかがですか？

これに対して、PTA会長であるP9は、

P9：参観が終わった後に帰ってしまう保護者が多いことである。来てもらってよかったと言ってもらう人もいて、そのような内容だった。意識が低いと言えばそれまでになるが……。

と言葉をつまらせ、それに対しC2委員は「なんというか、非常に残念ですとしか言い様がない」とした。

校長はこれに続けて

T10：PTAとして縛りをかければ、七〇～八〇人は出られるわけで、そこにアクションをかけてくれないのはどういうことなんだろうと思っています。

と述べ、その態様を再度問題とした。

保護者の参加が少なかったことは事実であり、それが学校側の失望を買ったことも事実であろう。しかし、ここで確認したいのは、学校が開く講座であれば、人数を揃えるための「動員」を含め、保護者の出席が当然とする前提が存在することである。そして、C2委員が「いつもこの話になるとこういうことになる」と述べているように、すでに幾度も保護者がこの前提を裏切るものとして問題化（problematise）されていることも推察される。

以上のように、保護者は、学校運営における「問題」として認識され、学校と地域住民委員の間で共同での「解決」が図られるプロセスが看取された。

第6節　コミュニティ・スクールによる「確認書」の出現とその論理

（1）「確認書」の出現

こうした経緯の中で、学校運営協議会長をはじめとした地域委員は、地域の指導的名士として、保護者に対する啓発を買って出るようになった。すなわち「保護者に対して言いたいことがあって言えないっていうなら、学校運営協議会に持ってきて下さい」（協議会長インタビュー）と学校側に呼びかけるようになった。

そうして生まれたのが、「確認書」である。「確認書」とは、次頁（図表5-1）に示した六項目を骨子として成り立つA4で一枚の書面である。特徴的なのは、これらに対して保護者が「確認」の上、署名を提出させると

図表 5-1　事例東における「確認書」

学校運営協議会から保護者の方へのお願い

平成20年４月
学校運営協議会長

地域立の学校として、学校運営協議会は、子供《ママ》たちに基礎学力をつけてもらいたいと学校に強く要望しています。学校もそれに応えてさまざまに努力いただいております。しかしながら、教育は学校のみで完結するものではありません。望まれる児童を育てていくために、家庭や地域それぞれが協働していく必要があります。そこで保護者の皆様には、以下に挙げる6つを守る習慣を各家庭においてつけていただきたいのです。学校・地域と共に子供《ママ》たちの健全な育成を進めてまいりましょう。つきましては、以下の内容を確認いただき、確認書の提出をお願いいたします。

⑴　登校時間を守る
→　徒歩登校が原則です。（車で送る、自転車に乗せるはダメ　→　多くの人が見ています。子どもがそういう眼で見られます。）

⑵　忘れ物をしないようにする
→　親がチェック。親がチェックを見せる、一緒にチェックする。子どもがチェックするのを見ていてあげる　→　一人でチェックする…忘れたら自分が困るということを知らしめる

⑶　礼儀やあいさつは、親が指導するのが基本
→　これからの世の中を生きていくために必要なコミュニケーション力の基本がきちんとあいさつができることです。まず家庭であいさつをする習慣をつけてください。

⑷　東小の約束＝○付けは家庭でやる
→　家庭学習の習慣づけ。親が○をつけてくれることで学習意欲が高まる。子どもの学習状況が理解でき、担任とも具体的な話し合いができる。「何でできないの？」ではなく、「どこにつまずいているか、どうしてできないか」考えることで、怒らなくなる。

⑸　子どもの話だけを信じて学校に文句を言う前に、きちんと状況判断をする
→　子どもは前後を端折って都合のいいことを言うものです、それは自然なことで成長と共になくなっていきます。親が第三者的な視点を持つ余裕が必要です。

⑹　PTA 活動に積極的に参加し、東小の保護者としての責任を果たす
→　学校は本来、子どもを預ける場ではなく、保護者も学校や地域と一緒になってつくっていくものです。東小学校はコミュニティ・スクールです。地域を上げ《ママ》て取り組んでいる教育活動に積極的に参加してください。

- - - - - - - - - - キリトリ - - - - - - - - - -

確認書
以上について確認しました。
　年　組　児童名
　　　　　保護者名

担任の先生に提出してください。

いう点にある。署名の未提出や、署名内容からの逸脱に対する罰則があるわけではない。しかし、学校運営協議会は提出率を把握し、未提出者に対して担任や校長レベルで対応がなされている。

これは地域委員と管理職の発意により、学校運営協議会として進められたものである。具体的な取り組みとして現れるのは二〇〇六年度である。当初は新入学予定児童の保護者に配布されていた。しかし二〇〇八年度からは、全保護者に配布されるようになっている。内容の骨子は図表5－1の六項目であるが、さらに細かな説明が施されている。たとえば（1）には「多くの人が見ています。子どもがそういう眼で見られます」というように、保護者の態度が子どもの評価につながるという脅しを含んでいる。（2）でも「親がチェック。親がチェックを見せる、一緒にチェックする。子どもがチェックするのを見ていてあげる→一人でチェックする」というように、子どもの自律を促す書き方とともに、「忘れたら自分が困るということを知らしめる」という子どもの自己責任を問う考えも記されている。

（6）には、事例東は「コミュニティ・スクールです。地域を上げ《ママ》て取り組んでいる教育活動に積極的に参加してください」とある。（4）は、宿題の丸付けを日々保護者に行うことを求めるもので、教員からの聞き取りによれば担任が宿題チェックをする他校とは異なる際立った特徴を持ち、家庭教育に介入する取り組みである。これの補足説明には、親が子のそばで支援することで学習習慣がつくとともに、学習の様子を親がわかるようになるという効果も記述されていた。

また校長インタビューによると（5）の項目は地域委員の素案にはなかったものであったという。しかし、「理不尽」な保護者の要求対応のために、学校管理職らの発意で挿入されたのだという（T10インタビュー）。このように、地域委員と管理職の共同で「確認書」の内容が作られてきたことが分かる。

学校と地域住民委員が協働でこれを作成したことを端的に例証するのは、前文である。すなわち、「学校・地域とともに子供たちの健全な育成を進めてまいりましょう」とあり、地域が学校と共同で保護者を啓発する構図が見られる。前節で述べたことだが、地域住民と学校が共同で「保護者問題」に当たっていることがよく分かる。「開かれた学校づくり」によって、閉鎖的な「学校文化の社会化」（佐藤［2005a：19］）が起こるとされるが、この学校では地域代表が学校と発想や問題意識を共有するという意味で、いわば「学校化」したと言うべきであろう。

（2）「確認書」実践展開の前提――地域委員の二重の立場性の活用《[ab]use》

繰り返しになるが、この「確認書」が出されたのは、「保護者問題」に対応するための学校と地域住民委員の協働の結果であった。学校運営協議会の保護者委員だったＰ４は、保護者の役割を強調する学校改革の方向性にもかかわらず、十全にその役割を満たそうとしない保護者に対して、「地域の方たちは、是非〔さまざまな学校支援をもっと積極的に〕やりなさいよってずっと言われています。でも〔保護者がその期待に応えなかったため〕業を煮やして、ようやく、確認書が出されました」と述べている。「保護者問題」に「業を煮やし」た結果、確認書の全員実施に至ったのである。

しかし、「確認書」の文面を見たとき多くの人がある疑問を抱くだろう。それは、家庭教育に関して踏み込んだ内容を提示し、しかも処罰規定が無いとは言え、署名・提出を求めるという義務性の高い取り組みに対して、どのように正統化がなしうるのかという疑問である。たしかに私立学校などでは誓約書という形で同様の取り組みがなされているものの、それを公立学校において実施することについては難しい問題があるはずである。

この問題に「解決」をもたらしているポイントは、確認書が学校運営協議会長名で出されていることにある。まず、学校運営協議会長が、年配の地域住民委員であることに意味がある。すなわち、地域住民委員は、保護者にとって地域における先輩格であり、年齢的に「保護者の保護者」という立場にある。仮にこの啓発をPTA会長など、保護者の名で行ったとしよう。その場合、ある保護者が言うように「私たちが何か協力を依頼しても『何よあなたは』っていう顔でカチンと来ているような人はいますし、『あなた何様』みたいな顔されること」（ID4）につながりかねない。しかし「保護者の保護者」である地域住民委員名であればそれを避けられるのである。

また、学校運営協議会長が、管理職や教員ではないことの意味もある。二〇〇八年度の副校長が述べるように、確認書の内容は私事に介入する面があり、本来ならば「学校としては言えない」（T12）ものである。しかし地域住民である学校運営協議会長が出すことで、「公による私領域への介入」という批判も免れることができる。

しかし、学校運営協議会長は単なる一私人ではない。言い換えれば、「先輩保護者」のような象徴的位置づけだけでなく、学校運営協議会の委員、すなわち法に規定された権限を持つ組織の一員という公的な立場によって、一定の正統性をもって保護者啓発の主体たることができるのである。

以上をまとめれば、学校ではないという意味で「公の私への介入」批判を免れるとともに〈地域委員 as 地域住民〉、単なる先輩保護者ではない「正統性」を主張できる〈地域委員 as 学校運営協議会委員〉という〈二重の立場性〉が活用《[ab]use》され、保護者啓発を可能としているのである。

（3）　保護者啓発の論理――保護者への問責

これらを前提として義務性の高い要求が保護者に差し向けられたわけだが、保護者のリーダー的存在であるPTA役員の一部には、当初からの学力重視の姿勢や、全校的な宿題の増加について、複雑な意見があるようであった。特に宿題丸付けについて、当時協議会の保護者委員でもあった保護者は次のような批判をしている。

Ｐ４：我が子のためとなれば誰だってやりたい気持ちはありますよ。でも時間が割けないあるいは能力がない、そんな要領が良くない、子どもの宿題一枚かもしれないけど、やろうと思ってできないことはないかもしれないけど、ぱーってできる人もいれば、「あれ？　あれ？」って人もいます。あと外国人の方ですね。やる気の前に、そういう格差の一番小さいところですけど、それもあるんです。地域住民は子どもに朝御飯を食べさせろと求めますが、誰だって我が子にてんこもりの朝ご飯食べさせたいですよ。わざとじゃないんですよ。でも自分だって食べさせてもらってこなかったり、そういうやり方しか知らないという時、朝からこういう朝ご飯を出せと言われても出せませんよ。それはもう福祉の話と同じようなものです。家庭の上にしか子どもは育ちませんから。だから守れないときに、守らないうちもあるけど守れないようなうちもあるんです。よっぽど明らかな家庭の問題は対処をします。もっと浅いところですが、丸付けができないっていうレベルにおいても〔家庭の制約は：筆者〕あるんです。先生たちはだから、あんまり厳しくは言わないです。

この発言をしているＰ４は大卒であり、自らは宿題丸付けを実施するようにするのに苦労はなかったという。しかし宿題丸付けにしても毎日の朝ごはんにしても、誰もが簡単に遂行できるとは限らないとも述べていることが重要である。それは自らの子育て経験とともに、ＰＴＡ活動の中で知った周囲の保護者の実態からわかるものとされており、具体的には次のような事柄が挙げられる。まず、宿題丸付けを妨げる制約には、時間的制約・学力的制約・エスニシティによる制約が挙げられている。次に、毎日の朝ごはんが難しいことについては、「自分だって食べさせてもらってこなかったり、そういうやり方しか知らない」ことに起因する可能性が示されている。直後の「福祉の話と同じようなものです」という発言から推察すると、福祉の対応を受ける家庭がしばしば貧困や虐待の連鎖の中にあることから、家庭教育の在り方が世代間連鎖の中にあることが類比的に語られているものと思われる。これらを集約するのが「格差の一番小さいところ」という表現である。福祉行政による対応にまでは至らない家庭の中にも、日常的な子育ての格差があることを端的に伝えるものであろう。いずれにせよ、それは「やる気の前」にある制約であり、保護者を単に責めて解決できるものではない。このことから、次のような配慮を示している。すなわち、

P４：これは保護者の側から言わせると、反発を招くからやめて欲しい、正直に言えば。ママたちが学校のことをキライになっちゃう。〔中略〕ＰＴＡは、楽しい行事をやったり、楽しい企画を考える、引っ張り出す。その中で自然に学校のことが好きになって地域の人も好きになって、仲良くなって、自然にルールも身について欲しいんです。

というスタンスを明確にしている。

しかし、「確認書」実施が議論された当時の協議会議事録を見てみると、こうした保護者の声は上がっていない。事例東の「確認書」を取り挙げたある教育雑誌の記事でも、「〔議事において〕確認書の件も、別に意見が大きく割れたわけではなかった」とされている。

その理由を考えるとき、家庭教育の重要性を強調する社会的風潮の影響は当然あったと言うべきであろう。特に当時、一方で「モンスター・ペアレント」批判のように保護者の在り方を問題とする言説があり、他方教育再生会議による「親学」の提案(67)など家庭の教育責任を強調する政策的関心が台頭していたことは確認されて良い（本田［2008a：3-18］）。もとより、「『家庭が大事だ』という規範は過去から現在にわたって日本社会に根付いたものであり、かつ一般論としてのそれを正面から反駁することが難しい」（本田［2008a：14］）。保護者の教育責

任を強調するこうした規範は、それ自体として確認書の正統化論理であったと考えられる。実際、「学力もあるが体力の点で東小の子供たちが良くない状況であると話をしていたが、そのことについて保護者は実感がないのか。そういうことなのに何とも思わない親って何なのだろうと思う。」というC2委員の発言（pp.198－200の囲みから再掲）が象徴するように、保護者であるならば当然かくあるべきという規範は事例東の関係者に広く流布していた。

しかし、こうした一般的情勢だけでなく、事例東固有の、特に事例東およびB自治体が採用している政策に影響を受けた「論理」が、確認書のように踏み込んだ保護者啓発を正統化していたことを以下指摘しておきたい。その論理とは、「学力という成果を志向した学校選択制下のコミュニティ・スクール」が用意した「保護者への問責」というべきものである。

①学力向上に対する保護者の責任

保護者に問われていた第一の責任は、学力向上という成果のために協力するということである。これが改革当初から強調されてきた学校運営協議会の規範であったことは先述の通りである。

この規範は、時間の経過を経ても維持されている。たとえば、二〇一〇年においても次のような場面が観察されている。校長は、児童が行った通過率テストの成績が悪かったことを受け、二〇一〇年二月、同一問題を数週間後に再実施した。これは、第一義的には教員による児童への意識啓発を見直すよう求めるためのものであったと思われるが、同時に保護者に対しても事前の心構えを説くなど、家庭の引き締めを図るものでもあった（2010.01.28 FLN）。ここからは、テストでの高学力を達成するために、事前の心構えをすることが保護者にも求められていること、いわば「学力向上のための保護者の責任」を問う発想が生成していたことが分かる。

②学校選択の結果への責任

問責の内容として次に挙げられるのは、「学校選択の結果」への問責である。すなわち、選んで事例東に入ったのであるから、学校の特色は理解されているものと擬制され、その中に含まれる保護者への要求についても選んだ者の責任として受忍すべきであるという論理が存在していた。議事の具体例から、その責任論の表れを確認しておこう。

すでに二〇〇四年一二月の学校運営協議会では、先進校として視察対象ともなっていた土堂小学校が取り上げられている。土堂小学校でそうしているように、事例東でも学校の教育方針に賛同する保護者だけに来てもらうようにするべきという趣旨の発言である。

C1：〔土堂小では、陰山先生の名前や学校の名前が知れ渡り、「賛同する保護者だけ学校に来てくださいと言っている」という話を引き合いに出しながら〕　前校長が地域の学区域内の人は優先ですがそれ以外の人は抽選ですと言うから、ちょっと待ってください、それは違います〔と言った〕、学区域内の方でも児童像や家庭像が理解できないと言う方は本自治体は自由選択制ですから他の学校へいらしていただいても結構ですということはすでに言っている。ほっといても、少々だめだといっても、入れてくれというような。要するに、土堂小学校のように手応えが出てくるのはそこの先生方のご奮闘によるものです。

（二〇〇四年一二月六日　学校運営協議会議事録）

この発言がなされたのは、学校側に対して基礎基本的学力の向上を促すいっそうの取り組みを求める場面での発言であったため、最終的には「先生方のご奮闘によるものです」とされている。しかし、学校の方針を理解した保護者だけに入学を認めるような学校になることへの希望も、ここから見て取ることができるだろう。
また、二〇〇五年一月の学校運営協議会では、新入学児童の保護者に対する説明会の進行に関して、次のようなやりとりがなされている。

T5：二月八日新一年生の保護者会を予定している。希望者九六名、三二名が学区外から来るということになる。ついては学校運営協議会からの発信としてお願いしたい項目がある。①現在集団登校しているが、学区域外からの児童は四月より一人で登校しても良いこととしたい。②自分の名前くらい書けるように、鉛筆の持ち方、正しい書き方等親が注意し指導してくれると助かる。

C1：昨年、前校長とこのことについては学校運営協議会の方からお話することに役割分担をキチンとしている。めざす児童像・家庭像については新一年生にキチッと守ってもらわないと困りますと言うことを、学校ではそこまではどうもという部分が有るんですよね。去年もそういったことは校長さんから言えない部分を代わりに言いましたが、そういった役割分担を今後もしていきたい。

（二〇〇五年一月一一日　学校運営協議会議事録）

この引用から見てわかるように、校長から地域住民委員（C1）に次のような提案がなされている。すなわち、「①現在集団登校しているが、学区域外からの児童は四月より一人で登校しても良いこととしたい。②自分の名前くらい書けるように、鉛筆の持ち方、正しい書き方等親が注意し指導してくれると助かる」という学校の要望を、地域住民委員が「学校運営協議会からの発信」として伝えるように要求しているのである。これに対し、C1委員が「去年もそういったことは校長さんから言えない部分を代わりに言いました」として、すでに一年前から学校の代弁を行っていることに触れつつ、「学校ではそこまではどうも〔言いにくい〕ということ」を、学校の「代わりに」保護者へ伝えることを約束している。こうして、学校を選択したからには、「児童像・家庭像」について「キチッと守ってもらわないと困ります」ということが保護者に求められ、そうした保護者を規律付ける学校のエージェントとしての役割を地域住民委員が担っていることが分かるのである。

学校選択制による自己責任論の論理は、学校と地域委員との関係が深まり、「保護者問題」が浮上してくると、いっそうあらわになる。以下の引用は、入学希望の保護者への確認書配布を目前にした二〇〇五年一一月の学校運営協議会における議論である。ここでは、「保護者問題」が集中的に取り上げられている。この引用の前半部は以前にも取り上げたが、さらにその先には学校選択制とかかわらせた議論が展開されているので再掲する。

T9：今六年生は、副担任の自分が丸付けをして対応している。六年では五時までの予定なのに面談を六時にしてくれ、又は返事がない家庭もある。宿題が家庭でできないので学校でやらせてくださいと（ママ）家庭もある。家庭も協力をお願いしたい。学校運営協議会からも啓蒙を宜しくお願いします。

C2：教師が困る状況に関してのミーティングの場を持ちたいと思います。困ったことがあれば言って下さい。

〔中略〕

C4：家庭で丸付けをしてくることも含め、今家庭の基本が低下している実情がある。他の大学でも研修があるが、追い詰めてしまうと保護者が分離してしまうのではないか。

T7：丸つけをしないのは意識の違いではないか。好きで入ったのではないから……という保護者と今年入学した一年生の保護者は全然違う。

T9：学校選択制ということも含め、取り組みは定着してきている。

T5：来年の一年生は三クラス。だんだん人数も増え、抽選になっていく。
C2：好きで入ったのではないという方にもなるべく協力をして貰う形で。
（二〇〇五年一一月一一日　学校運営協議会議事録）

先述したとおり、教員から、保護者の宿題丸付けの実施状況の悪さが指摘されている。宿題丸付けは、これまでになかったところに、学校運営協議会が新たに課したものであったが、この段階ではすでに宿題丸付けは保護者の当然の役割であり、それを行わないことは問題だとの認識が示されている。

一連のやり取りの中では、珍しく女性の委員（地域委員・C4）から、「〔確認書によって〕追い詰めてしまうと保護者が分離してしまうのではないか」という懸念も出されている。(68) しかしこの発言に対しては、「学校選択制ということも含め、取り組みは定着してきている」（T9）、「好きで入ったのではないという方にもなるべく協力してもらう形で」（C2）という発言がなされ、その提起は大きな発展がないまま立ち消えていた。教員や地域委員の発言は、裏を返せば学校選択制によって「好きで」入った保護者は当然の自己責任として学校の要求を受け入れるべきであり、「好きで入ったのではない」保護者にも遂行が求められるという論理が示されている。ここから想起されるのは、学校選択制によって「学校の基本方針が『選ばれた』ことが、学校のあり方に対する子どもや親の側の発言や批判を封じ込めるなら、そうした学校選択制は子どもと親の権利を意識した制度設計からはむしろ遠ざかる」という西原の指摘である（西原［2009：166］）。好むと好まざるとにかかわらずともあれ入学したからには選択結果の自己責任を強調する論理が見て取れる。

二〇〇七年二月の学校運営協議会では、学校選択制の影響が幅広く論じられた。たとえば、事例東は「選ばれる学校」になったため、学級数が増加傾向にあるが、それに見合う教室数が不足しているため、学級数の決定を学校運営協議会で行いたいという議論がなされていた。

そして、通学範囲が広まったことを受け、家庭訪問を今後も続けていくかどうかについても議論がなされた。その際、教員が家庭を訪れ、当該家庭の状況を知ることが教育上有用だとの議論がなされた。C1委員は、現在は保護者の意識が変化しているため、家庭と学校の適切な連携のためにもいっそう家庭訪問が求められるとした上で、次のように述べている。

C2：保護者の意識変化だが、学校選択の自由化を活用して入学するものの、あとは学校に全ておまかせという風潮もあると感じている。学校側として児童を選択することはできないのか。

A：学校による児童の選択や学校運営協議会による学級数の決定はできない。コミュニティ・スクールも自治体の制度内で整合性のあるものでなければならない。義務教育で学校に入れないという状況が生じることは公教育制度の根本問題となってしまう。

〔中略〕

T10：学校運営協議会として何ができるかを考えたとき、「この学校はすばらしいけど厳しさもあるね」という保護者意識の改革の必要性を感じる。

（二〇〇七年二月一三日学校運営協議会議事録）

ここでは、C2委員の発言がまず注目される。すなわちC2委員は、「学校選択の自由化を活用して入学するものの、あとは学校にすべておまかせという風潮」を嘆いている。そして続けて「学校側として児童を選択することはできないのか」と述べ、保護者の選択権ではなく、学校の選択権を強調する論理を示している。保護者が学校を選ぶのではなく、児童・保護者を選択するものとして、学校選択制の転用可能性が示唆されているのである。

これに対して行政委員は、「学校による児童の選択や学校運営協議会による学級数の決定はできない」旨説明した。すなわち、「義務教育で学校に入れないという状況が生じ」れば「公教育制度の根本問題となってしまう」というわけである。こうして学校選択制の転用可能性の議論は収束し、学級数や、学校選択制とコミュニティ・スクールの不整合などの問題に議論は移行する。しかし、最後に付け加える形で校長は、「保護者意識の改革の必要性」について念を押すのである。

これらの引用からは、学校運営協議会制度が学校選択制と整合して捉えられていることが分かる。学校選択制は、保護者の通学区域における結びつきを弱め、地域との連携を断ち切るとして、学校参加と学校選択は不整合な政策であるとしばしば批判をされてきた。しかし、これらは、一定の意味において整合する。すなわち、参加が求められている学校を選んだのだから、求めに応じて参加をする自己責任が伴うのだ、ということである。

③学校参加の結果への責任

また、「学校参加の結果」への責任も問われていた。すなわち、学校参加が制度化されている以上、意見反映はなされたのだから、その結果を甘受すべきであるという論理である。

この論理を積極的に用いていたのは学校側であった。教員は、学校運営協議会からさまざまな要求を受ける一方であったためであろう、教員に要求するからには、それ相応の努力が要求する側にも求められるという論理を持ったものと考えられる。具体的には、学力問題を論じたインタビューにおけるある教員の発言を見てみよう。

コミュニティ・スクールっていうのは意見を言う代わりに、自分もやらなきゃいけないわけ。それを分かってないんだよ保護者は。

（主幹インタビュー・T11）

この引用から看取されるのは、PTA等と違い、学校運営協議会は一定の権限と責任を持って学校運営に意見を述べることができる機関であるため、学校が要求を甘受する代わりに、保護者にもいっそうの責任を要求するという論理である。

しかし、ここで思い出したいのは、学校運営協議会が学力向上を要求していたとはいえ、その議事は主に地域住民委員に主導されていたということである。にもかかわらずT11の発言で「意見を言う代わりに……」とあることをどのように理解すれば良いだろうか。議事の実際について知らないがゆえとも考えられるが、T11は学校運営協議会委員でもあるため、学校運営協議会内部の社会関係を意図的に無視し、保護者批判を展開したのかもしれない。いずれであれ、この言葉からは、次の苅谷の指摘が想起されよう。「参加という形式で、選択の機会が与えられていることが強調されるようになればなるほど、参加した場合に個々人がいかなる力能を発揮できるかという問題を離れて、自己責任を問う舞台は設定されている」（苅谷［2004：13］）。すなわち、意思決定への参加という形式で要望伝達機会の開放性が強調されることで、参加できる／できないを問題にしないまま、各人の自己責任性を問う「参加者の責任主体論」が成立するというのである（苅谷［2004：12］）。

以上、学校運営協議会によって学力向上という要望が出され、保護者にその責任が課せられただけでなく、学校側による対応が進められた代わりに保護者にも学力向上のための責任主体として要求を受け入れるべきという論理が生成した。さらに、それが学校を選択したことへの自己責任論によって強化されている――このような保護者への責任論が、異なる意見を押さえながら「確認書」という保護者啓発を可能とする論理となっていったのである。

第7節　おわりに

本章では、インタビュー結果や学校運営協議会の議論内容を素材として用いながら、事例校の活動内容を跡づけてきた。その中で、事例の学校運営協議会が保護者の家庭教育に対して啓発を行う「確認書」が導入されるまでの展開と論理を分析した。「確認書」は、学校運営協議会が一般の保護者に対して具体的な行動要請を行う「対外経営」(佐藤［編著］［2010］)の典型例である。この導入過程を把握することは、学校運営協議会が保護者にもたらすものを検討する前提的作業であった。

以上の分析を踏まえ、前章において明らかにされた「保護者委員の劣位性」の実質を再度見てみると、その意味がより良く理解される。すなわち、学校側が改革の焦点となっていた間は、やりとりが教員と地域住民委員の間で進められる一方、保護者は周縁化され発言が少ない状態となっていた。

しかし、学校側が地域住民委員と関係を改善し、保護者に改革の焦点が移ってからは、学校と地域住民の間で強められた「保護者問題」言説への対応に追われた。保護者委員は議事において守勢に回り、時には学校側や地域住民側の批判・問責の矢面に立つ。こうして保護者委員の劣位性が生まれていたのである。

また、前章で「管理職－地域委員間の事前相談過程の重要性とそこへの保護者の非関与」・「熱心な学校支援の対価としての地域委員への価値づけ」という分析概念を挙げたが、これらは、学校と地域住民の協働による「確認書」実現と無関係とは言えない。「熱心な学校支援の対価としての地域委員への価値づけ」ゆえ、相対的に保護者の協力の「不十分さ」が目立つようになり、学校改革上の「問題」としての保護者という考え方が現れてきたように思われる。また「管理職－地域委員間の事前相談過程の重要性とそこへの保護者の非関与」という概念は、地域住民委員と学校側が協働で「確認書」の文面を構成したことに見られるように保護者啓発の具体化を促したことにつながっていよう。そして、ほぼ既定化された形で提起される保護者啓発アジェンダは、保護者委員の「無言」の中で承認されたと考えられる。

第六章　「対外経営」がもたらすもの

第1節　はじめに

前章までに示したようなプロセスを経て、学校側、特に管理職の取り組みによって学校と地域委員との関係が良好なものに転じていった事例東では、その反照として保護者の課題性が「問題」として浮上していき、最終的には「確認書」による保護者啓発が生み出されていった。

この取り組みは、学校に対する外部の協力を調達するために学校運営協議会が行った「対外経営」（佐藤［編著］［2010］）機能の一形態と捉えられよう。「対外経営」機能は、その言葉が示すように、「学校が保護者や地域などと外部連携を図り、その協力を得るなどの渉外を中心にした対外的な経営行為」（佐藤［編著］［2010：45］）であり、本来学校運営協議会に期待されていた「地域住民や保護者のニーズの把握・反映」（日高［2007：202］）だけにとどまらず、逆に学校が保護者・地域住民に学校への支援的な行動や態度を要求するという、法に想定されない機能である。第一章第2節（3）で確認したように、先行研究においては、その機能を「期待」する校長は九三・七パーセント、さらに「成果」として捉えている校長は八三・八パーセントで、その他の機能よりも突出して高い（佐藤［編著］［2010］）。「確認書」は、まさに、「対外経営」の典型的な事例であるといえる。

前章で論じたのは、この「確認書」実施までの展開と論理であった。本章では、この取り組みが非協議会委員の保護者に何をもたらしたのかを検討する。検討に際しては次の二点に細分化した観点を設定する。

まず社会的不均衡の所在である。保護者への啓発については、保護者の階層的な不均衡を助長するという批判が教育社会学者からなされてきた。「教師のイニシアチブの下で親を啓蒙」（山下［2002：173］）するものともされる「パートナーシップ」論に対しては、先述したように啓発の受容度が家庭背景によって異なるため、階層的な困難を無視したまま啓発を行うと、結果的には個人の努力のみを強調する個人主義（individualism）に陥り、格差の再強化につながるおそれがあるという批判がなされている（Lareau & Shumar［1996］）。特に宿題丸付けなどのように保護者の生活や子どもの学力に直結する問題については社会的不均衡の観点から検討しうるものであろう。したがって、本書も学校運営協議会の取り組みに対する非委員保護者の見解や対応には家庭背景に応じた差異があると仮説し、その実態を描く。

次に、対立の所在である。広田は、学校レベルでの決定が本格化すると「相互の意見の対立や意に添わない決定が、親の間の紛争を生む」（広田［2004：67］）と懸念を示している。もちろん対立それ自体が問題であるわけではない。争点を明確化した対立から、私的利害の分裂や競合だけでなく、公共的関心を形成する「公的討議」が生まれ学校の民主主義につながる可能性もあろう（山下［2002］）。他方、広田は、紛争が起きないことにも懸念を示し、強者の親が他の親を圧制している可能性があるとも警告する（広田［2005］）。家庭教育の在り方はそれ自体論争的であり（本田［2008a］）、保護者に特定の振る舞いを要求することは対立を生起せしめる可能性を有することから、この家庭教育への介入をめぐって、保護者からの反発が起こりえよう。第一章で述べたように、マイクロ・ポリティカルな研究は、対立的な基盤を持つにもかかわらず「協力的」にみえる行為があった場合もその過程や要因を捉えようとすることも課題としている。コミュニティ・スクールのポリティクスを描く上で、対立の有無やその解決のされ方がどのようなものか、分析を行うことが求められるのである。

方法としては、関係者ならびに保護者へのインタビューを行ったほか、文書資料の分析、「保護者質問紙調査」分析を組み合わせている。インタビューについては、学校を通して依頼文を配布し、応答してくれた人に更に知人の紹介を求める形で行い、一八人の保護者の聞き取りを行った。基本属性は図表6－1のとおりである（属性はいずれも当時）。ここでは、第四・五章で用いた記号と区別するため、IDという表記で保護者を示すことにする。なお、この中で、ID2は第四・五章におけるP4と同一、ID10はP9と同一人物である。インタビューは、「確認書」の中でも特に踏み込んだ取り組みである「一家庭一ボランティア」と「宿題の丸付け」[69]の両者について特に質問を行った。

第2節 「一家庭一ボランティア」実施の態様

まず、「一家庭一ボランティア」について。多くの親は、「一家庭一ボランティア」を「一人一役」と呼んでおり、これによって多様な取り組みを行うことの趣旨に賛成するとともに、「上手い仕組み」と述べていた。その理由の一つは、義務づけをしなければ一部の人間に負担が集中すると考えるからである。たとえば、PTA役員を経験したことのあるID9は、「色々な行事に参加するのがPTAだったんですよ。〔人の〕数を揃えるために」と負担の偏在を指摘した上で、「うち〔の学校〕は上手くやってるのかなぁって。希望をとって、皆公平に学校に

図表 6-1　インタビュイーの基本属性（学歴・就労状況順；調査時）

ID	本人学歴	就労有無	東小通学の長子の学年	兄姉有無	就学前妹弟の有無	学区内外
1	大学	パート	高	中学生	−	内
2 = P4	大学	パート	高	高校生	−	内
3	大学	正社員	高	−	−	内
4	短大	−	低	−		外
5	短大	−	低	−		内
6	専門	−	高	社会人	−	内
7	専門	−	低	−		外
8	専門	−	高	−		内
9	専門	正社員	高	−	有	内
10 = P9	専門	正社員	高	−	−	外
11	専門	正社員	低	−	有	内
12	高校	−	高	中学生	−	内
13	高校	−	低	−	−	外
14	高校	−	低	−	有	内
15	高校	−	低	−	有	内
16	高校	−	高	−		内
17	高校	パート	高	社会人	−	内
18	高校	パート	高	中学生	−	外

関わらざるをえない状況がでてくるので」と語っている。また、ＩＤ1は「こういうのがあると、『何かあればやるのに』っていう気持ちのある人たちも参加しやすい」と述べ、潜在的な参加希望を汲み取れるとしている。

「一家庭一ボランティア」はＰＴＡが所管する事業であるが、ＰＴＡ役員・委員の中にも、その評価について異なる見解があった。「一家庭一ボランティア」は、先述の通り支援活動への参加者を増やし、負担の不公平を解消することにその意義が見出されていた。

たしかに、一部の保護者は、「毎日、昼夜と学校に〔ＰＴＡ関係で学校に〕出勤する週もある」と言うなど、過負荷を担っていた。しかし、役員・委員の過負荷は、一般保護者の無関心だけに原因があるのではないことに注意が必要である。第三章でも論じたように、ＰＴＡ役員・委員をはじめとした保護者は、ＰＴＡの平常業務に加え、「開かれた学校」ゆえに行われる会議・発表会・行事運営への参加が求められており、いわば二重負担状況にある。ＰＴＡの役員や各委員長は、年々仕事が増加しているとの認識を示している。その意味で言えば、ＰＴＡが担う全業務量の増加自体にも過負荷の一因がある。しかも、「一家庭一ボランティア」を実施するためには、全員に割り振るため敢えて新しい仕事を「作る」必要もあり、多忙の要因を放置したまま業務を自ら増やしかねない。

にもかかわらず、業務量の増加に問題を見出していたのは二人であった。一人は「いろんな企画を立てるのは良いんです。でも、何でもそうですけど、陽の当らないこまごまとした仕事は保護者がやってるんです」（ＩＤ17）と述べ、新しい事業企画が業務の増加を必然的に伴うこと、そしてその負担が保護者に集中することに疑問を呈していた。またもう一人も、「排除したい仕事がいっぱいありますよ」と、不要な仕事までリストアップしてあることを指摘し、「そういうふうに一人一役を作るから保護者を枠にはめちゃった部分もあるんです。だから保護者がそっぽをむくわけで。枠にはめたらイヤでしょ？　強制されるわけだから。義務で来て意味が分からないとか、これで人がとられて〔ＰＴＡの〕役員のなり手がなくなっちゃって、逆に大変になる」（ＩＤ６）と述べていた。

しかし、大部分の役員・委員は、負担の少ない保護者の仕事を増やすことに主眼を置いていた。そして、業務量の増加に疑問を呈していた彼女ら自身も、一般保護者の無関心を放置するわけにもいかなかった。業務の増加を問題視する一部のＰＴＡ役員・委員の声や、仕事・子育てとの兼ね合いに苦労を感じる保護者の声は、それ自体として表に現れず、賛成の声のみ吸いあげられていく構造となっていた。

しかし、一部には、以下に見るような制約によって遂行に困難を感じる保護者があり、彼女らは義務づけに対して不満を抱いていた。

まず、小さい子どもを抱える親は数十分の仕事を学校で行うことにも困難を抱えている。二歳の弟をあやしながら聞き取りに協力してくれた保護者は、学校支援のためには子どもを預けねばならないが、それでも「私から離れない時」があり困難を感じるという（ＩＤ14・15）。

さらに、専業主婦か否かの違いもある。フルタイムで医療技術者をしているＩＤ11は、子どもが学校に入ったら仕事が減るのかと期待していたのに、そうではなかったとして、次のように発言している。

ーＩＤ11：始めは、何だろう、学校って、聞く人聞く人違かったんですけど、私の子は保育園だったんですね。で、保育園だから預けちゃえば、結構楽だったんだけど、でもうちの保育園って親がやることが多いんですよ。保育園のくせに、みたいな。結構親に何かしてくださいってことが多かったり、集まったり、やっぱ平日何かしたりっていうのが多くて、だから学校に入れば楽だよって言われたりとかしてたんですね。で、実際そうなのかなって学校に入ってみたら、やっぱり預ければ預けてるだけじゃないですよって言われてるじゃないですか。だけど、全然学校入る前は、学校行って帰ってきて、学校行かせてそれでいいんだ、宿題やらせて、ってすごい安易に考えてたんで。で、実際、こういうことになって、うわっめんどくさいって思った。

ＩＤ11は歯科衛生士で、患者がいる。そのため、歯科医院での仕事の拘束性も高く、学校からさまざまな支援が求められることと仕事とのジレンマを感じている。

ーＩＤ11：だから大変ですよね、本当に。学校にはこうやってくださいって言われるけど、やっぱりみんな生活のために働いてるじゃないですか。だけど、子どものためにやりたいけど、大変だなあって。

筆者：生活のためと子どものためとの間でジレンマがあるわけですね。

ーＩＤ11：でもやっぱり、自分の考えは、ちっちゃいうちには子どものこと中心に考えてあげたいって思うけど、でも普通のパートじゃないんで、患者さんがいるので。

学校に協力することは、最終的に子どもの利益になることは分かっているのだが、それができない苦しさがあるということである。仕事との両立については、多くの母親たちにとっての懸案であった。

自分は問題なく参加できるが、周囲に就労とのバランスで困難を感じる保護者を知っているというのは、ＩＤ1である。

ＩＤ1：でも、大変なんですよ。働いている方も多いですよね。だから、昼間協力できないお母さんもいるし。朝三時から仕事に行っているお母さんがいるんですって。私の知り合いなんです。帰ってくるのが夕方六時。すごいでしょ？　そういうお母さんは、大変ですよね。学校のこと何も分からない。だから学校運営協議会が何やってるかなんて、それどころじゃないんですよ、きっと。だって、「私だってできれば家にいたいけど、働かなければやっていかれない、良いよね、ＩＤ1さんは家にいられて。私も本当は家にいたいんだけど……」。っていうことで。そういう人は、学校運営協議会がどうとかじゃなくて、学校運営協議会以前のことで、自分の生活が今大変だから。自分の子どもと、自分の家庭と。だからネットワークが弱いっていっても、そういうお母さんは大変なんです。だからその方は、一緒に「卒対」やってるんですけど、その時期だけってことで。この学校では、働いていても何かやらなきゃいけないから、一回は役員をやらなきゃいけないから。で、彼女は、最後まで残っていたのがそれだったんですよ。仕事の合間にお手伝いをできるのはそれだったからそれ、選んだんです。やろうと思えばできるのかな？　子どものために。

事例東が保護者に対してさまざまに要求し、学校に対して支援活動を行う回数が他校より多いということは、地域の噂にもなっているようである。ＩＤ６は以下のように述べていた。ＩＤ６の上の子どもが事例東を卒業した後、東自治体で学校選択制が導入されるとともに、事例東に学校運営協議会が設置された。その間の変化を踏まえながら、下の子を事例東に入学させるに至った背景を述べている。

ーID6：こういう学校を選んで、学校運営協議会制度〔を設置した学校〕ですって〔言われていた〕。私は上の子のとき、この学校好きだったんだけど、その後、下の子が入るとき、保育園で一緒だったお母さんたちに「大変だよ、入ると大変だよ」って聞かされたんです。下は他の学校に入れようかと思いました。大変っていうのは、お手伝いがたくさんある。一人一個ずつとか支援でやれ〔と言われる〕。親がヒーフーハーフー言うようになるよって。で、入るのを辞めようかなと思ったんです。〔でも〕うちの旦那が災害があったとき近いほうが良いからって言って入ったんです。

この発言から汲み取れるのは、地域の噂の中で学校支援活動が盛んであることが悪い意味で評判になっているという点だけでない。この保護者は、学校支援の活発さゆえ、他校を選ぼうとしたが、家との距離で〔とりわけ災害があった時への懸念から〕事例東を選択している。学校選択制によって、保護者自身が選択したことの自己責任を問う論理が生み出されているというのは前章で述べたことだが、保護者の選択が、学校の取り組み全てへの白紙委任では決してないことを示している。

さて、ＩＤ６をはじめ、幾人かの保護者インタビュイーは、ＰＴＡ役員も兼ねている。ＰＴＡ役員が保護者の多様性と学校改革の統一性との間に立ち、ある種のジレンマを感じることはこれまでも論じてきたが、ここでもジレンマは看取された。すなわち、就労の制約を有している保護者がいることを承知しつつ、「一家庭一ボランティア」を推進しなければいけないジレンマである。

以下のやり取りは、保護者の実態と学校運営協議会の理念の間の「ギャップ」を知っているがゆえの「歯痒さ」について、伝えている。

ーＩＤ６：だって、学校運営協議会の人たちは子どもはいないし、年配だし、ある程度社会的地位はあるのかもしれないし、年齢が若い人間と身近に生きているわけではないので。ギャップですよ。

ーＩＤ17：学校運営協議会の言うことも分かるんです。でもそれが全て保護者にとって納得できるかといったら、それは違う。もうある程度地位がある方とか、年配の方がやってますから、昔のその方たちの通りに私たちがついていけるかといったら、金銭的・時間的余裕を考えたら、一〇〇パーセント求められることはできません。というのはやはり生活がありますから。生活重視で。〔もちろん〕子どもを学校に出してますから。全く知らん顔してるわけじゃないんですよ。〔しかし〕やはり生活があるからそっちを優先して、教育はその次っていうのが保護者の考えとしてあります。言ってることは、分かるんですけど、実際できない歯痒さがあります。

別のインタビューでも、ＰＴＡ役員であるＩＤ18から、保護者の個別的要求の矢面に立たされた経験が言及された。

ーＩＤ18：提案したものはそれを役立てるのは保護者なんでしょうね。それが役立ってなければＰＴＡが役立ててないんでしょうね。活用できてないとしたら、それを下へ持っていけない。ちゃんと土台は与えてもらえているんだから。活用できていなければPTAの下手さがあるんじゃないですか。ただ、提案するのは簡単だよ。どんなにやっても、若いお母さんたちが、昔の人の考え方と同じになるのだろうか、って。〔中略〕私たちが何か協力を依頼しても、「何よあなたは」ってカチンと来ている人はいますし、「あなた何様」みたいな顔されること？　顔で分かりますよね。普通に話していたって。表情で分かります。だから、提案されたものをいかにこちら側が上手くやっていますよーって言って納得させる必要があるっていうこともあるんです。〔中略〕PTAがどうやって降ろしていくかっていうのが大変な制度なんです。

実際、PTA役員をしていない人の話としてID18が紹介してくれたのは、以下のような不満であった。

―ID18：クラスごとに〔「一家庭一ボランティア」の割り振り結果を一覧にした〕プリントが出てくるじゃないですか。〔それを見た保護者からは〕「誰々さんは何になった」って〔言われたり〕、「あの人は入ってないじゃないか」って〔不平を言われたりする。それに対して〕、「あの人は下がいるじゃないですか」、「家庭数なんで下〔のお子さんの分〕でやります」とか、いちいち説明するのが〔大変です〕。やったら損だみたいな感じで〔言われるので〕。

この発言を踏まえて、先の引用にある「PTAがどうやって降ろしていくかっていうのが大変な制度なんです」との発言を見てみると、学校運営協議会が理想とするような保護者の積極的支援を調達できないことにPTA役員としての責任を感じつつも、PTA役員が多様な保護者の意見の矢面に立たされざるをえない現制度への不満をそこに読み取ることもできるのである。

ID6も以下のように不満を語っている。

—D6：一人一役って、本当に必要なのかって思ってるんですよ。本当に必要なのかな？　学校って基本的に生徒がいて、お勉強するのが学校であって、何をしに保護者がいくのかな？　昔は保護者会があって、子どもの様子を見て、先生が一生懸命やってるんだなぁって思うことでいいと思うんです。旗当番は当番制でいいし。わざわざ分担を決めるとかしなくていいし、なぜ学校に目を向けさせるのかなって。支援を作った人がどう思っているのか分からないけど、そこが分からないから、下に投げるっていってもうまくできないんですよ。

—D17：近所の河原の掃除のボランティアとか、そういうのは、学校に依頼が来ていることを担当つけてるわけですよ。で、今までは一部の役員さんだけがやってた。じゃあ全員にお手伝いが行くようにっていうので……お手伝いを作ったんです。おかしいよね。

—D6：運動会の手伝いだって、お茶係作るより、自分たちで持ち寄って、テントだけ作ればいいわけだし、一人一役を作ってやる意味を持つものって見えないんですよ。必要なものは保護者の当番制でやればいいんですよ。あの中には本当に何があるの？　これが本当に学校にとって、子どもにとって必要なのかどうなのか？　もう、ホントに何だか？　排除できれば排除したいものが入っているよ。防災係だって当番でOKだし、イベントは親父の会がやってるのだからそっちでやればいいんだし、あと、何？　そういうふうにカードを作るから保護者を枠にはめちゃったわけでしょ？　だから保護者がそっぽをむくわけでしょ？　校庭開放なんてしなくってもその辺で遊べるし！　枠にはめたらイヤでしょ？　強制されるわけだから。

—D17：定着するの三年かかったんですよ。

—D6：でも、崩れてきてるわけでしょ？　来てる人と来ない人は今もいるし、義務で来て意味が分からないとか、これで人がとられて〔PTAの〕役員さんがいなくなっちゃって、大変大変が大変を振りまいてるようなものになってるような気がするのね。わけ分からない。

若干長い引用であるが、このやりとりからは、重要なことならば当番制で義務付けることもやむをえないが、他方で仕事の取捨選択が必要であること、そして必ずしも必要とは言えない仕事までが「一家庭一ボランティア」に紛れ込んでいることが分かる。たとえば学校に自治体から降りてくる河川清掃の動員要求、さまざまなイベントが増加することに伴う業務の増加などは、見直しの対象なのである。にもかかわらず、それを全員に均すために「枠」づけたため、結果として個々の保護者にも、役員にも困難が生じていると言うのである。

第3節　宿題丸付け実施の態様

「一家庭一ボランティア」については、保護者の就労状況や他の保護者との比較などが複雑に絡み合っている様が見て取れたが、同じような傾向は宿題の丸付けにも観察された。

ここからは、確認書の中でも宿題の丸付け（確認書の⑷）に照射して保護者の対応を分析する。宿題の丸付けは、日常的な家庭教育に介入するものであるとともに、その遂行状況が学力に結びつく可能性を有する点で社会的不均衡を捉える好対象であるため、質的検討とともに、事例束で実施した保護者質問紙調査の結果を示し、詳細に分析する。

（1）　質的検討

筆者の聞き取りの中では、「地域が上から押さえつけている」、「ダメ出しをされているみたいで疑問」（ＩＤ５・17）

など、保護者への問責がなされることに疑問を述べる保護者はいた。

しかし、インタビューにおいて丸付けを履行していると述べた保護者は、一八名中一三名と多数であった（図表6－2参照）。たとえば、一緒に勉強するような形で中学高校まで一緒にやれたらよいと答えたＩＤ10や、必ず一九時までに提出しておくというルールを作っているＩＤ18、宿題監督で学校の様子や理解度が分かるようになると語るＩＤ13、類題を作ったり解説をしているＩＤ３・８など、学校運営協議会が提示した規範を子育ての資源として活用している保護者が多かった。

しかし、実施しているとはいえ、実施率やその質は学年が上がるごとに下がっていく傾向があると多くの教員が述べている（このことは後に記すアンケート結果でも確認されている）。

学年進行で実施率が下がることの理由としては、単純に子どもが手を離れるということがまず考えられる。

ＩＤ２：（宿題を見てあげないことについて）三年・四年になったら、むしろ、子どもは元気に学校に行くから、パートに出るとか（いうことがあります）。あと、子どもに自主性を持たせたくなるんですよ。（中略）生意気にもなってくるし。いい子にしてるんだったらかわいがるけど、何だかんだ言ってくるくせに、忘れ物したらあわてて届けるとか、何でそんなことママがしなくちゃならないのって。そういうところで手が離れてく。

このように子どもの自主性が高まると同時に、保護者においても手を離し、パート等の就労展望を持つ場合もある。

また、高学年になると、宿題内容の理解に困難が生じる場合がある。以下は、文章題を解くときに複雑に考え過ぎてしまい、困難が生じるとした例である。

図表 6-2　インタビューの宿題監督実施状況（学歴・就労状況順）

ID	本人学歴	就労状況	丸付け実施状況	
1	大学	パート	塾で習っており簡単すぎるので本人に丸付けさせている。	×
2	大学	パート	必ず行うように変化させた。	○
3	大学	正社員	子どものウィークポイントを知り、自ら例題を作成して定着を図っている。	○
4	短大	−	×をつけると嫌がるので、見守りながら途中で訂正している。30分くらいかかる。	○
5	短大	−	必ずしている。殴り書きのときはやり直させる。	○
6	専門	−	夜のうちにやっておき、朝丸付けをする。	○
7	専門	−	低学年のうちは丁寧にやる。高学年になるとだいたいになる。やっていると弱点が見えるのでよい。	○
8	専門	−	一緒に見てあげて、終わったら補足のため「授業してしまう」。40分〜１時間。楽しいように見えるがイラついてしまうこともある。	○
9	専門	正社員	やりはするが「形だけ」。現在は塾で行っている。	×
10	専門	正社員	一緒に勉強するような形で、中学生・高校生まで一緒にやれたらいい。	○
11	専門	正社員	祖母の家で済まさせ、夜丸付けを行う。忙しいがスルーすることは無い。	○
12	高校	−	子どもがやらないので、関係悪化を防ぐため答えを見せてしまっている。	×
13	高校	−	習慣づけになることと、子どもの習得状況が分かるので行っている。内容はほとんど任せて、丸付けだけ行う。	○
14	高校	−	必ずしている。	○
15	高校	−	丸付けはするが、いい加減になることがある、答えがほしい。	△
16	高校	−	必ずしている。補足説明をしたりすることがある。	○
17	高校	パート	学力の制限と就労による多忙のため行っていない。	×
18	高校	パート	必ず19時までにパソコンの前に提出するというルールを作っている。	○

ID10：ただちょっと五・六年生のはちょっと難しいんでね、答えを配ってくれっていう要望があって。自分はあの時できたけどってね。結構大人特有のね、解き方というか文章題の裏を読んじゃうんですよね。単純に考えればいいんでしょうけど、これはちょっと深い意味があるんじゃないかって深読みしちゃう。

この発言は、丸付けのために模範解答を配るよう学校に依頼があったことを示しつつ、その背景には「文章題の裏を読んじゃう」など「大人特有の」「深読み」により、「あの時できた」問題でもできない場合があるということを述べている。

また、保護者自身の学力的制約もある。

ID2：丸付けをしない親の中にはできない親がいますね。それを先生方は分からないんです。分からないはずがないと思うんです。たかだか四年生って先生は思うんです。でも、もっと言ったら二年生でも8×9＝72とかが、出てこない親だって一杯いるんですよ。漢字のトメハネだって微妙な親なんていっぱいいるんです。書き順に至ってはアウトです。実はそういう。

おそらく、宿題内容への不安のためであろう、「丸付けは、問題が学年が上がるに連れて心配。答えをくれないと困る」（ID8）という発言もなされていた。

さて、以上は丸付けを実施している保護者についての分析であったが、丸付けを実施していない保護者にはどのような背景があるのだろうか。

宿題を実施していないとする保護者のインタビューでは、家庭の状況に応じて以下のような両極端な理由が聞かれた。単なる「不履行」としただけでは済まない内実の違いを以下見ていこう。

まず、両親とも大卒であるＩＤ１の母親は、子どもを進学塾に通わせ、私学受験を目指していた。彼女は、学校に言われるまでもなく勉強はしており、あえて履行しないと述べる。すなわち、公立学校への期待は少ないため、それゆえ宿題という要求に対しても一定程度の距離を置き、プレッシャーを感じずに済んでいるのである。

－ＩＤ１：丸付けもたまにはやりますが、パッとやるだけ。うちの息子にとってみたら、学校の宿題なんて簡単なんですよ。パッパッパとやって、ちょっとミスもあるけどできて当然だから、答えもあるしいちいち私が一緒にやるほどのものではないかな。学校の宿題が簡単すぎるってことです。だから私は任せちゃってますね。

本人が専門学校卒・夫が大卒であるＩＤ９もまた、現在は塾で宿題をさせている。フルタイムで働いている彼女にとって丸付け実施は非常に困難なものであった。仕事を終えて六時半に帰宅し、食事・入浴の後で丸付けを行うのだが、量の多さや、辞書引きなどで子どもが一〇時頃まで手間取ったこともあった。彼女は、子どもの回答に丁寧なコメントを付けるなどの工夫を行ったこともあったが、時間がかかると、その都度待つことはできず、次第に「形だけ」の丸付けになっていったという。

－ＩＤ９：丸付けるのも親の仕事なんでって言われても、最後の方になると、本当に形だけになっちゃったんです。それでどういう結果になったかというと、トメハネとか細かい部分が全然見てあげられなくて、計算も単純なミスを見つけてあげられなかったんです。学校から〔注意点などの〕指導があればな、と思いましたね。

彼女は子どもに「最低限大学は行ってほしい」と語っており、高い教育意識を持っていた。それゆえ、学力状況の問題を察知するや、塾を利用するように変えたという。このように、家庭で丸付けをしないとは言いながらも、学習への動機を有し、塾オプションという資源を持つ家庭は、負担を塾に分散していることがわかる。

しかし、このようにオプションを活用する保護者ばかりではない。ここで注目したいのは、両親とも高卒のID17のケースである。彼女は、以下のような複合的な理由によって宿題監督の実施から排除されている。

第一に就労による多忙である。彼女は、事務経理をフルタイムで担当しているため、忙しい時期には丸付けができないとして次のように述べる。

ID17：丸付けっていうのは学校運営協議会と学校の方針だけが書かれてると思うんですよ。家庭環境のことは考えられてませんね。うちなんか、大概事務所に七時八時が当たり前で、それから帰ってから丸付けなんて無理ですし。子どもも宿題やらないし。私も丸付けはできない。

第二に自らの学力の制限である。彼女は、小学校高学年の問題になると解くことができない場合があるという。彼女は、「四年以上くらいかな。文章問題なんて、読んで考えて解いてなんて、大変なんですよ」と述べ、「確率とか、比率とか、何対何とかどうのこうのとかって書かれて、それを読んで答えを丸付けするのは、親は、もう、めんどくささもあって、無理」と述べている。

第三に、学校支援活動の多忙である。すでに繰り返し言及してきたように、事例東は「開かれた学校」であるがゆえ、地域と連携するための行事が多い。そのための準備や会議に出席することが多い彼女は、ＰＴＡの業務に加えての多忙さを抱えており、繁忙期には「子どもを放っておいている」という。以上のような複合的な理由によって、ＩＤ17は、ＩＤ１やＩＤ９とは対照的に宿題丸付けは実施せず、塾を用いるということも考慮に入れていない。

ＩＤ17：学校の支援をやって、それでまた会議に出てっていうと、ひどいときは一週間ほとんど夜がつぶれてしまうっていうこともあったんです。活動は子どもたちのためではあるけど、私たちは子どもがいて、家にいたい時間を割いて会合に行くのは、子どもたちのためにならないって思うんです。

また高卒のＩＤ12は、丸付けは不履行であり、塾にも行かせていない。彼女の場合は、学力や時間的な制約はないというが、過去に子どもが学校に行きしぶったことがあると言い、子どもとの関係がこじれることを嫌って宿題を強いることはできずにいる。彼女は、自らを「ダメ」と繰り返しながら、子どもの性質や親子関係は多様であり一律に宿題監督を求められても難しいと述べていた。

ＩＤ12：みんな何て答えているんだろう……。私ダメな親だから。……毎日だからね。お兄ちゃんがいたときは二人分ですから。〔中略〕私なんかダメだな……ってホント思いますよね。私は〔解答を〕見せちゃってる。
筆者：それって、協議会から言われることとは違いますよね。
ＩＤ12：答え見せてるなんてとても言えない。でも見せなかったら本人やらないんですよね。

このようにして、大部分は求め通り行為を遂行していることや、リソースを持つ家庭の離脱と、一部の制約条件を負った家庭での不履行が見て取れる。プレッシャーを感じながらも不履行にとどまる層と、不履行ながら塾によって学力達成を志向する層が家庭背景に対応して表れている。啓発においては「学校地域とともに子供《ママ》たちの健全な育成を進めてまいりましょう」（図表5－1　確認書前文）として、学校を中心としたコミュニティの論理が強調されていたのに対し、その実施は「やる気」の有無という表現にみるように「個人的」に遂行されるものとなっていることが分かるだろう。その結果一部の層に不利の集まる社会的不均衡が見て取れた。

（2）　量的検討

このような学歴・就労状況に応じた差異は、量的にも観察されている。第一章で述べたように、筆者は宿題等に対する見解を尋ねるため、事例束におけるケース・スタディの一環として「保護者質問紙調査」を実施した[70]。この中で、宿題実施に関して、学歴や就労状況に応じた差異が見出されていた。

「保護者質問紙調査」では、宿題の実施によって保護者が感じている影響を尋ねた。質問事項は次の一二項目である。すなわち、「子どもの学習内容が分かるようになった」、「子どもと勉強の話をすることが増えた」、「先生と具体的な学習状況について話せるようになった」、「丸付けで気が重い」、「丸付けをする時間的余裕がないことがある」、「丸付けのために子どもをせかしてしまうことがある」、「宿題内容が難しくて丸付けが大変だ」、「学校以外での学習時間が増えた」、「毎日学習する習慣が身についた」、「学校での授業理解度が良くなった」、「基礎的な学力が身についた」、「応用的な学力が身についた」という、積極的側面・消極的側面両面を捉えようとした。これらについて、「全くあてはまらない」、「あまりあてはまらない」、「ややあてはまる」、「とてもあてはまる」の四件から択一回答を求めた[71]。それぞれに1・2・3・4点を与え、平均化した。その結果が図表6－3に示されている。

図表 6-3　宿題丸付けに対する母親の認識

	母親における　あてはまる(4)－やや(3)－あまり(2)－全くあてはまらない(1) の平均得点(N)
子どもの学習内容が分かるようになった	3.59 (194)
子どもと勉強の話をすることが増えた	3.12 (192)
先生と具体的な学習状況について話せるようになった	2.41 (195)
丸付けで気が重い	2.54 (194)
丸付けをする時間的余裕が無いことがある	2.67 (195)
丸付けのために子どもをせかしてしまうことがある	2.24 (196)
宿題内容が難しくて丸付けが大変だ	2.00 (196)
学校以外での学習時間が増えた	2.51 (197)
毎日学習する習慣が身についた	2.99 (196)
学校での授業理解度が良くなった	2.71 (194)
基礎的な学力が身についた	3.01 (196)
応用的な学力が身についた	2.30 (196)

（無回答を除く）

好意的項目に絞って見てみると、回答が多かった順に「子どもの学習内容が分かるようになった」、「子どもと勉強の話をすることが増えた」、「基礎的な学力が身についた」の順に高く、概ね3点台になっている。他方、「先生と具体的な学習状況について話せるようになった」、「学校以外での学習時間が増えた」は論理的中間値である2.5を下回っている。概して、宿題丸付けについては肯定的な受け止めがなされている。

他方、消極的側面についての認識は、好意的側面のそれよりは低いことがわかる。しかし、「丸付けをする時間的余裕がないことがある」と「丸付けで気が重い」については、論理的中間値2.5を超えている。

では、上記一二の変数の親学歴別、親就労時間別の傾向はいかなるものであろうか。

この検討を行う前提として、変数をまとめるため、因子分析を行った。因子抽出法は主因子法、意識を含む質問項目なので因子間相関があると想定して斜

図表 6-4 宿題丸付けに対する母親の認識の因子分析結果

因子負荷量	学習効果	負担感
学校での授業理解度が良くなった	**.807**	.017
毎日学習する習慣が身についた	**.733**	.028
基礎的な学力が身についた	**.677**	-.052
応用的な学力が身についた	**.618**	.171
学校以外での学習時間が増えた	**.617**	.127
子どもの学習内容が分かるようになった	**.579**	-.085
子どもと勉強の話をすることが増えた	**.572**	-.206
丸付けで気が重い	.056	**.814**
丸付けをする時間的余裕が無いことがある	.004	**.782**
丸付けのために子どもをせかしてしまうことがある	.010	**.594**
宿題内容が難しくて丸付けが大変だ	.139	**.570**
先生と具体的な学習状況について話せるようになった	.384	-.005
因子間相関		-.355

※ゴシックは.4以上（因子負荷量順に項目を並べなおしてある）

行回転（プロマックス）を行った。

その結果を図表6－4にまとめた。第一因子は「学校での授業理解度が良くなった」「毎日学習する習慣が身についた」等の子どもにおける効果を中心に、好意的側面が大きく寄与している。これを「学習効果」因子とした。第二因子は「丸付けで気が重い」「丸付けをする時間的余裕が無いことがある」等の消極的側面が大きく寄与している。これを「負担感」因子とした。その両因子得点を保存した。

以上の作業を踏まえ、学歴と母親の労働時間ごとに、宿題丸付け実施に対する見解を比較していく。

まず学歴について、図表6－5には、母親の学歴に応じて、宿題に対する対応状況がいかに異なるかを分析した結果が示されている。

上から二つ目は、宿題（「両面プリント」）の実施時間と、丸付け時間である。ここには、あまり一貫した傾向は認められない。

図表 6-5　母親学歴による差異

	母親学歴（最後に通った学校）			
	中学校・高等学校	専修学校・各種学校	高等専門学校・短期大学	四年制大学・大学院
お子さんの平均的な両面プリントの実施時間（日／分）n.s.	22.71（43）	21.43（21）	22.12（58）	20.76（42）
お子さんの平均的な両面プリントの丸付け時間（日／分）n.s.	5.95（42）	6.33（21）	6.18（42）	5.17（42）
保護者による丸付けはこれからも続けるべきであるの平均得点 p<.026	2.90（41）	2.90（20）	3.37（57）	3.34（41）
学習効果因子得点n.s.	-.10（42）	-.17（21）	-.12（54）	-.09（39）
負担感因子得点n.s.	.05（42）	.39（21）	.03（54）	-.20（39）

（無回答を除く）

三つ目にあるのは、「保護者による丸付けはこれからも続けるべきである」に対する回答として、「とてもあてはまる」に4点、「ややあてはまる」に3点、「あまりあてはまらない」に2点、「全くあてはまらない」に1点を与えた時の平均値を示してある。これについては、高等専門学校・短期大学以上において、同意傾向が高まっていることがわかる。

四つ目・五つ目は、宿題丸付けに関連する学習効果因子と負担感因子それぞれの因子得点である。ここからは、学歴に応じた一貫性のある傾向性は見て取ることができない。しかし、「四年制大学・大学院」という最も上位の区分だけ見てみると、負担感の相対的低さ、学習効果の相対的高さが看取される。

図表 6-6 母親労働時間による差異

	母親労働時間		
	短時間※（0～3時間）	中時間（4～6時間）	長時間（7時間～）
お子さんの平均的な両面プリントの実施時間（日・分）n.s.	21.69（55）	21.49（57）	23.08（51）
平均的な丸付け時間（日・分）n.s.	5.49（55）	5.92（53）	5.55（51）
保護者による丸付けはこれからも続けるべきであるの平均得点 p<.013	3.42（53）	3.29（56）	2.90（50）
学習効果因子得点n.s.	.01（53）	.14（52）	-.17（51）
負担感因子得点p<.000	-.30（53）	-.02（52）	.46（51）

（無回答を除く）
(※：専業主婦を算入)

他方、就労状況に応じた差異は、図表6－6にまとめた。母親の労働時間を長・中・短時間に人数がなるべく等しくなるように分割し、長時間（七時間～）・中時間（四～六時間）・短時間（専業主婦を含む〇～三時間）とした。その結果、長時間が五三人、中時間が五七人、短時間が五六人となった。

以上を踏まえ、労働時間ごとに図表6－5と同じ項目について比較した結果が図表6－6である。この中でも、保護者による丸付けを今後続けるべきかに関する見解と、負担感の認識については、労働時間が長くなるほどその認識の度合が高まる形となっており、一貫した傾向性が見て取れた。

以上を踏まえ、就労状況と本人学歴を統合してそれぞれの説明力を検討するため、以下のような変数設定のもと、母親にケースを絞り、重回帰分析を行った。被説明変数は、宿題丸付けに対する母親の態度と行動である。

具体的には以下を設定する。

・「宿題丸付けを行っている」の得点（「とてもあてはまる」4点、「ややあてはまる」3点、「あまりあてはまらない」2点、「全くあてはまらない」1点）
・「宿題丸付けをこれからも続けるべきである」の得点（同前）
・学習効果因子得点
・負担感因子得点

次に、説明変数を家庭背景とする。具体的には以下を設定する。

・母親の労働時間
・母親の学歴

なお、子どもの学年・子どもの性（ref: 女子）を統制変数として設定する。
各変数の記述統計量は下記の図表6－7に示した。

四つの被説明変数ごとに二つのモデルで分析した結果を示したのが図表6－8である。

（1）「丸付けを行っている」について見てみると、まず学年が明確なマイナスの影響力を持っている事がわかる。本章第3節（1）で示した通り、学年の進行に伴い、丸付けから離れることがわかる。専門・専修学校ダミ

図表 6-7　重回帰分析に用いた変数の記述統計量

		記述統計量				
		N	最小値	最大値	平均値	標準偏差
被説明変数	丸付けを行っている※	185	1	4	3.49	.885
	丸付けをこれからも続けるべきである※	178	1	4	3.20	.921
	学習効果因子得点	175	−2.85	1.83	0.00	.931
	負担感因子得点	175	−1.81	1.72	0.00	.914
説明変数	高専・短大ダミー（ref: 大卒以上）	166	0	1	.35	.478
	専門・専修学校ダミー（ref: 大卒以上）	166	0	1	.13	.340
	高卒ダミー（ref: 大卒以上）	166	0	1	.27	.443
	労働時間中時間ダミー（ref: 短時間）	165	0	1	.35	.477
	労働時間長時間ダミー（ref: 短時間）	165	0	1	.32	.468
	高卒×労働時間長時間（交互作用項）	169	0	1	.07	.258
統制変数	女子ダミー（ref：男子）	184	0	1	.49	.501
	学年	184	1	6	4.06	1.494

※回答は、「とてもあてはまる」４点、「ややあてはまる」３点、「あまりあてはまらない」２点、「全くあてはまらない」１点でなされている。

ーはいずれのモデルでも負に有意であった。他方、労働時間については有意な変数はなかった。そして、高卒×労働時間長時間ダミーは負に有意であり、この層において宿題の実施率が低い傾向が明らかとなった。

（２）「丸付けをこれからも続けるべきである」という意見に関しては、モデル１においては高卒ダミーと労働時間長時間ダミーで負に有意であったが、モデル２においてはそれらの交互作用項である高卒×労働時間長時間ダミーが唯一有意な変数であり、偏回帰係数が－.217と、このモデルの中で最も大きい絶対値となった。図表６－７によれば、「丸付けをこれからも続けるべきである」の平均値は3.20であり、宿題丸付けの継続に関して全体的には賛成傾向であったが、この重回帰分析からは、高卒であり労働時間が長時間の保護者において反対という意見傾向が突出して強いことが見て取れる。不利が集中する層の埋もれていた反対意見が見出されたものと言えよう。
（3）「学習効果因子得点」では、（1）と同様に学年の影響力が強く、モデル1・2いずれにおいても有意であった。また、モデル2において交互作用項が負に有意であった。
（4）「負担感因子得点」では、やはり学年がいずれのモデルでも有意であり、その値が正であることから、学年が上がるにつれ負担感を感じる度合が高まることが分かる。他方、モデル2に注目して見てみると労働時間長時間ダミーの偏回帰係数が最も大きくなっており、時間的な負担感が感じられていることが推察される。また交互作用項も正に有意傾向であり、固有の説明力を持っていたことが分かる。
このように、高卒以下ダミーが「丸付けを行っている」・「丸付けをこれからも続けるべきである」において有意に負の説明力を持っていること、労働時間ダミーが負担感因子得点に対して有意にポジティヴな説明力を持っていることから、労働時間と本人学歴が変数として説明力を有していることが確認される。そして、全般的傾向として、いずれの分析でもモデル1よりモデル2の方が調整済みR^2の値が大きく、しかもモデル2における交互作用項がいずれにおいても有意または有意傾向になっていることを確認したい。労働時間が長く、かつ学歴が高卒以下の層に不利が集中する傾向が見出されることがわかる。丸付けの実施度、今後の継続に関する意見が低く出ているだけでなく、学習効果の突出した低さ、負担感の突出した高さという形で、不利が集中していることが見て取れるのである。以上から、宿題実施にまつわる格差が実証されたと言えよう。

第4節　異議申立ての不在——母親の劣位性／人質意識・保護者相互の問責

さて、学校運営協議会をはじめ学校参加の制度は、学校に対して意見を伝え、学校を応答的たらしめる回路で

図表 6-8　宿題に対する保護者の対応に関する重回帰分析結果

	(1) 丸付けを行っている		(2) 丸付けをこれからも続けるべきである		(3) 学習効果因子得点		(4) 負担感因子得点	
	モデル1	モデル2	モデル1	モデル2	モデル1	モデル2	モデル1	モデル2
	β	β	β	β	β	β	β	β
学年	-.487***	-.485***	-.105	-.105	-.305***	-.306***	.218*	.219**
女子ダミー（ref：男子）	-.017	-.016	.047	.053	.031	.035	.008	.004
高専・短大ダミー（ref: 大卒以上）	-.144	-.134	-.021	-.007	.073	.088	.111	.099
専門・専修学校ダミー（ref: 大卒以上）	-.225**	-.231**	-.154	-.142	-.006	-.012	.132	.137
高卒ダミー（ref: 大卒以上）	-.222*	-.138	.254*	-.145	-.075	.040	.140	.043
労働時間中時間ダミー（ref: 短時間）	.000	.001	.024	-.024	.137	.135	.062	.064
労働時間長時間ダミー（ref: 短時間）	-.129	-.055	-.230*	-.134	-.012	.089	.308**	.224*
高卒×労働時間長時間（交互作用項）		-.162†		-.217*		-.223†		.188†
N	158	158	152	152	150	150	150	150
標準誤差	.778	.772	.899	.888	.960	.888	.866	.856
調整済み R^2	.295	.307	.081	.105	.078	.103	.123	.139
F値	10.407	9.682	2.895	3.206	2.804	3.132	3.994	4.011
有意確率	.000	.000	.007	.002	.009	.003	.001	.000

†：$p < 0.1$　*：$p < 0.05$　**：$p < 0.01$　***：$p < 0.001$

あるとも言われる（広田［2004］）。文部科学副大臣の立場にあった鈴木も、学校参加と学校選択制を比べ、後者は入学前の一度しか意向を反映できないが、「コミュニティ・スクールは、毎日でも学校に行って校長にここをああしたほうがよいと言えます。三六五日×三年間、一〇〇〇回……それがものすごいソーシャル・キャピタルになるし、ものすごくカスタマイズにプラスになる」(72)と述べ、機動的に保護者の意向が反映される仕組みであるとしている。だとすれば、先述した保護者の不満は校長や協議会に投げかけられ、実践の変更につながるのだろうか。

結論から言うと、学校運営協議会の取り組みに対して、調査段階で公然とした異議申し立ては起こっていない。校長によれば、確認書提出に関するクレームはゼロであったという。

葛藤が顕在化しない理由としてすぐに指摘できるのは、大部分の保護者の協議会に対する無関心である。多くの保護者は、協議会を遠い存在と捉え「よくわからない」（ＩＤ７・８・９・12・14・15・16）と語っていた。取り組みの内容も厳密には理解されておらず、宿題丸付けを学校が単独で要求していると誤認している保護者が大部分であった。そのため、仮に丸付け履行に困難があった場合、それへの対応・解決は個人的な形でなされていた。個人的な形での対応・解決とは、たとえば、担任との直接のやり取りである。次の発言から、学校の教員が生活上の実情から宿題丸付けを毎日はできない保護者に理解を示し、次のような発言をしたことがわかる。

ＩＤ６：その間〔学校運営協議会と保護者の間〕に挟まって先生が、あるとき聞いたら、〔ある保護者が〕忘れちゃいましたって言ったら、「お母さんたちも、働いてる人もいっぱいいるし、おうちのこともやんなきゃいけないし、子どものことも大変なんだから、できないときは、私たちは、別についてようが、ついてなくても、別にやれとは言いませんから、どうぞできないときは、いいんですよ」って〔言ったらしいのです〕。

しかしながら、データの吟味からは、無関心とそれによる個人的解決の存在とは別に、地域のローカルな関係性が、集合的異議申立てを阻害していることが見て取れる。

以下三つに分節化して、見ていく。

（1）　母親の劣位性

その一つは「母親の劣位性」である。ある保護者は、学校運営協議会の代表を務めている地域委員と一般の母親との関係を、「お舅」と「嫁」と（ＩＤ７）と表現し、また別の保護者は「お父さん」と「末っ子」（ＩＤ５・６）と述べた。ＩＤ18も「お父さんと子ども」と述べ、次のように地域住民と保護者の位置関係を論じている。

ＩＤ18：ちょっとね、〔地域住民の皆さんには〕見下ろされちゃってる〔中略〕一つの課題の……議題が出てその話し合いをすると、保護者はこういう風に思ってるんですけれど、って言うけれど、だけど「俺たちはこうだから」・「〔あなたたちも〕このように思ってたほうがいいよ」みたいな〔感じで言われてしまう〕……要するに、家族の中のお父さんと子ども。

これらの比喩は、学校運営協議会という組織や、そこのオピニオンリーダーとなっている有力男性地域住民を家父長的な組織の権力者と捉え、彼らが母親らを一方的な影響力下に置くという非対称的な権力関係を示している。学校運営協議会が決めた方針に対して母親らが公然と異議申し立てを行うことはできないし、その可能性を想起することもないとされていた。

なお、ＩＤ６らは、学校を、家父長制における強者と弱者の間に立つ「お姉さんかお兄さん」とも表現している。これは、先に述べたように、中には宿題の丸付けをできない保護者がいることを知っている学校教員は、宿題丸付け不履行に対して寛容な態度をとっていることに由来していよう。

ＩＤ６：その間にいるお姉さんか何かが学校かなぁっていう感じの……。〔中略〕お姉さんとかお兄さんという感じ。要するに子ども、要するに兄弟を守るみたいな…。でもお父さんにも逆らえないでしょ。ね。

なお、このように「お姉さんかお兄さん」とされる教員ではあるが、保護者は先述のように個人的な不満を述べるにとどまる。言い換えれば、教員に対しても公然と全体の方針の変化を求める意見は伝えられないのである。こうした権力関係と密接に関係するのは、ジェンダーの問題である。「学校のことをしなくちゃいけないのは女性なんですよね。昼間学校にいられるのは女なんですよ（ＩＤ６）」と言うように、学校支援や丸付けの主力を担うのは母親である。しかし、彼女らが男性の地域委員に、実体験に即した労苦を直接伝えることは困難である。以下の引用を参照したい。

ＩＤ６：教員と地域の人は男性で、女性と違って会議の時間にとらわれずコミュニケーションできるわけです。主婦は、会議が終われば子どもがいるのですぐ家に帰るでしょ？　私たち〔女性〕は急いで家帰って、風呂入れて、次の日子どもが遅刻しないように、宿題やらせて寝かすわけです。〔男性の〕ＰＴＡ会長も懇親会に行くけど、保護者という立場上、腹を割った話は中々できないでしょ？　私たち〔女性〕は行けないし言えない。

この発言は、保護者／地域住民という本書が強調してきた断線に、ジェンダーという要素が複雑に絡んでいることを改めて想起させるものとして重要である。彼女の説明によれば、地域住民委員や管理職らは男性であり、家事・育児の負担が軽いため、「会議の時間にとらわれずコミュニケーションできる」。他方女性らは、子どもの面倒をみるために、会議終了後はすぐ帰らなければならない。先述のように、学校管理職や地域委員は会議後懇親会に繰り出し、インフォーマルなコミュニケーションも含めて関係を強め、問題意識を共有してきたが、保護者は「腹を割った話は中々でき」ず、懇親会等で意見を伝達する機会からも排除されがちなのである。母親の劣位性は、異議申し立てが学校や学校運営協議会に向けられにくくなっているそもそもの文脈的前提であると解釈される。

しかし、こうした学校や地域住民との関係における劣位性というものだけでなく、保護者内部にもその要因があることも重要である。それは「人質意識」とさらには「保護者相互の問責」と言うべきものである。以下、それぞれを見ていこう。

（2）人質意識

まず「人質意識」については、子どもが学校に通っており、そこに不利益が生じることを恐れる意識である。次の発言は、特に低学年の子どもは周りと異なることを嫌うため子どものクラスでの人間関係を心配して必死に丸付けをするとの趣旨である。

―Ｄ２：たとえば子どもが「宿題やってこない子は、何々ちゃんだけだったよ」なんて言おうものなら我が子がクラスの中で浮いちゃったら大変って思って、是が非でも丸付けちゃいますね。中にはキレイに丸付けて、お花も付けて、かわいいハンコも付けて、「良くできました」とかって書くママもいるんですよ。そういうのを見てる子がいて「ママ、何々ちゃんはこんななんだよ」なんて言われたら、「私もちゃんとしなくちゃー」って変わるお母さんもいるんです。

「我が子がクラスの中で浮いちゃったら大変」という言葉が端的に示すのは、学級での人間関係が子どもの生活において極めて重要であり、学級での圏外化が子どもにとって致命的だと捉えられているということである。しかも、学級での子どもの位置と保護者の振る舞いが相関するがゆえ、学校運営協議会の要求を保護者は無視できなくなる。仮に保護者に生活上の都合で宿題丸付けが困難であった場合、当面の子どもの利益との間で板挟みになることを予想させる発言でもある。

また、自らが協議会の求める啓発から逸脱することによる失点への恐れもある。

―ID9：〔宿題を〕やらないと、〔子どもが〕校長室に呼ばれるとか、そういう話は子どもから聞きました。誰々はまた副校長先生のところ呼ばれて、何でやらないのって訊かれたとか。あと、前の校長先生は、家庭訪問をしたらしいんです。噂ですけど。宿題やらない子のおうちに行って、やらせてくださいと。

本書の関心にとって、校長の家庭訪問や、校長室での叱責が事実あったかどうかは重要でない。学校が日常的に児童の評価を行う機関であることを意識している保護者が、自らの振る舞いによってわが子の学校生活が左右されることを恐れていることを、この引用から確認しておきたい。ＩＤ２やＩＤ９の発言例からは、集合的な異議申し立て以前に、学校と地域の連携によって義務付けという形態をまとった特定の価値が、地域というミクロな場であるがゆえの相互比較と、学校であるがゆえ強められた人質意識という形で保護者に内在している様子が看取されるのである。

(3) 保護者相互の問責

次に「保護者相互の問責」については、もともと保護者が他の保護者に対して抱いていた不満が、コミュニティ・スクールという制度や確認書という実践によって正統化されて語られる場面に見出せた。次の発言は、学校選択制によって入学したにもかかわらず不満を言う親に対して、「こういうシステムになっているから」として批判するものである。

―ID5:この学校に入ったからには、こういうシステムになってるからやらなきゃいけないっていうのをもっと根づかせれば解消されるのかな。うちはこうだからできないっていうのを言えない状況を作っていかなきゃいけないのかな。

同様に、宿題の丸付けについて、小四の子を持つ大卒保護者のID3は、宿題を「決して難しいことではない」としながら、不履行は自らがその責めを負うべきというロジックを語っている。小四の算数にも困難を感じるID17と対照的であろう。

―ID3:この学校が学力を重視しているということは分かって入っているわけですし、それを親は求めてもいるわけです。その結果求められているというのだからやればいい。決して難しいことではないし、やらなくて、学校のせいだっていうのは違うと言いたいですね。

ＩＤ５やＩＤ３の発言例からは、確認書出現の背景にあった問責の論理を、保護者自身が他の保護者に語りうるようになっていることが見て取れる。もちろん、保護者間の批判は学校運営協議会下でなくとも存在していたであろう。しかし、制度や学校の取り組みによって自説を正統化させている保護者がいるということを確認したい。「母親の劣位性」だけでなく、互いの意思や行動を感得しうるローカルな関係性の中での「人質意識」や「保護者相互の問責」という保護者内部の要因が加わり、不満は顕在化していない。そして最終的には、先に引用したＩＤ12が自分を「ダメな親」と述べていたように、他者ではなく自らに責任を差し向ける心理にもつながっていくと考えられる。

第５節　おわりに

前章では、もっぱら学校と地域委員の間で成立した密接な関係を背景に「保護者問題」の浮上が見られたこと、問題への対応として保護者に対して特定の行為を求める施策が展開されるようになったこと、その際には、地域住民委員が、「保護者の保護者」的立場、および、公と私の中間的立場という「二重の立場性」を意図的に活用してきたことを確認した。さらに、そうしたことを条件として、学校選択や学校参加の結果、さらには学力向上のための保護者責任を問う問責が保護者啓発の論理として用意されていったことも前章で見た通りである。

本章では、コミュニティ・スクールによる「対外経営」が保護者の家庭教育にもたらす影響を、社会的帰結として検討してきた。

その結果、階層上位の保護者が、啓発内容を資源として何らかの対応を行っていた一方、階層低位の保護者に不利が集中していたということが、保護者へのインタビューからも、質問紙調査の結果からも、一貫して確認された。特定の保護者像を押し付けることで、その像を受け入れうるか否かにおいて保護者・子どもの格差が生じかねないとするラローらの指摘したパートナーシップ実践への批判と相同的な状況が見出された。

ただし、このような保護者の不満や不均衡があっても、それが学校運営協議会に対する明確な対立としては生起せず、それを公的な場で集合的な声として提示し解決を求める動きは、政策担当者の説と異なり、学校運営協議会内部の母親の劣位性と、人質意識や保護者相互の問責という保護者側の要因によって、先鋭化を阻まれていた。すなわち、保護者が他保護者に責を問い、さらには自らにそれを差し向けるような側面もあったのである。

さて、こうした保護者全体に問責が行き渡り、義務性の強い保護者啓発が実現するというプロセス全体の中で、保護者委員の劣位性がどのような意味を持っていただろうか。事例東では、既存の地域社会関係の結果としてそもそも保護者委員の劣位性があった。しかし、学校改革の成果のための責任論を通して、責を負わされた保護者委員はますます劣位になった。そしてその劣位性ゆえ保護者全体に啓発を行うということが不可避となった。さらに、保護者委員の劣位性は、異議申立てを押さえこむ機能を有していた。学校が切実に成果を求められるという潮流の中で、学校の関係者が成果への責を問い合ったとき、保護者委員の劣位性は問責のベクトルを保護者全体に照準させ、そのベクトルの反転を不可能にする「弁」のような効果を持っていたといえよう。

終章　結論

終章では、全体の知見をまとめ、そこから得られるインプリケーションと今後の課題を述べる。

本書は、学校運営協議会における社会属性による活動特性の差異、とりわけ保護者委員の劣位性を解明するという第一の課題と、学校運営協議会による学校支援の社会的帰結の一端を、保護者委員の劣位性と関連付けて理解するという第二の課題を、検討してきた。

以下、それぞれについて、知見を振り返る。

第1節　知見のまとめ

第一に取り組んだのは、学校運営協議会における保護者委員の位置を知ることであった。

第二章では、全国質問紙調査結果を分析した。まず見えてきたのは、学校運営協議会には学校を取り巻くさまざまな関係者が集まっているが、そこには属性的な偏りがあったということである。すなわち、所得・学歴という観点で委員の社会階層を把握したところ、いずれも全国的な平均水準より高いこと、ジェンダーの点で男性が過剰代表になっていること、大部分が地域住民という選出区分に属していること、などが明らかになった。これは、選出区分の割合規定が設けられていないことに対する批判（窪田［2004］）や、代表性について投げかけられていた懸念の妥当性を実証するものであった。

学校運営協議会の議事は、その内容からいって、学校支援や地域での活動に焦点が当てられており、教員任用に対する「意見」の提出や、学校運営方針の「承認」等、法律で認められている権限の行使を充分に行っているとは言いがたい。この点、佐藤［編著］［2010］の知見と相同的な結果であり、現状の学校運営協議会の機能状況を端的に「学校支援型」と呼んだ岩永［2011］の見解に呼応する。

しかし、法に定められた権限を行使しておらず、「学校支援型」に特化した運営を行っているとはいえ、組織として何らかの決定がなされている可能性はある。また、現在は権限を行使していないとはいえ、今後行使可能性があることを考えれば、学校運営協議会の議事自体を軽視することはできない。特に、英米の先行研究では、学校ガバナンス機関内部での活動特性に、社会属性による差異があることが指摘されてきた。こうした観点から学校運営協議会内部の社会属性による活動特性や意識の差異を検討した。

その結果、いくつかの点で属性による差があることを明らかにした。特に説明力の高かった変数はジェンダーと選出区分である。これは、英国の学校理事会で明らかにされていた知見と重なるものである（Deem *et al.*［1995］）。同時に重要なのは、学歴や世帯年収に一貫した説明力が確認できず、むしろジェンダーと選出区分という変数の影響力が大きいということであった。

第三章以降では、この女性・保護者の劣位性がいかに生み出され、学校改革の中でどのような社会的帰結を生み出しているかについて分析を進めた（第三章以降の知見については、概念間関係を図表 終−1に示してあるので、以降の記述については適宜それを参照されたい）。

第三章では、女性・保護者委員の劣位性がいかにして生じているのか、その背景説明を試みるため、四ケースのケース・スタディを行った。その結果、次の事柄が明らかになった。

第二章で示したように、多くの学校運営協議会では法に想定された権限に関してはあまり議事に取り上げられておらず、むしろ学校支援を重視しており、新規性や拡張性に重きを置くコミュニティ・スクールの規範が影響力を持っていた。

こうした新規事業には、既存組織で活動していたという理由で女性充て職委員の協力が求められる他、「子どもがお世話になっている」女性保護者の協力が当然視されていた。しかし、ＰＴＡをはじめとした学校を取り巻く既存組織は、従前より、女性による日常的労力提供を当然とするジェンダー化された状況にあり、学校運営協議会の導入によってもそれは変わっていなかった。そのため、既存学校関連組織から充て職で学校運営協議会に出ている女性委員は、既存組織の事業と新規事業の二重負担を課せられ、それとともに、既存組織の役員のなり手を減らさないようにするなど組織を背負うがゆえの制約を負っていた。また、女性が主に担ってきた既存組織の活動に対する価値づけが薄らいでいること、女性保護者による新規事業への参加が少なかったり不首尾があったりすると批判されることも女性の積極性をくじくものであった。このように、ＰＴＡ等の既存組織にジェンダー規範が埋め込まれているという従来的在り方を問い直さないまま、事業の新規性や拡張性を重んじる「システム内在的差別」が見出された。

第Ⅱ部では、学校運営協議会による学校支援の社会的帰結の一端を、保護者委員の劣位性と関連付けて理解しようとしてきた。

図表 終-1　概念間関係図

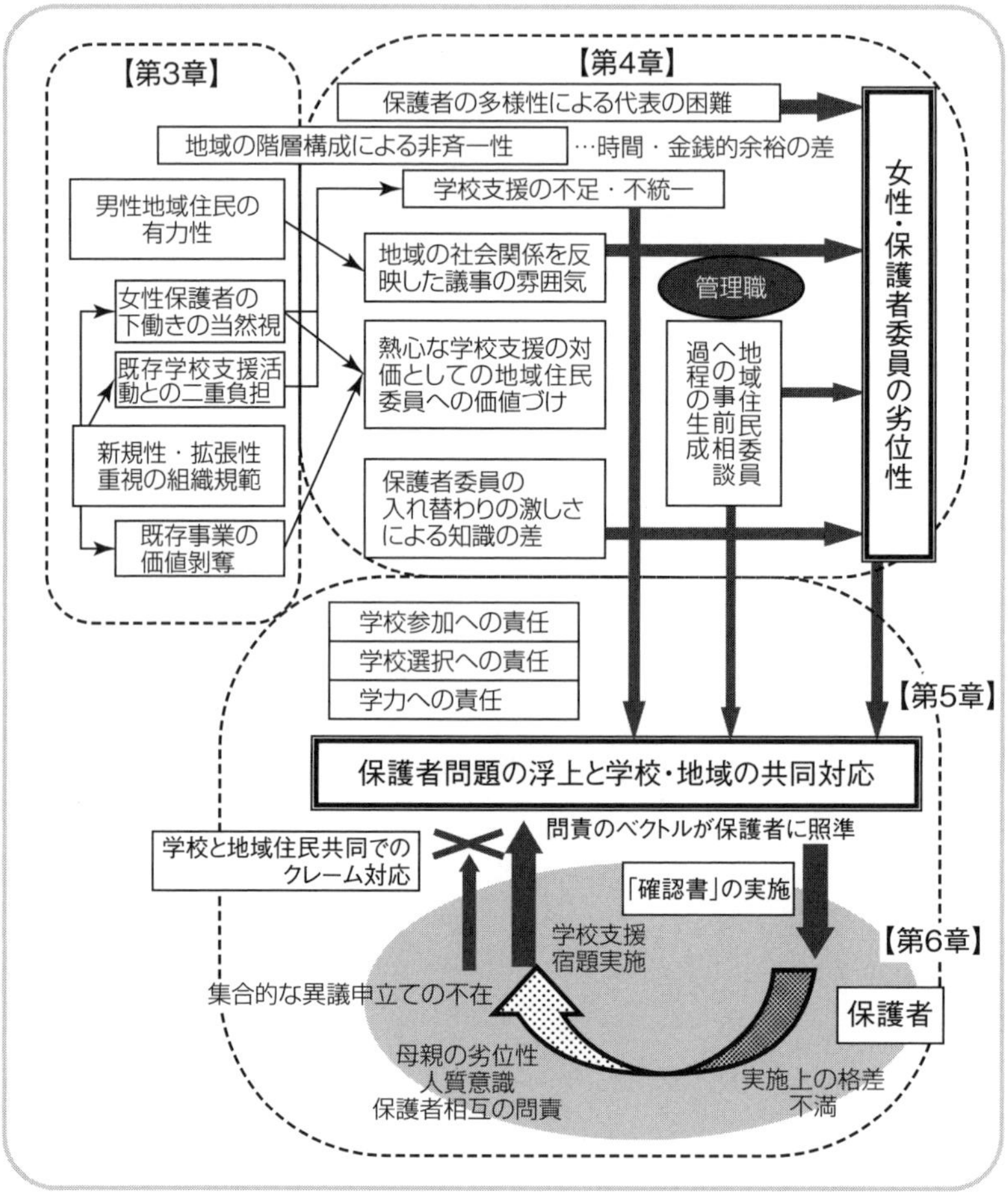
【第3章】
【第4章】
保護者の多様性による代表の困難
地域の階層構成による非斉一性
…時間・金銭的余裕の差
学校支援の不足・不統一
男性地域住民の有力性
地域の社会関係を反映した議事の雰囲気
管理職
女性保護者の下働きの当然視
既存学校支援活動との二重負担
熱心な学校支援の対価としての地域住民委員への価値づけ
地域住民委員への事前相談過程の生成
新規性・拡張性重視の組織規範
保護者委員の入れ替わりの激しさによる知識の差
既存事業の価値剥奪
女性・保護者委員の劣位性
学校参加への責任
学校選択への責任
学力への責任
【第5章】
保護者問題の浮上と学校・地域の共同対応
学校と地域住民共同でのクレーム対応
問責のベクトルが保護者に照準
「確認書」の実施
学校支援
宿題実施
【第6章】
集合的な異議申立ての不在
保護者
母親の劣位性
人質意識
保護者相互の問責
実施上の格差
不満

第四章では、事例東のケース・スタディを行い、学校運営協議会の議事における積極性の差を実際の議事録をもとに確認した上で、保護者の劣位性がいかに生じているか、固有の要因を探った。事例東は、学校運営協議会が学校運営の方針について実質的な議論を行っている例であり、その議事の特質を描くことは重要な課題である。その結果、第三章で見られたような学校支援活動と既存組織の二重負担問題だけでなく、次のような要因が見られた。すなわち、地域の名士である有力地域住民を尊重するという地域の社会関係が議事に反映していること、保護者全体（parent body）の多様性が大きいためそれを「代表」する自信が持てないということがあった。これらは一貫して存在していた要因である。

加えて、熱心に学校支援を行うことで地域住民委員が価値づけられ、発言力を増すというプロセスもあった。夏祭りの盛況さなどは、報告書にも載せられる重要な成果とされ、それを成功させた立役者として地域住民の評価は高まっていった。

それに対して保護者の場合は、その学校支援が当然視されているため、学校支援を行うことで発言力が認められるということが起こりにくいという問題もあった。また、地域住民の提案に対して異見があっても、対案を提示し、自ら保護者を動員しながらそれを実行していくことは難しい。こうして地域住民委員が学校運営協議会の実質的主導者の位置を確立していくにつれ、管理職は事前相談を行うようになり、その過程への関与の薄い保護者委員はますます疎外されていった。

以上のように時系列に沿って格差の存続とその拡大をもたらす諸要因が見出されたが、それは、地域においてもともとあった地域住民を優位とし、女性・保護者を劣位とする規範が直接的に学校運営協議会に流入している面とともに、成果を重視する組織規範があり、成果に貢献する男性地域住民への価値づけやＰＴＡ等の二重負担で積極的になりきれない女性・保護者の周縁化を通して、影響を与えているというものであった。

第五・六章では、事例東において行われている「対外経営」に着目した。より詳細には、宿題丸付けの義務付けに代表される保護者への要求を、「確認書」という踏み込んだ形式で実施していることに注目し、保護者啓発をめぐる対立や格差の諸側面を検討した。さらに、そうした社会的帰結を見通す上で、学校運営協議会における「保護者委員の劣位性」が、どのような意味を持っているのかも検討した。

まず、第五章では、事例東が踏み込んだ「対外経営」活動を行うに至る論理や展開を確認した。事例東では、学力向上課題と、地域を挙げて行われる事業の成功という二つの課題が学校運営協議会によって示され、学校改革が進められていった。当初は、教員サイドにおける改革の不徹底さが問題とされていた。そのため、学校運営協議会におけるやりとりも教員と地域住民委員の間で進められるため、保護者委員の発言が少ない状態となっていた。

しかし、管理職を中心とした学校サイドの改革が進むとともに、地域住民と教員の関係が密になった。このことは同時に、保護者の「不努力」を問題として浮上させることになった。保護者に改革の焦点が移ってからは、保護者委員は学校と地域住民の間で強められた「保護者問題」言説への対応に追われ、議事において守勢に回り、時には学校側や地域住民側の批判・問責の矢面に立つ。こうして保護者委員の劣位性が生まれていたのである。

その結果、保護者からのクレーム対応に地域住民委員が協力する体制が出来上がり、全保護者を対象にした「確認書」実践までもが実施されるに至る。その背景には、地域委員という問責される立場に立たされない委員の影響力が強い地域性や、それを巧みに利用した校長ら学校側の駆け引き（maneuvering）といった、個々の特性や能力に起因するところも大きい。たとえば、管理職を中心に、保護者の問題性を論ずる言説が供給され、他の保護者全体を統括できない保護者委員が非難にさらされる場面が思い出されよう。ここには管理職や地域住民の個人的特性が見て取れる。

しかし、問責の照準が保護者に向いたことについて、校長等の個人特性に還元できないある種の必然性を見て取ることも不可能ではない。

その一つは、事例東に見られた徹底した成果志向である。当初は改革のベクトルが教職員側に向かい、その後ベクトルは保護者に向いた。成果が強く問われることで、学校を取り巻く諸アクターが成果に向けた責任主体となり、問責サイクルが回りだしていたといえよう。そして、学力向上に対する保護者の責任、学校選択の結果への責任、学校参加の結果への責任という言説に促され、問責のベクトルが保護者に照準していった。

さらに、こうした言説をリードした地域住民の発言力の強さと、保護者の劣位性という関係構造、そして第三章の知見と重なるが、保護者による学校支援を当然視する規範も、問責を保護者に照準させる重要な条件であったことは言うまでもない。

第六章では、「確認書」実施の態様、特に格差や葛藤の諸相を、インタビューとアンケートによって捉えようとした。

その結果明らかになったことは、階層上位の保護者が啓発内容を資源として何らかの対応を行っていた一方で、階層低位の保護者に不利が集中していたことだった。ただし、このような不満や不均衡があっても、学校運営協議会に対する明確な対立としては生起せず、それを公的な場で集合的な声として提示し解決を求める動きは先鋭化を阻まれていた。その背景には、学校運営協議会内部における母親の劣位性や、一般保護者の人質意識があった。さらに、学校運営協議会が提示する保護者像にもとづいて保護者相互・自身の問責が生じるに至っている。

事例東では、既存の地域社会関係の結果として、そもそも保護者委員の劣位性があった。しかし、学校改革の成果のための責任論を通して、責を負わされた保護者委員はますます劣位になったばかりでなく、その劣位性ゆえ保護者全体に啓発を行うということが不可避となった。さらに、保護者委員の劣位性は、異議申し立てを押さえこむ機能を有していた。学校が切実に成果を求められるという潮流の中で、学校の関係者が成果への責を問い合ったとき、保護者委員の劣位性は問責のベクトルを保護者全体に照準させ、そのベクトルの反転を不可能にしている。いわば、「問責を保護者に向ける弁」と言うべき機能を持ちうるといえよう。

第2節　インプリケーション

本節では、インプリケーション――すなわち直接論証したわけではないが、以上の知見を踏まえてどのようなことが考えられるか、以上の知見が政策や理論の中でどのような意味を持つのか――について論じる。

インプリケーションの第一に、学校参加に対して期待されることの専門的指導性と民衆統制との拮抗関係とその調整問題（大桃［2000］［2005］）について、本論文の知見がどう位置づくか検討する。

大桃［2000：294］は、地方への権限移動や行政改革の中で、官僚制と専門性に根ざした学校の意思決定が変容し、「教師の専門的判断と親や住民の要求とが直接的な緊張関係に置かれることになる。地域社会への説明責任や、親・住民の教育要求に対する応答責任、さらに親や住民の参加の拡大の中で、教師は専門的知識技術に裏付けられた普遍的真理の代理人から、親や地域住民の個別の要求にも応えうる専門家への転換が求められる」と述べる。

たしかに、学校運営協議会の設置によって、地域住民や保護者と学校が接触する場面は増えているだろうし、説明責任の向上も見て取れる。

しかし、第二章で見たように、大部分の議事は、校長が優勢な中で進行しており、学識経験者の存在感も含めた専門家の優位に特徴づけられていた。

重要なのは、こうした専門家の優位が、専門家 対 レイマンの対立関係において、前者が一方的に後者への専制を奮っているのでは必ずしも無いということである。地域住民や保護者による学校改革の方向性は、第三章における拡張性・新規性、第四章〜第六章における保護者啓発といった例のように、現代の学校（官僚制－専門家）の向かう方向性に全体としては沿うものである。また、第四章〜第六章で取り上げた事例束では、学校と連携して保護者を啓発するという関係性の構造が見られ、その意味では、専門家の補完勢力として（一部の）レイマンが振る舞うこともありえるともいえる。「民衆統制との調和」というよりレイマンの自発的従属が実現しうるのである。

インプリケーションの第二に、近年の教育政策動向の中で、学校運営協議会がどう位置づくかという問題がある。

（1）まず、成果主義的潮流との関係性について。近年、学校運営における成果主義の影響力が増していることが指摘される。近年の学校運営システムに関しては、学力向上などの目的については国や自治体が定義するという構図が与えられ、学校がその成果を問われる仕組みが構築されつつあると言われる（勝野［2007］）。この構造においては、目的の入力と、成果の評価を通じて、政府の教育への統制が強まっているとも指摘され、「内閣→文科省→自治体→学校というトップダウン方式の教育行政の仕組み」が整えられているという（世取山［2007：34］）。

学校の「目的」達成のための手段として位置づけられるのが、外部との連携である。教育基本法は「学校、家庭及び地域住民その他の関係者は、教育におけるそれぞれの役割と責任を自覚するとともに、相互の連携及び協力に努めるものとする。」（第一三条）と宣言し、学習指導要領にも「学校がその目的を達成するため、地域や学校の実態等に応じ、家庭や地域の人々の協力を得るなど家庭や地域社会との連携を深めること」（中学校・総則）

との規定がなされた。しかも、保護者地域住民による支援強化は、手段であるばかりか、それ自体が「成果」である（事例北・西・南を所管するA自治体が、行政評価の成果指標として「学校支援ボランティアの参加者数」を取り上げていた事実を想起したい）。つまり、政府から派生する「トップダウン方式」の下部に位置づけられた学校の更に末端に、保護者・地域住民が位置づけられ、それ自体が手段であるとともに成果でもある支援強化に巻き込まれているともいえる。そう考えると、インプリケーションの第一で示した現象は、学校運営協議会が自動的に生み出す帰結であるというより、国や自治体による政策動向に影響され生起しているともいえるだろう。その意味で、現在のコミュニティ・スクールは、大桃の言う「親や地域住民の個別の要求にも応えうる専門家への転換」の可能性を見る以前の段階にあると言えるかもしれない。大桃の指摘した可能性を追求するためにはそうした政策のトレンドを見直すことが少なくとも必要条件になってくるだろう。

（2）次に、学校参加と学校選択との関係性に関わって、本研究から引き出せるインプリケーションを述べる。コミュニティ・スクールをはじめとした地域ベースの参加型教育改革と、学校選択制とは趣を異にするものと見られてきた。すなわち、学校選択制は、旧来からあった学校と保護者との信頼関係や地域性などの人間関係的要素を無視して、個人の選択を強調する。各人はアトム化され、人々の関係性を破壊する点で、地域ベースの教育とは矛盾するという考え方である。

しかし、第三章や第Ⅱ部で見たように、「地域の人間関係」はある意味において壊れていない。すなわち、女性・保護者を劣位に置き、彼／彼女らを学校支援者として位置づける旧来からの社会規範や、地域のローカルな相互監視自体は壊れていない。そればかりか、成果を上げ、選択に耐えうる学校にするための保護者の「動員」に、旧来からの「地域」が機能していると言えないだろうか。「おらが学校」意識に立ち、華々しい成果を求める地域住民は、もともと持つ地域での影響力を活用し、「保護者の保護者」として保護者問題を糾す存在として自らを規定していったのは、第五章で明らかにしたとおりである。

こうなったとき、保護者は、選択論が単純に想定するようなアトム化された存在とは言えなくなる。すなわち、保護者は、学校の成果のために然るべき行動をとるかどうかがより強く問われる倫理的な空間の中に埋め込まれる。さらに、塾オプションをとれるような市場強者は、こうした軛を簡単に飛び越えられる（第六章）。軛を脱し、市場を活用できる一部の保護者がいる一方、そうしたオプションへのアクセスを持たない多くの保護者は、選択結果の自己責任として学校支援を要求される。こうして、学校選択制とコミュニティ・スクールとは矛盾なく共存しうるのである。

しかし他方、学校運営協議会においては社会的要因への顧慮を剝ぎ取られ、個人の意志や責任が強く問われるという意味では、保護者の存在はアトム化されている。この論文で一貫して指摘してきた選出区分やジェンダーの規定力は、リアルな認識に基づいて顧慮され、改善の対象となってもおかしくないものである。また、第六章で見たような宿題実施に対する保護者の就労状況や学歴等の社会的制約は、単なる個人の意志だけで乗り越えられないものであろう。しかし、こうしたことへの抜本的解決への志向性は見られない。むしろ「やる気」（ID2）という言葉にあるように、社会的要因への顧慮を剝ぎ取られ、個人の意志や責任を保護者自身に問う状況が生み出されていた。社会的要素への顧慮を後退させながら国家が後退し、市場主義的な社会編成が勝っていくとき、同時に個人の倫理を直接的に統治する新たな主体としてコミュニティが立ち上がるという社会学者ニコラス・ローズ（N.Rose）の見立てを想起したい（Rose［1996］［1999］、勝野［2007b］）。学校を取り囲む人間関係を利用して、学校選択制や成果主義的な教育システム改革を強めうるところに、学校運営協議会の意図せざる機能を理解することができる。

第三に、コミュニティ・スクールの今後の在り方に関して、本研究から引き出しうるインプリケーションを述べる。

①まず、たとえ「学校支援型」コミュニティ・スクールであっても、学校レベルにおけるポリティクスの生起を避けがたいものとして認識する必要を指摘したい。すなわち、地域を含んだ学校組織の方向性をいかに規定し、その中である人がいかなる役割を担い、いかに振る舞うべきかを意味付けるポリティクスであり、それが、非対称な権力の付置に媒介されているというものであった。

たしかに、第二章で述べたように、学校運営協議会は法に規定された事項の権限行使をあまり行っていない。先に引用したとおり、岩永は、学校運営協議会の現状を「学校支援型」と捉えた上で、今後の展望として学校優位を脱し、保護者・地域住民と対等な意見交換と決定を行う「参加・共同決定型」への移行を展望している（岩永［2011：51-52］）。

しかし、本研究から見えてきたのは、「学校支援型」であっても（いかに権限行使が未達であったとしても）、学校運営協議会において、ポリティクスが生起するということである。つまり、保護者の学校支援の在り方や学校成果への責任をめぐるポリティクス―が発生していることもまた事実だからである。端的には事例東の例に見られるが、「学校支援」に徹底的に特化しつつ、学校と地域住民は対等に意見交換と決定を行い、保護者啓発の開始という「決定」を行っている。その意味で、法に想定された権限が空洞化されていることを以て、ただちに学校運営協議会が意思決定と無関係とは言えない。本書で明らかになったのは、学校支援に特化した学校運営協議会が、学校支援や成果に対する責任をめぐるポリティクスを展開していた実態であった。「拡張性」・「新規性」に傾斜した第三章の事例も、保護者を巻き込んで学校支援を行う第四章以降の事例も、現状の権限配分の中である意味極めて自律的な学校改革を成し遂げている。だとすれば、学校運営協議会が活発な活動を行おうとすればするほど、学校の在り方・目指す方向性や、学校を取り巻くアクターが学校にいかに関わるべきか、をめぐってのポリティクスが生起しうることが確認されてよい。それは、今後いっそう分権が進行すればなおさらだろう。

②にもかかわらず、学校運営協議会の法的規定が脆弱であることも改めて指摘される。すでに、教育行政学の諸論において、選出区分の規定が不十分であり、教員や子どもという重要な選出区分の未記載であることが指摘されてきたが、本論文の観点からは、保護者の位置づけへの配慮の必要性を主張してよいだろう。すでに岩永は、学校分権を受け止める保護者個々人のレディネスには差があるとし（岩永［2008］）、保護者の学校理解やレディネスを高めるため、たとえ「学校支援型」であっても活動を続け、「参加・共同決定型」に移行するという道筋を描いている（岩永［2011］）。しかし、個人のレディネスや能力が高まったとしても、本論文が述べてきた地域におけるさまざまな人間関係や越えがたい秩序があることもまた事実である。当事者性が薄いにもかかわらず地域住民が優勢であることは、社会に埋め込まれた家父長制的規範に根ざしており、一朝一夕に変容しない可能性が高いが、だからこそ当事者性の高い保護者委員の劣位性を克服するための制度的担保が必要となる。たとえば保護者委員の入れ替わりの頻度について任期の長期化を促すこと、地域住民委員の割合に上限を設けるなど、制度的に対応可能な事項は考慮されてよいと考えられる。

③最後に、学校分権と同時に、行政による学校や家庭への責任を問うていかねばならないことも確認したい。一般に、現場レベルの運営主体への分権が進むほど、その主体の自己責任論も高まるとされ、英国の自律化政策をめぐっても同様の観察がなされている（末松［2011］）。学校の自律化促進と自己責任論の台頭という文脈の中に本論文の知見を位置づけると、学校運営協議会の逆機能が見えてくる。

本書で観察した学校も、基本的には成果を上げている学校の部類に入るだろう。しかし、事例東で見たように、成果に向けた問責がある時は教員に向き、またある時は保護者に向くという問責のサイクルがあった。第六章では、問責のベクトルを保護者に照準させ、その反転を難しくする弁としての学校運営協議会の機能を仮説的に提示した。いわば、「責任論のコミュニティへの封じ込め」、あるいは「コミュニティ内に遮蔽された問責サイクルの駆動」という状況である。

問題なのは、学校・地域レベルで問責サイクルが回り出せば、学校や保護者を支援する行政の責任が没問題化していきかねないということである。教育システムの分権は今後も進んでいくと思われるが、制度的担保なしに学校の成果に対する責任論を学校・地域内に遮蔽させる方向に、学校運営協議会が寄与する危惧がある。

第一の点で触れたこととも重なることだが、今後はむしろ、学校運営協議会の方向性の中に行政責任の論理や社会的要因への顧慮を取り戻す必要があるだろう。繰り返しになるが、学校支援型のコミュニティ・スクールは、学校の不足を補うという意味において、行政による条件整備の不足を問題視しないまま、それを学校レベル（地域レベル）でいかに補完するかという論理に接続するものである。しかし、学校を取り巻く保護者も、格差や貧困などの問題に直面している。このような中で、保護者からの学校支援調達を無限定に期待するのは不可能だし、望ましくもない。保護者の学校支援を当然視する見方が、コミュニティ・スクール化で再強化される事態に対しては、批判的・相対的であるべきだろう。本書が明らかにした保護者の学校支援を無前提に当然とする規範が学校レベルで強化されることの抑圧性や、そのことが生じさせる格差・葛藤を直視するとともに、その規範をむしろ緩和することが求められる。

これに伴い、コミュニティ・スクールの在り方のオルタナティヴ模索することも必要である。

その在り方として以上の考察から見えてくるのは、「保護者を支援する」形の地域連携である。たとえば医療や福祉等の専門職（スクールソーシャルワーカーや児童相談所相談員など）との連携も含めて保護者を支援するネットワーク形成の場として学校運営協議会を組み替えることがありえるだろう[(73)]。また、保護者の経済状況への配慮から、学校納入金の額やその使い道について再吟味する場を学校運営協議会で設けるなどし、それをきっかけに教育課程や授業の在り方、副教材の選定等についての議論を導き、教育における私費負担を問い直す等の道筋も考えられよう（制度研［2011］）。要するに、学校を取り巻く社会的要因への顧慮と、それに関わる行政責任を議論の中にもう一度取り戻すことが必要なのである。(74)

第3節　今後の課題

最後に、本書が到達し得なかった今後の課題について触れておきたい。

第一に、事例における長期的な変化を捉えきれていないことである。事例東においては、比較的長期の展開をフォローできたが、それでも七年程度である。学校運営をより長期的な時間軸で見た時、保護者の位置に変化はあるのか。あるとすればそれはいかなる機制によるものなのかを知る必要がある。

第二に、今回の研究対象、特にケース・スタディの対象事例が限られていたということである。事例校はいずれも東京都内に所在し、比較的周辺地域の安定性のある学校だった。しかし、現今の日本には、東日本大震災の被災や過疎などで地域自体の行方が不透明な学校や、貧困によって子どもの発達により切実な課題を抱えている地域もある。唯一、事例東における保護者の階層構成がやや低いという特徴はあったが、全国的にはよりいっそうの困難を抱える学校があるだろう。そうした学校では、いかに地域における各主体（たとえば福祉や発達支援関連の専門職）と連携して教育を進めるのか、いかに地域をあげて保護者を支援するのか、というような、前節で述べたようなオルタナティヴがある可能性もある。それを開拓し、支援することも重要な課題である。

第三に、第一・二の点と関わってくることだが、コミュニティ・スクールの課題点を軽減するために可能な行政的支援の在り方を考えることである。次々に打ち出される教育改革の中でも、学校－地域連携を推進するという方向性は、変わることがなく続いている。コミュニティ・スクールの数はますます増えていくだろう。こうした中、既存事例における課題をいかに認識し、その解決をどのように期しているのかなどを明らかにする必要がある。これは、学校運営協議会による「学校ガバナンス」の質をいかに調整していくかという、ガバナンスのガバナンス（メタ・ガバナンス）（大桃［2005］）を把握することでもある。

第四に、今後、コミュニティ・スクールが増え、「普及期」に入っていくと考えられる中、「普及期」固有の課題を明らかにする必要がある。「普及期」に入るということは二つのことを意味する。「普及期」問題の一つは、数が増え、複数のコミュニティ・スクールを所管する自治体が出てくることである。同一自治体内で複数のコミュニティ・スクールがあった場合、たとえば、自治体内での活動の浅深といった格差をいかに調整するのか。人手の取り合い、教員の取り合い等の問題をいかに解決するのか。こうした課題も、普及期ならではの研究課題である。

もう一つは、先進事例から後発事例への政策の参照や伝播の動態を把握することである。これまで比較的「先進的」な教育委員会・学校・地域でコミュニティ・スクールが指定されていたところ、今後はより「普通」の教育委員会・学校・地域における指定も進んでいくだろう。この中で、蓄積してきた「グッドプラクティス」や先進校の知識ベースが、さまざまなルートで拡散していくものと考えられる。端的には、文部科学省は毎年複数回、学校運営協議会の取り組みを広めるためのフォーラムを実施している。ここでは特色事例が報告される他、今後指定を考えている関係者等を交えた熟議が展開されている(75)。これらを通して事例間の相互参照や、後発校の有力事例への類似化が生じる可能性もあるだろう。このことは、学校間の知識交流ネットワークを通じた創発を促しているとも解釈できる一方、「学校支援型」コミュニティ・スクールのさらなる拡大、言い換えれば、「学校支援型」に対するオルタナティヴが阻害されている可能性も示唆している。分権改革の結果多様な実践が行われるようになったとしても、先進事例が確立された「型」となり、後発校がその「型」に収斂していくとすれば、一旦は増した全国的な多様性の分散は再び小さくなるだろう。(76) また、政策の参照や伝播を把握することは、分権改革の理解を深めることにもつながるだろう。

いずれにせよ、コミュニティ・スクールは、分権改革、地域連携による自律的学校運営、専門的指導性と民衆統制の調整問題、学校における民主主義、参加、社会属性による格差やポリティクス等、複数の問題の積集合領域を構成する重要な研究対象であり続けるだろう。引き続き、学校運営協議会を通して上記諸問題への探究を深めていきたい。

注

（1）文部科学省ＨＰ「コミュニティ・スクールの指定状況（平成二五年四月一日）」http://www.mext.go.jp/a_menu/shotou/community/shool/detail/1335832.htm（二〇一三年七月六日訪問）

（2）以下、「一六文科初第四二九号」とする。

（3）文部科学省ＨＰの例示。http://www.mext.go.jp/a_menu/shotou/community/school/detail/1311353.htm（二〇一三年一月一七日訪問）。

（4）具体的な条文は以下である。「第九項　市町村教育委員会は、その所管に属する学校（その職員のうちに県費負担教職員である者を含むものに限る）について第一項の指定を行おうとするときは、あらかじめ、都道府県委員会に協議しなければならない。」

（5）「地域の自主性及び自立性を高めるための改革の推進を図るための関係法律の整備に関する法律」（平成二三年法律第三七号）を示す。

（6）地域住民や保護者を学校評議員に委嘱し、校長の求めに応じ、個人として意見を述べることができるようにした制度。学校教育法施行規則四九条に規定されている。

（7）文部科学省の資料によれば、二〇一〇年三月現在八六・五パーセントが設置済み、五・九パーセントが設置検討中であるとされる。文部科学省「学校運営への地域力導入の取組」（学校運営の改善の在り方等に関する調査研究協力者会議（第一回：二〇一〇年一〇月一八日）配付資料）http://www.mext.go.jp/b_menu/shingi/chousa/shotou/078/shiryo/_icsFiles/afieldfile/2010/11/22/1298557_01.pdf（二〇一三年四月一九日訪問）。

（8）質問項目の振り分けは、佐藤［編著］［2010：45］の表３－２を参照した。「学校経営（対外経営）」・「教育指導」・「校外環境」についても同様である。

（9）岩永は学校ガバナンスを「学校教育に関する政策の立案・決定から個別学校での経営実践までの諸過程における、意思決定をめぐる諸アクター間の政治的影響関係の総体」（岩永［2008：239］）としている。

（10）ワイク（K. Weick）の提示したルースカップリング論（構造的弛緩性や脱連結、統合性の欠如を重視し、それを教育組織の機能的特徴であるともいう）や、いわゆる現象学的アプローチが、学説史的に検討されてきたことは周知のとおりである（曽余田［1991］）。

（11）マイクロ・ポリティクスの関連文献をレビューした石田［1992］は、端的に「教育の場におけるインフォーマルなパワー、目標と価値の多様性、コンフリクトの重要性」（石田［1992：432］）を指摘するものとしている。

（12）一見協力関係ができているように見えて、その中に本質的な問題があることを指摘する議論に、「作られた同僚性」（contrived collegiality）という概念がある（勝野［2003・2006］）。学校内での協働促進という政策の中で作為的に作られた同僚関係のよそよそしさを指摘するこの概念もマイクロ・ポリティカルな研究の中で現れたものである（Hargreaves,［1991］）。

（13）Handbookとされるこの本は、2009年において第3版を重ねている（Epstein *et al.*［2009］）。

（14）National Child Development Studyのこと。

（15）National Education Longitudinal Studyのこと。

（16）*Education Week*［2006］におけるインタビュー発言より。*Education Week*［2006］は、パートナーシップを強化しようとする政策動向を解説するとともに、エプシュタインとラロー（後述するA. Lareau）を対比的に取り上げ、保護者の対学校行動を論じる学問的視点の分岐を紹介している。

（17）この背景には、ブロンフェンブレンナー（Bronfenbrenner）の「エコロジカルモデル」や、シーリー（Seeley）の「責任の分有論」があるという（渥美［2006］）。

（18）なお、日本において同様の観点で行った先駆的業績に久冨［編著］［1993］が挙げられる。この研究では、低階層者の生活実態について、その困難が実証的に描かれた上で、学校の教員たちがいかにその困難を見過ごしているかが明らかにされている。教員たちは困難層の親の教育態度について、一種のステレオタイプで見ている。ステレオタイプの対極には「よき家族」像が存在し、「よき家族」像の「下方押し付け（＝『見下し』）」をうけた、特定の「欠陥家族像」を押し付けている。しかし、そうした「ステレオタイプ」が、貧困層の「生活の本当の姿、そこにおける苦労と苦悩、願い」を不可視化する「ヴェール一重」となっているのである（久冨［編著］［1993：170-171］）。久冨らの指摘は、教員と親との判断基準に明確な差異が存在することを実証した点で、先駆的であると考えられる。

（19）本書では、ヴィンセントを葛藤・権力の側面で、ラローは格差の側面で、それぞれ紹介したが、特定の保護者像の規範化を問題にする点で両者はよく近似している。実際、ヴィンセントの近年の研究は、不安定化する社会の中で、各階層がいかに子育てに注力し、再生産を行っているかを検討し、格差の機制を明らかにしており、ラローの研究と近似する内容を含んでいる（Vincent & Ball, 2006・2007）。

（20）この時代の改革動向とその現実を、実証的方法を用いながら追ったものとしてBacon［1978］やKogan［1984］がある。

（21）以下に紹介したもの以外にGolby（ed.）［1990・1991］、Golby & Appleby［1991］、Golby & Brigley［1989］、Golby & Lane［1989］などがある。なお本項は、Earley & Creese［1998］の記述に基づいてまとめたものである。

（22）たとえば、Jefferies & Streatfield［1989］、Keys & Fernandes［1990］、Deem *et al.*［1995］。

（23）学校理事会研究では、しばしば「カテゴリ」（categories）と言われる。

（24）ここで西原は、ＰＴＡや地域住民の権能を証拠に教師の教育権の独占を否定する議論を批判している（西原［2009：148］）。

（25）浜田は、「教育の事実」を媒介としたアクターの関係の編み直しを促し、教育の改善を進める「教師の専門性」が学校ガバナンスの正統性を担保すると主張し、その文脈で会議場面のみの分析では不十分と述べている（浜田［2012］）。本論文は、「学校改善」よりも社会的帰結の意味を重視する点に違いがある。

（26）科学研究費補助金「学校における成果主義の受容と変容：新しい学校経営管理様式に関する日英共同研究」（基盤研究（B）10285512）（研究代表者：勝野正章）、及び、科学研究費補助金『開かれた学校づくり』におけるアクター間ポリティクスに関する研究」（特別研究員奨励費09J0970）（研究代表者：仲田康一）。

（27）勝野正章（東京大学大学院教育学研究科准教授）・大林正史（筑波大学大学院人間科学研究科院生）・武井哲郎（東京大学大学院教育学研究科院生）と筆者（東京大学大学院教育学研究科院生）の共同研究である。いずれも肩書きは当時。

（28）調査の概要については、仲田・大林・武井［2011］も参照されたい。

（29）Creswellは、その定義として、「境界を持つシステム」、すなわちケース（または複数ケース）について、そこにおける多様なソースからのデータの収集によって行われる、言語分析に基づいた詳細な分析と記述によって成り立つものとしている（Creswell［2006：36-38］）。その特性について、Yin［1984］は、以下のような定義をもって特徴づける。

ケース・スタディというのは、次のような特徴を持つ経験的探求である：
・現象と脈絡との境界が明確に分かっていないときに、
・複数のデータ源を活用して、
・ありのままの現実の脈絡の中で現在生じている現象を調べる
という探求の営為である。

Yin［1984：23］cited in 金井［1990：49］

（30）科学研究費補助金「『開かれた学校づくり』におけるアクター間ポリティクスに関する研究」（特別研究員奨励費09J0970）（研究代表者：仲田康一）

（31）自治体議会議事録より。

（32）自治体学校支援地域本部報告書、p.3より。

（33）Merriam によれば、質的社会学のレビュアの間には、報告書の六〇～七〇パーセントが原データ、三〇～四〇パーセントが分析的説明に充てられるといった経験則が述べられているという（Merriam［1998訳書：342-343］）。

（34）ここで、児童・生徒の「保護者」は、通学区域に居住するなど、学校周辺地域の住民という意味で「地域住民」とも解せるが、その場合は「保護者」として回答するよう求めた。

（35）学歴については「最後に通った学校」と教示し、選択式で回答を求めた。なお、旧制学校は、一九四六年に国民学校卒（当時学齢一四歳）の人までに適用されるので、二〇〇九年度において七六歳以上の人は旧制扱いとなるが、今回の回答者のうち七〇―八〇歳代は少ないため無理な比較ではないと考えられる。また、仮に回答者の一部が旧制での学歴を記載したとしても、サンプルの学歴が過少に見積もられるだけで、それでもなお学校運営協議会委員の学歴が高いことは、高学歴層が集まっているという結果を覆すものではない。

（36）平成二二年国勢調査産業等基本集計（総務省統計局）をもとに筆者算出。http://www.e-stat.go.jp/SG1/estat/NewList.do?tid=000001039448（二〇一三年九月二九日訪問）

（37）平成二〇年国民生活基礎調査（厚生労働省）をもとに筆者算出。http://www.e-stat.go.jp/SG1/estat/GL08020103.do?_csvDownload_&fileId=000003236449&releaseCount=1（二〇一一年一月一四日訪問）

（38）一元配置の分散分析を行った結果でも、統計的な有意差は観察されていない。

（39）一元配置の分散分析を行った結果でも、統計的な有意差は観察されていない。

（40）〔 〕内は、筆者による補足を示す。以後の引用においても同様とする。

（41）議題設定について、事例西・南・北では学校運営協議会規則に特段の定めはなく、事例Aについては「協議会は、会長が開催日の七日前までに、議案を示して招集する」と会長が提示することが示され、正規の場以外での人間関係の影響を受ける余地が残る規定となっている。

（42）ただし、PTAの女性の発想が守旧的と述べたいわけではない。インフォーマルな会話では、彼女ら自身も現状のPTAの在り方については批判的な発想をしばしば語っていた。既存のPTA活動が女性中心でなされてきたことそれ自体を問い直すことが無いまま、既存組織を媒介として社会のジェンダーが流入していることを指摘したい。

（43）充分に議論して組織としての承認を得たわけではないにもかかわらず、学校運営協議会名で児童生徒に告知文を発してしまっており、その点を含めて大きな問題となった。

（44）フィールドノートの略。以下同じ。

（45）その祭りは千円または二千円のチケットを販売し、多額の売上金を上げ、数年で数十万の積立てになった。当日手伝いをしながらインフォーマルインタビューを行った保護者からは、そのような積立てを行うのではなく、チケット代を下げて、子どもでも購入できる額にする方が子どものためになるという意見も出ていた。
なお、事例東では、コミュニティ・カレンダーという事業も行っている。地域や学校の行事をカレンダーにまとめ、行事等を一元的に把握できるようにすることが第一義的な趣旨であるが、地域の企業等から協賛金を集めるとともに、一部二〇〇円で頒布することで活動資金を集めるという意味も持っていた。このコミュニティ・カレンダーは、学校納入金に含められ、各家庭は必ず二〇〇円で購入する形になっていたという。前記の保護者は、強制的な家庭への負担についても批判をしていた。

（46）もちろん先述のように、男性委員のうち、「地の人」は、教育に関心がない場合もある。その人達は、新規・

拡張的事業と必ずしも関係を持たなくて済む。その意味で、何らかの形で関わらざるをえない女性、とりわけ女性保護者との差は大きい。

(47) 全国調査の結果によれば、各選出区分の平均年齢は女性保護者四四・三歳、女性地域住民五八・一、男性保護者四五・二、男性地域住民六四・八歳となっている。

(48) この時筆者は参与観察を行ったが、出店で売る焼きそば等の野菜を家庭科室で調理するのは保護者中心であったし、企画委員会にＰＴＡからの人出しもあった。

(49) Ｍさんは、学校運営協議会への自らの参加について、それが既存組織からの「充て職」ではあるが、「代表」ではないという微妙な立場であることにも疑問を感じている。

選ぶ基準では「既存組織の人」ということにはしてるけど、入った時点ではもう背中にしょってるものはないですよね。背中にしょってるわけではないという形で、新しい行事をたくさんしていかなければならないということですよね。

これは、すなわち、既存組織の考えを「代表」して、それを持ち寄り、民主的に吸い上げて、新たな組織の方向性を決めるという運用がなされていないことを示している。学校運営協議会の発足に際して、便宜的に近隣の諸組織からの「充て職」を取っているだけで、組織間の関係をいかに整序するかは未解決の問題なのである。にもかかわらず既存組織の事業が学校運営協議会の広報誌に載せられ、他のアクターに埋没する形で自組織が取り上げられていることに対する不信があったのである。

(50) なお、この問題は、第五章でも扱っている（一九八―二〇〇頁の囲み）。

(51) ここで二〇〇五年度第一回及び三回が収められていないのは、発言者が記録されていなかったからである。同様に二〇〇七年度は、第八回のデータは所在せず、第九回については、審議事項がなかったため省略してある。また、二〇〇九年度は進行中の事象であるため省略した。また、議事の中には報告事項と呼ばれ、協議も承認もなされない事項があるが、中心的内容とは考えられないため分析からは除外した。

(52) 行政委員（Ａ）については、回によって異なる委員が出席することもあるため、ジェンダー・経験年数を記載していない。

（53）学校ガバナンス制度と、学校内の意思形成・意思決定の関連を扱ったのは、林［2000］である。林［2000］は、学校評議員を検討しながら、その選出方法や権限という点において、保護者・地域住民の学校参加を重視するというより、校長の独任的学校経営を補強するものとして批判している。

（54）P4の発言では言及されていないが、第三章で示したPTAとの二重負担問題も、女性保護者の学校支援を「なまくら」にする要因であると推察される。

（55）議事前後に行われる他選出区分とのインフォーマルな交流も保護者委員はあまり密でない。保護者委員はいずれも仕事を終えてから来場するため到着が開始直前になったり、協議会終了後は同時間帯に別室で会議を行っているPTAの委員会に駆けつけようと直ぐに退席していた。

（56）後述する「めざせスーパーティーチャー」の冒頭に「基礎・基本の定着をめざした教育指導」があることからも、基礎基本の重視が掲げられていたことが分かる。

（57）学力低下論争については、市川［2002］、佐藤［2006］等を参照。

（58）当時、陰山英男氏が校長に着任し、百ます計算などの反復学習や漢字の前倒し学習、家庭学習の改善等による学力向上で名を馳せていた（陰山・山崎［2004］）。

（59）宿題に関しては、学年内のクラスで宿題が異なることへの疑義も呈されていたようである。その結果、算数と国語を両面それぞれに配した通称「両面プリント」という形で形式化されたものが毎日の宿題に用いられるようになった。筆者が調査を行っていた二〇〇八年度時点でこれは定着し、毎日出されていた。加えて、音読やドリルは「家庭学習カード」に項目化されている。

（60）T8の発言に、前項で言及したモジュールタイムへの言及があることも確認しておきたい。ここからは、二〇〇五年度も「すれ違い」－「共通理解」問題解決が存在していたことが確認されよう。そのうえでT8委員は、解決のための方法論として、「先生方に直接思いを伝えてほしい」として、学校運営協議会委員が教員に直に意図するところの説明を行うことを提案している。学力向上課題と、地域を挙げる事業への参加いずれにおいても、教員との「すれ違い」が感じられ、不可分に論じられていたことが見て取れる。

（61）「出ていらっしゃらなくても通用するのはおかしい」は、議事録では「出ていらっしゃらないならば通らないのもおかしい」であった。直後で「地域立である」という念押しがなされている文脈を考慮し、修正を施した。

(62)「勤務時間以外は働かない」は、議事録では「勤務時間は働かない」となっていたが、次ページにある「勤務時間以外は働かないなどと思っていないことも、やはり聞くまではわからなかった。」というC1委員の発言を考慮し、修正を施した。

(63)学校運営協議会の地域委員は、自らが先導してきた「改革」の成果は学力テスト結果で確認できると考えていた。後のことになるが、全国学力・学習状況調査が悉皆でなくなったことが話題に出た際、地域住民委員は自分たちの「改革」によって上がった成果を確認できなくなると嘆き、自治体による学力テスト結果については協議会内限りにおいて順位を知りたいと学校に求めた（二〇一〇年一月二八日　FLN）。

(64)この引用は先に一度掲載している。

(65)議事録中では、「学校でやらせてくださいと家庭」だったが、文脈上修正した。

(66)IDに関しては、第六章で詳述。

(67)毎日新聞二〇〇七年四月二六日付。

(68)なお、C4委員は、二〇〇五年一月一一日の会議でも、「普通の私立学校と違いますから差があるんではないか〔中略〕上の方だけ引っ張っていって後で不満が出たりとか内容に、保護者の声が反映されていくことも必要かなと〔中略〕底上げをしていかないと、保護者の意識が分裂してしまう」とも述べ、保護者の多様な意見に配慮を示していた。

(69)なお、本論文では基本的に「丸付け」という表記を用いるが、実際の学校における文書や保護者質問紙調査では「〇付け」の表記が用いられていた。

(70)質問紙調査の概要は第一章、回答者に関する情報は末尾の「補足」を参照されたい。

(71)なお、質問項目のうち、「子どもの学習内容が分かるようになった」、「子どもと勉強の話をすることが増えた」、「先生と具体的な学習状況について話せるようになった」については、「確認書」の中で謳われている効果内容を踏まえて作成した項目である。

(72)日本学習社会学会第五回研究会シンポジウムにおける発言（日本学習社会学会［2010：30-31］）

(73)本田［2008b、2014］によれば、長らく日本では家族からの私費負担や意欲が学校教育システムに流入してきたという。しかし、その家族が前提とする経済的基盤は産業構造の変化や経済の低迷によって脆弱化しており、旧来の家族‐学校関係に戻ることは不可能だし望ましくもないとして、新たな家族・学校（そして仕事）の関係を構築すべきだとしている。その中で本田は、「教育が家族を支えるような役割がこれからずっと大事になってくる」とし（本田［2014：46］）、「児童生徒のみならずその背後の家庭が抱える困難を鋭く見出し、様々な社会サービスにつなげてゆく役割を強化してゆく」（同前）と指摘する。本書で述べた「保護者を支援する」形の地域連携は、本田の指摘にも呼応するものである。

（74）このことは、教育行政や学校の求めに応じて「下請け」的に学校支援するのでなく、行政や学校の方針に対して実態を踏まえた異議を提起するような動きへの期待でもある。二〇一五年度から新たな教育委員会制度の運用が始まるが、政治と教育行政との関係構築が課題になっていくが、そこにおいては首長・教育長を中心とした責任体制が強調されている。しかし、自治体レベルで決められた方針を粛々とこなし、その下請け的支援を保護者・地域に求めるだけではなく、関係者の実態（特に具体的な困難状況）を踏まえ、行政責任を問うとともに、場合によっては与えられ方針に対する異議申立てを行い――地教行法四七条の五では、教育委員会に対する意見表明ができるとある――教育行政をめぐる意見の多元性確保のための回路に活用されたい。この点については仲田［2014］を参照。

（75）二〇一二年度からは「地域とともにある学校づくり」推進フォーラムと呼ばれ、一年に複数箇所で開催されている。http://www.mext.go.jp/a_menu/shotou/community/suishin/detail/1334950.htm（二〇一三年一一月三日訪問）

（76）青木純一が、構造改革特区を検討対象に、全国的な取り組みに「規格化」が見られるとしている点に着想を得ている（青木純一［2011］）。

補足　事例東における保護者質問紙調査の概要

ここでは、事例東のケース・スタディで行った保護者質問紙調査について、基本情報を述べる。

基本情報

① 回答者の基本属性

まずは、宿題丸付けに対する保護者の実施の態様を、アンケート結果によって把握する。分析の理解を促すため、アンケートの概観をしておきたい。まず、このアンケートに答えてくれたのは、大部分が母親であった（図表０－１）。

回答者本人の特性と家庭の状況についてまとめたのは、図表０－２～図表０－５である。学歴は図表０－２に示した。高等学校、専修学校・各種学校高等専門学校・短期大学、四年制大学の順になっている。本人の就業形態については、常勤が約二五パーセント、非常勤が四〇パーセントであるが、専業主婦も約二七パーセントいる（図表０－３）。一日の平均的な労働時間は女性で四時間台、男性で一〇時間台である（図表０－４）。世帯年収は四〇〇～一〇〇〇万程度に大半が含まれている（図表０－５）。

図表 0-1　回答者の属性

	実数	%
父親	9	4.4
母親	195	95.1
祖父	1	0.5

（無回答を除く）

図表 0-2　回答者の学歴

	実数	%
高等学校	47	26.6
専修学校・各種学校	23	13.0
高等専門学校・短期大学	59	33.3
四年制大学	46	26.0
大学院	2	1.1

（無回答を除く）

②子どもの状況

また、このアンケートでは、事例東に通う子どもが二人以上いる場合、一番上のお子さんについて回答を求めた。その結果として得られた子どもの特性は、次の図表０－６～図表０－９にまとめたとおりである。

お子さんの入学がかつての通学区域の内外いずれか（加えて転校しての入学かも）を問うたところ、学区内が一〇六人で過半数であった（図表０－６）。

お子さんの「授業理解度」「成績」を全般的に問うた結果は図表０－７に示されている。まず、授業理解度は、「まあ良い」を最頻とし、「良い」「普通」が続いている。成績も「中くらい」を最頻とし、「中の上」「上の方」が続いている。

他方、塾での学習は、半々となっている（図表０－８）。保護者が自分の子どもに対して有する達成希望の学校段階については、四年制大学との回答が一三六人と圧倒的であり、高等専門学校・短期大学をあわせて、高卒超の学歴を獲得することを希望する保護者は有効回答の八割を超えている（図表０－９）。

宿題実施状況の単純集計

さて、実際の宿題の丸付けはどの程度実施されているのであろうか。単純集計より把握したい。なお、事例東において、宿題は、国語と算数を両面に印刷した「両面プリント」という名で通称されている。そのため、質問紙でも「両

図表 0-3　回答者の就業形態

	実数	%
常勤	46	24.9
非常勤	74	40.0
求職中・休職中	11	5.9
専業主婦（夫）	50	27.0
その他	4	2.2

（無回答を除く）

図表 0-4　保護者の一日の平均的労働時間

	時間
女性保護者	4.6
男性保護者	10.6

（無回答を除く。専業主婦については０時間として平均値を産出）

面プリント」の実施という文言を用いた。

まず、子ども自身の毎日の宿題実施状況は、実に八五パーセント以上の大部分が「とてもあてはまる」と回答している（図表０‐10）。しかし、丸付けとなると、「とてもあてはまる」が七〇パーセント弱に下がり、さらに「ややあてはまる」をあわせても八五パーセントを下回っている（図表０‐11）。

その実施時間を訊ねた結果によると、子どもによる宿題の実施時間は最大値が一日平均六〇分、保護者による丸付けの実施時間は最大値で一日平均二〇分であった（図表０‐12）。

今後も保護者による宿題の丸付けを続けるべきであるかどうかという意見を聞き、基本的なスタンスをも回答を求めた結果、「ややあてはまる」「とてもあてはまる」が八割程度となっている（図表０‐13）。

図表 0-5　回答者の家庭の世帯年収

	実数	%
200万円未満	6	3.77
200万円以上400万円未満	13	8.18
400万円以上600万円未満	39	24.53
600万円以上800万円未満	34	21.38
800万円以上1,000万円未満	38	23.90
1,000万円以上	29	18.24

（無回答を除く）

図表 0-6　お子さんの入学

	実数	%
通学区域内	106	36.3
通学区域外	177	60.6
転校	9	3.1

（無回答を除く）

図表 0-7　お子さんの授業理解度と成績

授業理解度	実数	%	成績	実数	%
良くない	0	0.0	下の方	3	1.5
あまり良くない	12	6.2	中の下	9	4.6
普通	52	26.7	中くらい	73	37.2
まあ良い	74	37.9	中の上	58	29.6
良い	57	29.2	上の方	53	27.0

（無回答を除く）

図表 0-8　お子さんの通塾有無

	実数	%
無し	99	50.3
有り	98	49.7

（無回答を除く）

図表 0-9　お子さんの学歴期待

	実数	%
高等学校	13	6.8
専修学校・各種学校	10	5.3
高等専門学校・短期大学	25	13.2
四年制大学	136	71.6
大学院	6	3.2

（無回答を除く）

図表 0-10　お子さんは毎日両面プリントを実施しているに対する回答

	実数	%
全くあてはまらない	1	0.5
あまりあてはまらない	7	3.5
ややあてはまる	19	9.6
とてもあてはまる	171	86.4

（無回答を除く）

図表 0-11　あなたは毎日両面プリントの丸付けを行っているに対する回答

	実数	%
全くあてはまらない	10	5.0
あまりあてはまらない	22	11.1
ややあてはまる	30	15.2
とてもあてはまる	136	68.7

（無回答を除く）

図表 0-12　両面プリント実施時間

	時間（一日何分）
お子さんの平均的な両面プリントの実施時間	22.2
あなたの平均的な両面プリントの丸付け時間	6.2

（無回答を除く）

図表 0-13　保護者による丸付けはこれからも続けるべきであるに対する回答

	実数	%
全くあてはまらない	12	6.3
あまりあてはまらない	25	13.1
ややあてはまる	64	33.5
とてもあてはまる	90	47.1

（無回答を除く）

＜全国質問紙調査＞

Q１　学校について伺います。

Ａ．学校名　　　　　〔　　　　立　　　　　　　　学校〕(分析のためお聞きしますが，公表はいたしません)

Ｂ．学校の児童生徒数　〔　　　　　人〕(2010年１月現在)

Ｃ．学級数　　　　　〔　　　　　学級〕(2010年１月現在)

Ｄ．教職員数　　　　〔　　　　　人〕(2010年１月現在)

Ｅ．就学援助率　　　〔　　　　　%〕(2010年１月現在)

Ｆ．学区の特性　　居住年数の長い世帯が多い　　居住年数の長い世帯と短い世帯が混合している　　居住年数の短い世帯が多い

以下は，特に地域運営学校について伺います

Ｇ．地域運営学校指定の年度〔　　　　　　〕年度

Ｈ．地域運営学校指定までの準備期間　〔　　　　〕年

Ｉ．学校運営協議会委員の数　校長〔　〕名 ／ 教頭・副校長〔　〕名 ／ 教員〔　〕名 ／ 保護者〔　〕名 ／ 地域住民〔　〕名 ／ その他(具体例　　　　　)〔　〕名

Ｊ．2009年度の学校運営協議会開催回数　　〔　〕回

Ｋ．教員の学校運営協議会への参加の有無　　有り　／　無し

Ｌ．学校運営協議会担当者の主たる校務分掌上の位置付け(あるいは分掌名)　〔　　　　　　　〕

Ｍ．学校運営協議会の男女比 女性〔　〕人　男性〔　〕人

Ｎ．学校運営協議会の開催時間　　　およそ〔　〕時～〔　〕時

Q２　校長先生の次の事項について伺います。

Ａ．年齢　〔満　　歳〕(2010年１月現在)

Ｂ．性　　〔　　　〕

Ｃ．着任年月　〔　年　　月〕

Ｄ．学校運営協議会にどのくらいの頻度で出席していますか？(2009年度)　およそ〔　　　　〕割

Q３　これまで学校運営協議会では，以下の事項を取り上げたことがありますか。各問に当てはまる選択肢を選んで下さい。

	よく取り上げられる	ときどき取り上げられる	あまり取り上げられない	まったく取り上げられない
Ａ．教育課程	1	2	3	4
Ｂ．学校行事	1	2	3	4
Ｃ．授業改善(学力向上のための取り組みを含む)	1	2	3	4
Ｄ．いじめ・不登校・暴力等の対応	1	2	3	4
Ｅ．学校評価(学校自己評価・関係者評価など)	1	2	3	4
Ｆ．学校予算・決算(予算だけの場合も含む)	1	2	3	4
Ｇ．学校への寄付(コミュニティファンド)	1	2	3	4
Ｈ．校内人事(校務分掌等)	1	2	3	4
Ｉ．教員評価(人事考課等を含む)	1	2	3	4
Ｊ．教員の資質改善	1	2	3	4
Ｋ．教員の任用	1	2	3	4
Ｌ．地域人材の活用	1	2	3	4
Ｍ．学校への注文・苦情への対応	1	2	3	4
Ｎ．地域・保護者の巻き込み方	1	2	3	4
Ｏ．家庭教育について保護者への意識啓発	1	2	3	4
Ｐ．教育委員会への予算増額要望	1	2	3	4
Ｑ．教育委員会への教職員増員要望	1	2	3	4

1

以下は、校長先生が学校運営協議会の委員である場合のみお答えください。

Q４　学校運営協議会で，あなたは自分の意見をどの程度反映させていますか。次のそれぞれで当てはまる選択肢の番号に○をつけて下さい。

	当てはまる	ある程度当てはまる	あまり当てはまらない	当てはまらない
Ａ．学校教育目標について意見を反映させている	1	2	3	4
Ｂ．学校経営方針について意見を反映させている	1	2	3	4
Ｃ．学校予算について意見を反映させている	1	2	3	4
Ｄ．教育課程編成について意見を反映させている	1	2	3	4
Ｅ．学校行事について意見を反映させている	1	2	3	4
Ｆ．学校評価について意見を反映させている	1	2	3	4
Ｇ．教員の資質向上について意見を反映させている	1	2	3	4
Ｈ．教員の校内人事(校務分掌等)について意見を反映させている	1	2	3	4
Ｉ．教員評価について意見を反映させている	1	2	3	4
Ｊ．教員の任用について意見を反映させている	1	2	3	4
Ｋ．授業改善のあり方について意見を反映させている	1	2	3	4
Ｌ．いじめや暴力行為への対応のあり方について，意見を反映させている	1	2	3	4
Ｍ．登校を渋りがちな子どもへのサポートのあり方について意見を反映させている	1	2	3	4
Ｎ．障がいを持つ子どもへのサポートのあり方について，意見を反映させている。	1	2	3	4
Ｏ．地域人材の活用について意見を反映させている	1	2	3	4
Ｐ．学校への注文・苦情への対応について意見を反映させている	1	2	3	4
Ｑ．地域・保護者の巻き込み方について意見を反映させている	1	2	3	4
Ｒ．家庭教育に関する保護者への意識啓発について意見を反映させている	1	2	3	4
Ｓ．学校に寄せられる苦情や注文への対応に意見を反映させている	1	2	3	4

Q５　学校運営協議会の会議や，学校運営協議会の活動でのあなたの行動について，次のそれぞれで当てはまる選択肢の番号に○をつけて下さい。

協議会が行う活動について	当てはまる	ある程度当てはまる	あまり当てはまらない	当てはまらない
Ａ．家庭教育に関する保護者への意識啓発に関わっている	1	2	3	4
Ｂ．下記のようなボランティア活動に関わっている				
環境整備	1	2	3	4
安全確保	1	2	3	4
授業支援	1	2	3	4
放課後の居場所作り	1	2	3	4
行事運営支援	1	2	3	4
教職員の事務の補助	1	2	3	4
Ｃ．ボランティアの統括に関わっている	1	2	3	4
Ｄ．学校運営協議会の運営に関わっている				
会計の業務	1	2	3	4
書記の業務	1	2	3	4
学校運営協議会の広報業務	1	2	3	4
地域運営学校の研究発表会の手伝い	1	2	3	4
学校評価やアンケートの集計・入力業務	1	2	3	4

2

E．合同運動会やお祭りなど，行事の企画に関わっている……1……2……3……4
F．教育委員会に学校予算の増額を求める活動に関わっている……1……2……3……4
G．教育委員会に教員の増員を求める活動に関わっている……1……2……3……4

協議会での会議について

H．学校運営協議会の議題の設定に関わっている……1……2……3……4
I．学校運営協議会の会議で他人の意見と対立することがある……1……2……3……4
J．学校運営協議会の会議で意見を言うのを遠慮してしまう……1……2……3……4
K．学校運営協議会の会議で何を発言して良いかわからないことがある……1……2……3……4
L．学校運営協議会の会議で保護者・地域住民から受けた相談を取り上げる……1……2……3……4
M．学校運営協議会の会議で自らの発言が周りの委員の判断に影響を与える……1……2……3……4
N．学校運営協議会の会議で自由に意見を言えないと感じることがある……1……2……3……4

Q8　次に，あなたの情報や民意の収集について伺います．次のそれぞれで当てはまる選択肢の番号に○をつけて下さい．

A．学校運営協議会委員として活動するにあたって，あなたが属している学校に関わる次の［人物や団体］からの意見を聞いたりすることはどのくらい頻繁ですか。

	とても頻繁にしている	やや頻繁にしている	あまりしていない	まったくしていない
1. 管理職	1	2	3	4
2. 学校の教員	1	2	3	4
3. 学校の児童・生徒	1	2	3	4
4. 学校の保護者	1	2	3	4
5. ＰＴＡの役員	1	2	3	4
6. ＰＴＡの元役員	1	2	3	4
7. 同窓会・後援会	1	2	3	4
8. 町内会・自治会	1	2	3	4
9. 地域の有力者	1	2	3	4
10. 学校の管理職・教員以外で専門知識を有する人物	1	2	3	4

B．学校運営協議会委員として活動するにあたって，次の［メディア］に目を通すことはどのくらい頻繁ですか。

	とても頻繁にしている	やや頻繁にしている	あまりしていない	まったくしていない
1. 新聞	1	2	3	4
2. 学校からの広報・便り・通信	1	2	3	4
3. 自治体からの広報・便り・通信	1	2	3	4
4. 教育関連の本	1	2	3	4
5. 教育関連の雑誌	1	2	3	4
6. インターネット	1	2	3	4

C．学校運営協議会の委員として，次の［研修・研究］にどのくらい参加しますか。

1. 自治体主催の研修・講演会……（年　　　回）
2. 学校運営協議会委員による自主研修……（年　　　回）
3. 他の地域運営学校の研究発表会……（年　　　回）
4. 他の地域運営学校への視察・照会……（年　　　回）

特に参考になった学校名を具体的に3つまでお書き下さい

（　　　　　　　）（　　　　　　　）（　　　　　　　）

3

Q7　あなたは地域運営学校に指定されてから、学校や地域等にどのような成果が見られたとお考えですか。（当てはまる選択肢の番号に○をつけてください。）

	当てはまる	ある程度当てはまる	あまり当てはまらない	当てはまらない
A．特色ある学校づくりが進んだ	1	2	3	4
B．学校が活性化した	1	2	3	4
C．教育課程の改善・充実が図られた	1	2	3	4
D．園児・児童・生徒の学習意欲が高まった	1	2	3	4
E．園児・児童・生徒の学力が向上した	1	2	3	4
F．いじめ問題が改善した	1	2	3	4
G．不登校問題が改善した	1	2	3	4
H．園児・児童・生徒同士のトラブルが減った	1	2	3	4
I．教職員の意識改革が進んだ	1	2	3	4
J．適切な教員人事がなされた	1	2	3	4
K．地域が学校に協力的になった	1	2	3	4
L．地域が学校の実態をよく理解するようになった	1	2	3	4
M．地域が教職員を信頼するようになった	1	2	3	4
N．地域の教育力が上がった	1	2	3	4
O．地域が活性化した	1	2	3	4
P．学校は地域に情報提供を積極的に行うようになった	1	2	3	4
Q．保護者が学校に協力的になった	1	2	3	4
R．保護者が学校の実態をよく理解するようになった	1	2	3	4
S．保護者が教職員を信頼するようになった	1	2	3	4
T．家庭の教育力が上がった	1	2	3	4

Q8　以下の質問について、あなたのお考えをお示しください。（当てはまる選択肢の番号に○をつけてください。）

	当てはまる	ある程度当てはまる	あまり当てはまらない	当てはまらない
A．学校運営協議会の仕事に満足している	1	2	3	4
B．学校運営協議会の仕事に喜びを感じる	1	2	3	4
C．学校運営協議会の仕事に誇りを感じる	1	2	3	4
D．学校運営協議会に行くのが楽しい	1	2	3	4
E．学校運営協議会の仕事にやりがいを感じる	1	2	3	4
F．学校運営協議会の仕事に何の不満もない	1	2	3	4
G．この学校に必要なら、どんな仕事でも引き受ける	1	2	3	4
H．この学校の問題があたかも自分自身の問題であるかのように感じる	1	2	3	4
I．この学校の一員であることを誇りに思う	1	2	3	4
J．この学校のメンバーであることを強く意識している	1	2	3	4
K．この学校の人々に多くの義理を感じる	1	2	3	4
L．この学校に多くの恩義を感じる	1	2	3	4
M．この学校にできるだけ長く関わりたい	1	2	3	4

ご協力ありがとうございました。

同封の封筒に入れ、3月末日までにご返送下さい

4

＜事例東における質問紙調査調査票＞

《宿題・学校支援のアンケートにご協力ください》

これは，PTAのご承認をいただき，宿題や学校支援についての皆様の取り組みを知るため実施しているアンケートです。東小は，宿題の○付けや学校支援など，全国でも先進的な取り組みを行っています。このアンケートは，学術的な関心から，その実態を知り，今後の教育を考えるための資料することを目的としています。

皆様の回答は，全てコンピュータに入力し統計的に処理しますので，誰がどう答えたかが学校・PTA・学校運営協議会・他の保護者の方などに伝わることは一切ありません。また，お子さんの成績にも無関係です。お答えいただける範囲で構いませんので，ありのままご回答ください。部分的な回答でご返送いただいても構いません。以上の趣旨にご賛同いただけない場合は，破棄してくださって構いません。１月１９日までにご返送下さいますようお願い致します。

お問い合わせは、学校ではなく右までお願い致します。⇒

東京大学教育学研究科教育行政学研究室
担当 ： 仲田　康一 （090-[redacted]-[redacted]，[redacted]@p.u-tokyo.ac.jp）

まず，基本的な事柄についてお聞きします。
次の事項について○をつけるか，〔　〕の中に数字をご記入ください。

A．ご記入者　＝　母親 ／ 父親 ／ 祖母 ／ 祖父 ／ その他（具体的に：　　　　　）
B．お子さんの数　＝　未就学児〔　〕人，小学生〔　〕人，中学生以上〔　〕人
C．東小在学中で一番上のお子さんの学年　＝　〔　　　〕年生
D．そのお子さんの性別　＝　女子 ／ 男子
E．そのお子さんの東小への入学　＝　学区内からの入学 ／ 学区外からの入学 ／ 転校

以下のお子さんについての質問では，東小在学中の一番上のお子さんについてお答えください。

お子さんの学習や進路についてお聞きします。
次の事項について○をつけるか，〔　〕の中に数字をご記入ください。

A．お子さんの授業理解度　＝　良い ／ まあ良い ／ 普通 ／ あまり良くない ／ 良くない
B．お子さんの学校での成績　＝　上のほう ／ 中の上 ／ 中くらい ／ 中の下 ／ 下のほう
C．お子さんの通塾（家庭教師を含む）　＝　週〔　　　〕回　／　通っていない
D．中学受験のご予定　＝　あり ／ なし ／ 検討中
E．お子さんにどの学校段階まで進学してほしいですか
＝ 中学校 ／ 高等学校 ／ 専修学校・各種学校 ／ 高等専門学校・短期大学 ／ 四年制大学 ／ 大学院

1

宿題についてお聞きします。

東小学校では，宿題の○付けが保護者に求められています（「確認書」には，「東小の約束＝○付けは家庭でやる」とあります）。これは，家庭学習の習慣づけや，保護者自身が子どもの学習状況を理解できるようになることをねらいとしているものです。

これについて，皆様のご意見を教えてください。

Q1　宿題として出されている算数・国語の両面プリントについてうかがいます。A～Cについては，あてはまる番号一つに○をつけてください。また，D・Eについては〔　〕の中に数字をご記入ください。

	とてもあてはまる	ややあてはまる	あまりあてはまらない	全くあてはまらない
A．お子さんは毎日両面プリントを行っている・・・	4	3	2	1
B．あなたは毎日両面プリントの○付けを行っている	4	3	2	1
C．保護者による○付けはこれからも続けるべきである	4	3	2	1

D．お子さんの平均的な両面プリントの実施時間　＝　1日〔　　　〕分

E．あなたの平均的な両面プリントの○付け時間　＝　1日〔　　　〕分

Q2　両面プリントの○付けが求められていることによって，あなた（またはあなたの配偶者など）に次のようなことがありましたか。A～Gについて，あてはまる番号一つに○をつけてください。

	とてもあてはまる	ややあてはまる	あまりあてはまらない	全くあてはまらない
A．子どもの学習内容が分かるようになった・・・・・	4	3	2	1
B．子どもと勉強の話をすることが増えた・・・・・・	4	3	2	1
C．先生と具体的な学習状況について話せるようになった	4	3	2	1
D．○付けで気が重い・・・・・・・・・・・・・・・・	4	3	2	1
E．○付けをする時間的余裕がないことがある・・・・	4	3	2	1
F．○付けのために子どもをせかしてしまうことがある	4	3	2	1
G．宿題内容が難しくて○付けが大変だ・・・・・・・	4	3	2	1

Q3　両面プリントの○付けが求められていることによって，あなたのお子さんに次のようなことがありましたか。A～Eについて，あてはまる番号一つに○をつけてください。

	とてもあてはまる	ややあてはまる	あまりあてはまらない	全くあてはまらない
A．学校以外での学習時間が増えた・・・・・・・・・	4	3	2	1
B．毎日学習する習慣が身についた・・・・・・・・・	4	3	2	1
C．学校での授業理解度が良くなった・・・・・・・	4	3	2	1
D．基礎的な学力が身についた・・・・・・・・・・	4	3	2	1
E．応用的な学力が身についた・・・・・・・・・・	4	3	2	1

アンケートは，裏面に続きます。

ここで回答を終える方は，以降が無記入であっても構いませんので，封筒にてご返送ください。

2

学校支援についてお聞きします。
「一家庭一ボランティア」について，皆様のご意見を教えてください。

Q1　一家庭一ボランティアについて全般的なことをうかがいます。A～Cについては，あてはまる番号一つに○をつけてください。また，Dについては〔　〕の中に具体的な活動名をご記入ください。

	とても あてはまる	やや あてはまる	あまり あてはまらない	全く あてはまらない
A．現在あなたの家庭は毎回活動に参加している ・・・	4	3	2	1
B．今後もあなたの家庭は 毎回活動に参加するつもりである ・・・・・・・・	4	3	2	1
C．一家庭一ボランティアは今後も続けるべきである ・	4	3	2	1

D．参加している学校支援活動　＝　〔　　　　　　　　〕

Q2　一家庭一ボランティアによって，あなた（またはあなたの配偶者など）に次のようなことがありましたか。A～Fについて，あてはまる番号一つに○をつけてください。

	とても あてはまる	やや あてはまる	あまり あてはまらない	全く あてはまらない
A．活動に参加することで保護者の知り合いが増えた	4	3	2	1
B．活動に参加することで子どもの知り合いが増えた	4	3	2	1
C．活動に参加することで地域の知り合いが増えた ・	4	3	2	1
D．気軽に学校に行けるようになった ・・・・・・・	4	3	2	1
E．自分で活動を選べるのでやる気が増した ・・・・	4	3	2	1
F．活動に参加するための時間的余裕がない ・・・・	4	3	2	1

以上で質問は終わりますが，統計分析のために，差し支えない範囲で結構ですので，次の事項についても○をつけるか，〔　〕の中に数字をご記入ください。
ここで回答を終える方は，以降が無記入であっても構いませんので，封筒にてご返送ください。

A．ご記入者の就業形態

常勤（フルタイム）／ 非常勤（パートタイムやフリータイム）／ 休職中・求職中 ／ 専業主婦（夫）
／ その他（具体的に：　　　　　　）

B．保護者の方が１日に仕事をされている時間

①　女性の保護者＝　およそ〔　　　〕時間　　②　男性の保護者＝　およそ〔　　　〕時間

C．ご記入者が最後に行かれた学校段階

中学校 ／ 高等学校 ／ 専修学校・各種学校 ／ 高等専門学校・短期大学 ／ 四年制大学 ／ 大学院

D．ご家庭の世帯年収　＝　200 万円未満 ／ 200 万円以上 400 万円未満 ／ 400 万円以上 600 万円未満
／ 600 万円以上 800 万円未満 ／ 800 万円以上 1000 万円未満 ／ 1000 万円以上

3

その他、宿題・学校支援や東小の学校改革についてお考えのことをご自由にお書きください。

（　　　　　　　　　　　　　　　　　　　　　　　　　　）

ご協力ありがとうございます。
回答を終えられましたら、同封の封筒に入れて、研究室に直接お送りください。

4

あとがき

本書は、二〇一四年三月、東京大学大学院教育学研究科により受理された博士（教育学）学位論文「学校運営協議会における保護者の位置」をもとに、一部加筆修正を施したものである。本書を構成する各章は、既に公表されている諸論文を再構成している。以下、初出論文と各章との対応関係を示す。

第一章

・仲田康一［2010］「『開かれた学校づくり』における保護者の位置の諸問題」東京大学大学院教育学研究科学校開発政策コース『東京大学大学院教育学研究科教育行政学論叢』（29）pp.25-37

第二章

・仲田康一・大林正史・武井哲郎［2011］「学校運営協議会委員の属性・意識・行動に関する研究：質問紙調査の結果から」琉球大学生涯学習教育研究センター『生涯学習フォーラム（生涯学習教育研究センター紀要）』（5）pp.31-40

・仲田康一・大林正史・武井哲郎［2011］「学校運営協議会における保護者／地域住民の活動特性：教員と

の比較および学校評議員との比較を中心に」日本学習社会学会『日本学習社会学会年報』（7）pp.35-44

第三章
・仲田康一［2011］「学校運営協議会におけるジェンダーの諸相」日本教育政策学会『日本教育政策学会年報』（18）pp.166-180

第四章
・仲田康一［2010］「学校運営協議会における『無言委員』の所在：学校参加と学校をめぐるミクロ社会関係」日本教育経営学会『日本教育経営学会紀要』（52）pp.96-110

第五章・第六章
・仲田康一［2011］「学校運営協議会による保護者啓発の論理と帰結」日本教育学会『教育学研究』（78）4 pp. 450-462
・仲田康一［2008］「『開かれた学校』における教員の対応様式に関する研究」東京大学大学院教育学研究科修士学位論文

筆者が教育学部の門をくぐった二〇〇四年は、本書が対象にしている学校運営協議会が法制化された年である。「地方分権」や「自治体教育改革」などをキーワードに多くの研究が展開され始めた当時、研究室では埼玉県志木市の教育改革への共同研究を進めており、学部生である筆者も「学校評議員」制度に着目して卒業論文をまとめた。これが学校運営参加制度への関心の初発であった。保護者や地域住民の参加を得ながら新しい取り組みがなされるのを目の当たりにして、地域連携を通して学校教育を何らか革新できるのではないかとの期待を抱いた。しかし、大学院に進学し、多くの学校を見るにつれて疑問も抱くようになった。折しも格差や貧困が社会問題となり、家族の在り方とともに、福祉制度や労働政策の問い直しがなされていた時代である。にもかかわらず、多くの学校現場において家族・保護者が語られる時には、決まって「家庭の教育力の低下」という言葉が使われていた。昔はそんなに家庭に教育力があったのか、昔の家族－学校関係がそれほど理想的なのかという疑問とともに、社会の構造的問題がともすると保護者の意識に矮小化されかねない事態に違和感を覚え続けた。そして、「教育力のある家庭」の残影回復が主張されるのは、コミュニティ・スクールでも同様であった。そればかりか、コミュニティ・スクールとしての様々な活動が引きも切らず進められる中、地域の強固な社会関係の慣性を受け、保護者が当然のごとく「動員」される様からは、コミュニティ・スクール化によって教育が革新されることを一面的に信じることの難しさも痛感した。保護者の愚痴やうめき声に、社会の縮図を感じたものであった。

コミュニティ・スクールによる諸活動の「目新しさ」と、「家庭の教育力」の残影を追いかける「古い」価値は、筆者を混乱させ、なかなか論文の構図を描ききれなかった。最終的にその問題意識は「学校支援＝善」という構図自体をカッコに入れることにつながるのだが、そこにいたるまでに時間がかかったのは、ほかならぬ自分自身もその規範の中にあったということかもしれない。

言うまでもなく、批判的に論じた対象は学校支援それ自体ではないし、支援に注力している各々の実践者でもない。本書で展開してはいないが、筆者は学校支援活動の魅力を人一倍感じているつもりである。

問い直したかったのは、学校支援が規範化・固定化していき、様々なポリティクスを介して特定の人に問責が差し向けられる事態であり、ともすれば保護者の相互批判の中で、集合的な異議申立てが阻害され、結果的に学校支援の価値を瀰漫させている皮肉である。そして、こうしたプロセスの中で、本来問われるべき問題——たとえば福祉の弱さや教育政策の問題――が閑却されかねないことである。似たようなことは、日本社会の他の場面でも多々見られる。また第Ⅱ部で取り上げた「確認書」実践は、当時は驚くべきものであったが、「学力向上」の名において家庭教育に対する啓発・介入が（「確認書」提出までには至らなくても）かなり一般化している現代、改めて問うべきものは何か、批判的問題提起となればと思う。

課題を明らかにすることは、すぐに役立つ処方箋を与えるものではないが、オルタナティヴを構想する視座を得ることにはつながるだろう。オルタナティヴの在り方の一つとして、本書では保護者を支援するという方向性を述べたが、福祉・保健等の専門家と学校が連携して保護者支援をする動きは少しずつ出てきている。また、本書では十分に展開できなかったが、教育委員会制度改革に伴う通知の中で、学校運営協議会委員経験者から教育委員の人材を得る必要があるとされている。首長や教育長の影響力が強まり、個人に揺さぶられる懸念も示される中、教育委員のチェック機能が増すとともに、学校運営協議会では、多元的な民意を学校レベルで喚起し、選挙による民意を補完することも望まれる。行政・学校への「下請け的」支援の特化・固定化が問題であるもうひとつの理由がここにあると考えている。

学校支援型からのオルタナティヴをいかに構想するか。時に自らも現実にコミットしつつ、引き続き追究したい。

本書がこうして成るにあたっては、様々な方のご厚情に負うところが大きい。

言うまでもないことだが、質問紙調査やフィールド調査に協力してくださった多くの関係者がなければ本研究は成立しなかった。ここにお名前を記すことはできないが、まずもって格別の謝意を述べたい。

筆者のこれまでの研究の歩みは、博士論文の主査でもある勝野正章先生（東京大学教授）から受けた学部時代以来の指導と支えによるものである。指導を受けに研究室に伺うといつも本質に迫るコメントとともに温かい励ましを添えて下さり、そのたびに力をもらってきた。思いのほか長い時間がかかりご心配をお掛けしたが、わずかであれ本書が恩返しになれば幸いである。

小川正人先生（放送大学教授）からは、志木市教育行政調査以来、実証的なデータの中で論を組み立て、現実にコミットすることの重要性を学ばせていただいた。フィールドエントリーにおいては先生に紹介状を書いていただき、放送大学に赴任されてからも折に触れて研究の進捗状況を気にかけていただいた。

水本徳明先生（同志社女子大学教授）には、筑波大学在任中、日本学術振興会特別研究員の受入研究者になっていただいた。一年間の所属だったが、先生が作られた自由闊達な雰囲気の研究室は過ごしやすく、博論プロポーザルに対して、各位から鋭いコメントをいただけたことに感謝している。

学位論文にまとめるにあたっては、審査委員の各先生から鋭いご指摘をいただいた。大桃敏行先生（東京大学大学院教授）とは、共同研究でご一緒させていただくとともに、本書に関わっては「保護者啓発」論文の草稿に丁寧なコメントをいただいたことが思い出深い。分権や参加を大きな教育行政改革と関わらせて論じる視点において、先生から学ばせていただいたことは大きかった。本田由紀先生（同教授）は、強い問題意識に導かれた研究姿勢を学ばせていただいた。また、研究室が異なる私にゼミ発表の機会を下さり、そこでのレポートが「無言委員」「ジェンダー」「保護者啓発」の各論文に結実していった。問題意識において教育社会学的なところがあるとすれば、先生のご指導によるものである。村上祐介先生（同准教授）には、中教審臨時委員として激務の只中にも関わらず、学位請求論文へのコメントをまとめお送りくださり、レイマンによる合議制の機関が教育ガバナンスの中で有する意味について視点を提供していただいた。李正連先生（同准教授）には、東アジアにおける家父長制の現れとして事態を捉える可能性をご指摘いただいた。

大学院や学会等で多くの先生方や院生のみなさんと交流を持ち、所属を超えた知的刺激を受けて来られているのもありがたいことである。学会においては、論文の査読や、学会発表でのコメントを下さった方々に感謝申し上げる。また、共同研究に携わらせていただいている先生方、特に本書に関わっては、岩永定先生（熊本大学教授）、佐藤晴雄先生（日本大学教授）がそれぞれオーガナイズされている研究会にご一緒させていただき、そのリーダーシップと各自の発想を尊重する包容力のもと、多くを学ばせていただいている。さらに、本書第二章に共同研究結果の一部の使用をお認め下さった大林正史先生（鳴門教育大学講師）・武井哲郎先生（びわこ成蹊スポーツ大学助教）にも御礼申し上げる。そして、東京大学大学院教育学研究科において共に院生時代を送った各位にも感謝したい。論文指導や共同研究に加え、論文投稿の折にも親身になって助言してくれる人ばかりであった。中でも、自主研究会「平成教育計画会議」に集ったみなさんの親身さは格別であった。また、竹森香以さん（東京大学大学院教育学研究科院生）には論文の校正を助けていただいた。

また、私事となるが、大学院への進学を認め、支えてくれた群馬の両親に深く感謝申し上げ、論文執筆時には徹底的な校正を加えつつ、常に励ましてくれた大切な妻・理紗に大きな感謝を捧げたい。

最後に、出版をめぐる状況が厳しさを増す中にあって本書の出版を実現して下さった勁草書房と、この編集と出版に直接尽力下さった編集部の藤尾やしおさんに、御礼申し上げる。

なお、本書のもとになった研究には、科学研究費補助金（番号09J09070・11J01103・40634960）の各助成を得たことを付記する。

二〇一五年三月　　仲田　康一

人名索引

ア行

カ行

サ行

タ行

ナ行

ハ行

マ行

ヤ行

ラ行

ワ行

事項索引

サ行

タ行

ナ行

ハ行

マ行

ヤ行

ラ行

参考文献

邦文（五十音順）

B自治体教育委員会（2004）「学校支援委員会だより」No.1.

青木栄一（2011）「分権改革と学校組織の変容：研究動向レビューに基づいて」日本教育経営学会［編］『日本教育経営学会紀要』（53）pp.148-153.

青木純一（2011）「構造改革特区、教育分野の「規格化」とその背景：自治体の自発性や地域の特性に着目して」日本教育政策学会［編］『日本教育政策学会年報』（18）pp.40-52.

渥美公秀（2006）「NNPSの年次大会より」関西大学人間活動理論研究センター［編］『コミュニティ教育の展開のためのネットワークの創造と人材開発』（4）pp.13-24.

石田純（1992）「マイクロポリティックスの世界：ジョセフ・J・ブレイズの学校組織論」中島直忠［編著］『教育行政学の課題』教育開発研究所 pp.415-445.

今橋盛勝（1983）『教育法と法社会学』三省堂.

今橋盛勝（1998）「父母の参加と学校改革」佐伯胖・佐藤学・浜田寿美男・黒崎勲・田中孝彦・藤田英典［編著］『学校像の模索』（岩波講座現代の教育2）岩波書店 pp.307-333.

岩井八郎（1998）「教育の分業における日本的特徴」大阪青少年問題研究会［編］『青少年問題研究』47 pp.75-91.

市川伸一（2002）『学力低下論争』筑摩書房.

岩永定（1994）「アメリカ合衆国における親の教育参加の動向と課題」平原春好［編著］『学校参加と権利保証：アメリカの教育行財政』北樹出版 pp.143-158.

岩永定（1999）「アメリカ合衆国における学校と家庭・地域の連携に関する政策及び実践の動向：Partnership-2000 Schools Projectを中心に」『鳴門教育大学研究紀要 教育科学編』（14）pp.43-52.

岩永定（2000）「父母・住民の学校教育参加と学校の自律性」日本教育経営学会［編］『自律的学校経営と教育経営』玉川大学出版部 pp.240-261.

岩永定（2008）「学校ガバナンスと保護者の位置」日本教育行政学会［編］『日本教育行政学会年報』（34）pp.238-241.

岩永定（2011）「分権改革下におけるコミュニティ・スクールの特徴の変容」

日本教育行政学会［編］『日本教育行政学会年報』（37）pp.38-54.
岩永定ら（1992）「親の学校教育参加に関する調査研究」『鳴門教育大学研究紀要教育科学編』7 pp.199-215.
岩永定ら（2002）「開かれた学校づくりの諸施策に対する教員の意識に関する研究」日本教育経営学会［編］『日本教育経営学会紀要』（44）pp.82-94.
上野千鶴子（1990）『家父長制と資本制』岩波書店.
浦野東洋一（2003）『開かれた学校づくり』同時代社.
大阪商業大学比較地域研究所・東京大学社会科学研究所（2008）『日本版General Social Surveys 基礎集計表・コードブック JGSS-2006』.
大林正史（2011）「学校運営協議会の導入による学校教育の改善過程」日本教育行政学会［編］『日本教育行政学会年報』（37）pp.66-82.
大桃敏行（2000）「地方分権の推進と公教育概念の変容」日本教育行政学会［編］『教育學研究』67（3）pp.291-301.
大桃敏行（2005）「地方分権改革と義務教育：危機と多様性保障の前提」日本教育学会［編］『教育學研究』72（4）pp.444-454.
大桃敏行（2006）「学校参加」篠原清昭［編著］『スクールマネジメント』ミネルヴァ書房 pp.227-242.
大桃敏行（2009）「教師の教育の自由と親・住民・行政」広田照幸［編著］『教育』（自由への問い5）岩波書店 pp.100-129.
小川正人（2008）「公立学校改革の動向と課題」小川正人・勝野正章（2008）『教育経営論』放送大学教育振興会 pp.81-95.
小川正人（2009）「教育行政研究の今日的課題から学校経営研究を考える」日本教育経営学会［編］『日本教育経営学会紀要』（51）pp.45-55.
小島弘道（2000）「現代の学校経営改革の視野」日本教育経営学会［編］『自律的学校経営と教育経営』玉川大学出版部 pp.12-38.
小島弘道・久保田力（1983）「父母と学校のコミュニケーション・チャンネルと父母の参加意識（上）」筑波大学［編］『筑波大学教育学系論集』9（1）pp.43-91.
小島弘道・久保田力（1984）「父母と学校のコミュニケーション・チャンネルと父母の参加意識（下）」筑波大学［編］『筑波大学教育学系論集』9（2）pp.105-150.
小野田正利（1996）『教育参加と民主制』風間書房.
陰山英男・山崎敬史（2004）『陰山英男の「校長日記」：土堂小学校一年目の全記録』小学館.
学校運営の改善の在り方等に関する調査研究協力者会議（2011）「子どもの豊かな学びを創造し、地域の絆をつなぐ～地域とともにある学校づくりの推進方策～」.

勝野正章（2003）「堀尾『教師の研究と教育の自由』論の今日的意義—同僚性と教師の教育専門家としての成長にかかわって」教育科学研究会［編］『教育』53（9）pp.70-74.
勝野正章（2006）「学校にはなぜ同僚性が必要なのか」日本生活教育連盟［編］『生活教育』（686）pp.51-57.
勝野正章（2007a）「教育の目標設定と質の保障：国家のヘゲモニック・プロジェクト」日本教育政策学会［編］『日本教育政策学会年報』（14）pp.8-21.
勝野正章（2007b）「イギリス教育改革における家族とコミュニティ」教育科学研究会［編］『教育』57（4）pp.62-69.
勝野正章（2008）「学校の組織と文化」小川正人・勝野正章『新版教育経営論』放送大学教育振興会 pp.143-156.
金井壽宏（1990）「エスノグラフィーにもとづく比較ケース分析：定性的研究方法への一視角」組織学会［編］『組織科学』24（1）pp.46-59.
苅谷剛彦（2004）「創造的コミュニティと責任主体」苅谷剛彦ら［編著］『創造的コミュニティのデザイン：教育と文化の公共空間』（講座 新しい自治体の設計5）有斐閣 pp.1-22.
河上婦志子（1990＝2009）「システム内在的差別と女性教員」天野正子［編］『新版 日本のフェミニズム ジェンダーと教育』岩波書店 pp.96-108.
川端裕人（2008）『ＰＴＡ再活用論』中央公論新社.
君和田容子（1982）「（第一篇）学校教育への父母参加の展開とその意義：学校理事会への父母参加との関わりで」京都大学教育学部教育行政学研究室［編］『教育行財政論叢』1 pp.1-8.
京須希実子・橋本鉱市（2006）「『おやじの会』と父親の育児参加（1）」東北大学大学院教育学研究科『東北大学大学院教育学研究年報』58（1）pp.157-179.
清原正義（2006）「学校経営における評価と参加」日本教育経営学会［編］『日本教育経営学会紀要』（48）pp.41-50.
久冨善之［編著］（1993）『豊かさの底辺に生きる：学校システムと弱者の再生産』青木書店.
窪田眞二（1993）『父母の教育権研究：イギリスの父母の学校選択と学校参加』亜紀書房.
窪田眞二（1996）「イギリスのLMS」堀尾輝久・浦野東洋一［編著］（1996）『組織としての学校』柏書房 pp.175-192.
窪田眞二（2004）「学校運営協議会における教職員、子どもの参加」『季刊教育法』（142）エイデル研究所 pp.7-12.
久米郁夫（2008）「事例研究」清水和巳・河野勝［編著］『入門 政治経済学方

法論』東洋経済新報社 pp.145-168.
黒崎勲（1992）「教育権の論理から教育制度の理論へ」『教育学年報』1巻 世織書房 pp.35-62.
黒崎勲（1994）『学校選択と学校参加』東京大学出版会.
黒崎勲（2004）『新しいタイプの公立学校』同時代社.
古賀一博（2006）「学校評議員制度と学校運営協議会制度（「学校参加」制度）」河野和清［編著］『教育行政学』ミネルヴァ書房 pp.198-212.
こども未来財団（2009）『学校拠点型地域子育て支援ネットワークが有する「親教育機能」に関する調査研究報告書』（平成20年度 児童関連サービス調査研究等事業）（主任研究者 勝野正章）.
小松郁夫（1988）「英国における学校理事会とその改革」日本教育経営学会［編］『日本教育経営学会紀要』（30）pp.138-154.
小松郁夫（1999）「ポスト『福祉国家』の教育改革（4）日英教育改革の比較―学校改善と学校理事会の役割―学校の「自律的」経営の行方」『学校経営』44（9）第一法規 pp.101-107.
小松郁夫（2001）「イギリスの学校評議員制度：「学校理事会」の組織と権限・責任」『学校経営』46（6）第一法規 pp.28-35.
佐藤晴雄（2005a）『学校支援ボランティア』教育出版.
佐藤晴雄（2005b）「学区との連携」篠原清昭［編著］『スクール・マネジメント』ミネルヴァ書房 pp.243-263.
佐藤晴雄［編著］（2008）『コミュニティ・スクールの実態と成果に関する調査研究報告書』（平成19年度 財団法人文教協会研究助成報告書）（研究代表者：佐藤晴雄）.
佐藤晴雄（2010）「地域主権とコミュニティ・スクール」日本学習社会学会［編］『学習社会研究』（1）pp.42-53.
佐藤晴雄［編著］（2010）『コミュニティ・スクールの研究』風間書房.
佐藤学（2006）「転換期の教育危機と学力問題」東京大学大学院教育学研究科基礎学力研究開発センター［編］『日本の教育と基礎学力：危機の構図と改革への展望』明石書店 pp.35-51.
佐貫浩（2000）「イギリスの教育と教育改革（2）：ガバナー（学校理事会）制度と学校経営の変容」教育科学研究会［編］『教育』50（10）（通号657）pp.93-99.
佐貫浩（2002）『イギリスの教育改革と日本』高文研.
事例東（2004a）『学校が変わる』文部科学省指定研究報告書.
事例東（2004b）『コミュニティ・スクールへの挑戦』文部科学省指定研究報告書.
事例東（2008）『平成19年度学校運営協議会活動報告書』.

末松裕基（2011）「イギリス学校自律化政策の展開と課題」上越教育大学『上越教育大学研究紀要』30 pp.49-61.
鈴木雅博（2010）「ミクロ・ポリティクス的視角による学校の組織・文化研究の再検討」『東京大学大学院教育学研究科紀要』50 pp.295-304.
制度研（2011）『お金の心配をさせない学校づくり：子どものための学校事務実践』大月書店
瀬地山角（1996）『東アジアの家父長制』勁草書房.
曾余田浩史（1991）「アメリカ教育経営学における『理論論争』の再検討—学校の信頼の喪失と関連して」日本教育経営学会［編］『日本教育経営学会紀要』（33）pp.99-114.
高野良一（2010）「コミュニティスクールとチャータースクール」三上和夫・湯田拓史［編著］『地域教育の構想』同時代社 pp.25-49.
中央教育審議会（1996）『21世紀を展望した我が国の教育の在り方について』（第一次答申）.
中央教育審議会（1998）『今後の地方教育行政の在り方について』（答申）.
中央教育審議会（2004）『今後の学校の管理運営の在り方について』（答申）.
恒吉僚子（2008）『子どもたちの三つの「危機」：国際比較から見る日本の模索』勁草書房.
坪井由実（1996）「アメリカのSBMと学校委員会制度」堀尾輝久・浦野東洋一［編著］（1996）『組織としての学校』柏書房 pp.193-208.
仲田康一・大林正史・武井哲郎（2011）「学校運営協議会委員の属性・意識・行動に関する研究：質問紙調査の結果から」琉球大学生涯学習教育研究センター『生涯学習フォーラム（生涯学習教育研究センター紀要）』（5）pp.31-40.
仲田康一（2014）「学校現場と教育委員会事務局へはどんな影響があるのか」村上祐介［編著］『教育委員会改革五つのポイント』学事出版 pp.46-54.
西原博史（2009）「教師の〈教育の自由〉と子どもの思想・良心の自由」広田照幸［編著］『教育』（自由への問い5）岩波書店 pp.130-169.
日本学習社会学会（2010）「学習社会と地域主権（日本学習社会学会第5回研究会 シンポジウム）」日本学習社会学会［編］『学習社会研究』（1）pp.18-39
橋本洋治・岩永定・柴山明義・藤岡恭子（2010）「学校運営協議会の導入による学校経営改善の可能性に関する研究」名古屋短期大学『名古屋短期大学研究紀要』（48）pp.135-145.
浜田博文（2007）『「学校の自律性」と校長の新たな役割：アメリカの学校経営改革に学ぶ』一藝社.
浜田博文（2012）「『学校ガバナンス』改革の現状と課題：教師の専門性をどう

位置づけるべきか？」日本教育経営学会［編］『日本教育経営学会紀要』（54）pp.23-34.
林量俶（2000）「教育立法・行政の動向と生徒参加・学校自治（教育立法と学校自治・参加）」日本教育法学会［編］『日本教育法学会年報』（29）pp.90-100.
葉養正明（2005）「学校経営者の保護者・地域社会、子どもとの新たな関係」日本教育経営学会［編］『日本教育経営学会紀要』（47）pp.36-46.
日高和美（2007）「学校参画制度の現状と課題」日本教育制度学会［編］『教育制度学研究』（14）pp.201-206.
平井貴美代（2007）「コミュニティ・スクールとガバナンス」小島弘道［編著］『時代の転換と学校経営改革』学文社 pp.209-220.
平田淳（2008）『「学校協議会」の教育効果に関する研究：「開かれた学校づくり」のエスノグラフィー』東信堂.
広井多鶴子・小玉亮子（2010）『現代の親子問題：なぜ親と子が「問題」なのか』日本図書センター.
広田照幸（1999）「家族と学校の関係史：葛藤論的視点から」渡辺秀樹［編］『変容する家族と子ども：家族は子どもにとっての資源か』（シリーズ子どもと教育の社会学3）教育出版 pp.24-45.
広田照幸（2002）「家族の理想と現実」広田照幸［編著］『〈理想の家族〉はどこにあるのか？』（〈きょういく〉のエポケー 第1巻）教育開発研究所 pp.8-22.
広田照幸（2004）『教育』（思考のフロンティア）岩波書店.
広田照幸（2005）『教育不信と教育依存の時代』紀伊国屋.
古田薫（2005）「親と学校のパートナーシップについての考察」京都大学大学院教育学研究科『京都大学大学院教育学研究科紀要』（50）pp.100-113.
堀内孜（2004）「学校運営協議会の制度設計と地域運営学校の経営構造」『季刊教育法』（142）エイデル研究所 pp.13-18.
本田由紀（2005）『多元化する「能力」と日本社会：ハイパー・メリトクラシー化のなかで』NTT 出版.
本田由紀（2008a）『家庭教育の隘路：子育てに強迫される母親たち』勁草書房.
本田由紀（2008b）「毀れた循環」東浩紀・北田暁大［編集］『思想地図〈Vol.2〉』pp.13-34.
本田由紀（2014）『社会を結びなおす：教育・仕事・家族の連携へ』岩波書店.
前田耕司（1984）「父母の教育参加：イギリスの『学校理事会』を中心に」伊津野朋弘［編著］『未来に生きる教師：教師のそなえるべき資質・力量はどうあるべきか』エイデル研究所 pp.290-301.
水本徳明（2009）「学校空間のミクロ・ポリティクス」日本教育行政学会［編］

『日本教育行政学会年報』(35) pp.60-76.
文部科学省 (2008)『コミュニティ・スクール事例集』.
文部科学省 (2012a)『コミュニティ・スクールの推進に関する教育委員会及び学校における取組の成果検証に係る調査研究』平成23年度文部科学省委託調査研究 (学校運営の改善の在り方に関する調査研究) (研究代表者：佐藤晴雄) 報告書.
文部科学省 (2012b) コミュニティ・スクール・リーフレット
文部科学省初等中等教育企画課 (2004)「調査・統計 学校評議員制度等の設置状況 (平成16年7月1日現在調査結果)」文部科学省［編］『教育委員会月報』56 (8) pp.29-38.
柳澤良明 (1991)「日本における父母と学校との新たな協力体制づくり」大塚学校経営研究会［編］『学校経営研究』16 pp.91-92.
柳澤良明 (1996a)『ドイツ学校経営の研究：合議制学校経営と校長の役割変容』亜紀書房.
柳澤良明 (1996b)「ドイツの合議制学校経営」堀尾輝久・浦野東洋一［編著］(1996)『組織としての学校』柏書房 pp.209-226.
山下晃一 (2002)『学校評議会制度における政策決定：現代アメリカ教育改革・シカゴの試み』多賀出版.
山野良一 (2008)『子どもの最貧国・日本』光文社.
結城忠 (1994)『学校教育における親の権利』海鳴社.
雪丸武彦・青木栄一 (2010)「分権改革が学校経営に与えたインパクト」日本教育経営学会［編］『日本教育経営学会紀要』(52) pp.240-249.
世取山洋介 (2007)「教育改革の背景『改革』を後押しする財界はなぜ教育基本法『改正』を必要としたのか」田中孝彦・世取山洋介［編］『安倍流教育改革で教育はどうなる』大月書店.

欧文 (アルファベット順)

Bacon, W. (1978) *Public Accountability and the Schooling System: A Sociology of School Board Democracy,* New York: Harper & Row.
Baginsky, M., Baker, L. & Cleave, S. (1991) *Towards Effective Partnerships in School Governance,* Slough: NFER.
Ball, S. (1987) *The Micro-Politics of the School: Toward a Theory of School Organisation,* London: Routledge.
Ball, S. & Bowe, R. (1991) Micropolitics of Radical Change: Budgets, Management, and Control in British Schools, in Joseph Blase (ed.) *The Politics of Life in Schools: Conflict and Cooperation,* Newbury

Park, CA: Sage, pp.19-45.

Cowburn, W.（1986）*Class, Ideology and Community Education,* London : Groom Helm.

Creswell, J. W.（2006）*Qualitative Inquiry and Research Design: Choosing Among Five Traditions,* London: Sage

Deem, R.（1989）The New School Governing Bodies: Are Gender and Race on the Agenda?, *Gender and Education, 1*（3）, pp.247-260

Deem, R.（1991）Governing by Gender? in P. Abbott & C. Wallace（eds.）*Gender, Power & Sexuality,* London: Macmillan, pp.58-76.

Deem, R. *et.al.*（1995）*Active Citizenship and the Governing of Schools,* Buckingham: Open University Press.

Deem, R.（1996）The School, the Parent, the Banker and the Local Politician: What Can We Learn from the English Experience of Involving Lay People in the Site Based Management of Schools?, C. J. Pole & R. Chawla-Duggan（eds.）*Reshaping Education In The 1990s: Perspectives On Secondory Schooling,* London: Falmer Press, pp.55-70.

Earley, P.（1994）*School Governing Bodies: Making Progress?,* Slough: NFER.

Earley, P. & Creese, M.（1998）School Governing Bodies: Rationale, Roles and Reassessment, *VIEWPOINT*（8）London: Institute of Education.

Education Week（2006）Views Differ Over NCLB Rules on Involving Parents: Scholars Split on Outlook for Helping Poor Families Spur Changes in Schools, September 20, 2006.

Epstein, J. L.（1992）School and Family Partnerships. *Encyclopedia of Educational Research,* 6, Macmillan, pp.1139-1151.

Epstein, J.L.（1995）School/family/community partnerships, *Phi Delta Kappan,* 76, pp.701-712.

Epstein, J.L. et al.（2009）*School/Family/Community Partnerships: Your Handbook for Action*（3rd edition）, Thousand Oaks: Corwin Press.

Epstein, J. L. & Sheldon, S. B.（2002）Present and Accounted for: Improving Student Attendance through Family and Community Involvement. *Journal of Educational Research,* 95, pp.308-318

Fine, M.（1993）[Ap]parent Involvement: Reflections on Parents, Power, and Urban Public Schools. *Teachers College Record,* 94, pp.682-710.

Golby, M.（ed.）（1990）*The New Governors Speak,* Tiverton: Fair Way Publications.

Golby, M.（ed.）（1991）*School Governors: Research,* Tiverton: Fair Way

Publications.

Golby, M. & Appleby, R.（eds.)（1991）*In Good Faith: School Governors Today,* Tiverton: Fair Way Publications.

Golby, M. & Brigley, S.（1989）*Parents as School Governors,* Tiverton: Fair Way Publications.

Golby, M. & Lane, B.（1989）*The New School Governors,* Tiverton: Fair Way Publications.

Hall, A.（1996）*Feminism and Sporting Bodies: Essays on Theory and Practice,* Champain: Human Kinetics Pub.〔＝飯田貴子ら［訳］（2001）『フェミニズム・スポーツ・身体』世界思想社〕

Hargreaves, A.（1991）Contrived Collegiality: The Micropolitics of Teacher Collaboration, J. Blasé（ed.）*The Politics of Life in Schools: Power, Conflict, and Cooperation,* Newbury Park, California: Sage Publications, pp.46-72.

Henderson, A. T.（1981）*The Evidence Grows: Parent Participation-Student Achievement.* Columbia, MD: National Committee for Citizens in Education. ED209754.

Henderson, A. T.（1987）*The Evidence Continues to Grow: Parent Involvement Improves Student Achievement.* Columbia, MD: National Committee for Citizens in Education. ED315199.

Henderson, A. T. & Berla, N.（1994）*A New Generation of Evidence: The Family is Critical to Student Achievement.* Washington, DC: Center for Law and Education. ED375968.

Henderson, A. T. & Mapp, K. L.（2002）*A New Wave of Evidence: The Impact of School, Family, and Community Connections on Student Achievement,* National Center for Family & Community Connections with Schools, Southwest Educational Development Laboratory, Annual Synthesis

Ho Sui-Chu, E. & Willms, J. D.（1996）Effects of Parental Involvement on Eighth-Grade *Achievement, Sociology of Education,* 69（2）, pp.126-141

Jefferies, G. & Streatfield, D.（1989）*Reconstitution of School Governing Bodies,* Slough: NFER.

Keys, W. & Fernandes, C.（1990）*A Survey of School Governing Bodies, A Report for DES,* Slough: NFER.

Kogan, M.（1984）*School Governing Bodies,* Oxford: Hinemann Educational Publishers.

Lareau, A.（1987）Social Class Differences in Family-School Relationships:

The Importance of Cultural Capital, *Sociology of Education,* 60（2）, pp.73-85

Lareau, A.（2000）*Home Advantage: Social Class and Parental Intervention in Elementary Education*（2nd edition）, Lanham, Boulder, New York, Oxford: Rowman & Littlefield Publishers.

Lareau, A.（2003）*Unequal Childhoods: Class, Race and Family Life,* Berkeley: University of California Press.

Lareau, A. & Horvat, E.M.（1999）Moments of Social Inclusion and Exclusion: Race, Class, and Cultural Capital in Family-School Relationships, *Sociology of Education,* 72（1）, pp.37-53.

Lareau, A. & Shumar, W.（1996）The Problem of Individualism in Family-School Policies, *Sociology of Education,* 69, Extra Issue: Special Issue on Sociology and Educational Policy: Bringing Scholarship and Practice, pp.24-39

Lichter, D. T.（1996）Family Diversity, Intellectual Inequality, and Academic Achievement Among American Children, in A. Booth & JF. Dunn（eds.）, *Family-School Links: How Do They Affect Educational Outcomes?,* Mahwah: Lawrence Erlbaum Associates, pp.265-273.

Mattingly, D.J. et al.（2002）Evaluating Evaluations: The Case of Parent Involvement Programs, *Review of Educational Research,* 72（4）, pp.549-576.

McKeown, P., Donnelly, G. & Osborne, B.（1996）School Governing Bodies in Northern Ireland: Responses to Local Management of Schools, C. J. Pole & R. Chawla-Duggan（eds.）*Reshaping Education In The 1990s: Perspectives on Secondory Schooling,* London: Falmer Press, pp.77-88.

Merriam,S.B.（1998）*Qualitative Research and Case Study Applications in Education,* San Francisco: Jossey-Bass〔＝堀薫夫ら［訳］（2004）『質的調査法入門』ミネルヴァ書房〕

Pascal, C.（1988）Democratised Primary School Government: policy in practice, *British Educational Research Journal,* 14（1）, pp.17-29

Rose, N.（1996）The Death of the Social?: Re-figuring the Territory of the Government, *Economy and Society,* 25（3）, pp.327-256.

Rose, N.（1999）*Powers of Freedom: Reframing Political Thought,* Cambridge: Cambridge University Press

Sacker, A., Schoon, I. & Bartley, M.（2002）Social Inequality in Educational Achievement and Psychological Adjustment throughout Childhood: Magnitude and Mechanisms, *Social Science and Medicine,* 55, pp.863-

880.

Streatfield, D. (ed.) (1988) *School Governor Training and Information,* Slough: NFER.

Streatfield, D. & Jefferies, G. (1989) *Reconstitution of School Governing Bodies - Survey 2: Schools,* Slough: NFER.

Vincent, C. (1996) *Parents and Teachers: Power and Participation.* London: Falmer Press.

Vincent, C. (2000) *Including Parents?: Education, Citizenship, and Parental Agency,* Buckingham: Open University Press,

Vincent, C. & Ball, S. (2006) *Childcare, Choice and Class Practices: Middle Class Parents and their Children,* London: Taylor & Francis.

Vincent, C. & Ball, S. (2007) \`Making Up' the Middle-Class Child: Families, Activities and Class Dispositions, Sociology, December 2007, 41, pp.1061-1077.

Vincent C. & Tomlinson, S. (1997) Home-School Relationships: the Swarming of Disciplinary Mechanisms? *British Educational Research Journal,* 23 (3), pp.361-377.

Yin, R. K. (1984) *Case Study Research* (2nd ed.), California: Thousand Oaks 〔= 近藤公彦［訳］(1996)『ケース・スタディの方法』千倉書房〕

著者略歴

1982年生まれ

東京大学大学院教育学研究科博士課程後期課程修了。博士（教育学）。

現　在　浜松大学健康プロデュース学部講師

主　著：『学校改善マネジメント』（共著，ミネルヴァ書房，2012）

主論文：「学校運営協議会におけるジェンダーの諸相」『日本教育政策学会年報』18号（2011），「学校運営協議会による保護者啓発の論理と帰結」『教育学研究』78巻4号（2011），「学校運営協議会における『無言委員』の所在」『日本教育経営学会紀要』52号（2010）

コミュニティ・スクールのポリティクス

学校運営協議会における保護者の位置

2015年5月25日　第1版第1刷発行

著　者　仲《なか》田《た》康《こう》一《いち》

発行者　井村寿人

発行所　株式会社　勁《けい》草《そう》書房

112-0005　東京都文京区水道2-1-1　振替　00150-2-175253

（編集）電話　03-3815-5277／FAX　03-3814-6968

（営業）電話　03-3814-6861／FAX　03-3814-6854

堀内印刷所・松岳社

©NAKATA Koichi　2015

ISBN978-4-326-25104-9　　Printed in Japan

JCOPY ＜㈳出版者著作権管理機構　委託出版物＞

本書の無断複写は著作権法上での例外を除き禁じられています。
複写される場合は、そのつど事前に、㈳出版者著作権管理機構
（電話　03-3513-6969、FAX　03-3513-6979、e-mail: info@jcopy.or.jp）
の許諾を得てください。

＊落丁本・乱丁本はお取替いたします。

http://www.keisoshobo.co.jp

酒井朗　教育臨床社会学の可能性　A5判　三三〇〇円

酒井朗編著　進学支援の教育臨床社会学　商業高校におけるアクションリサーチ　A5判　二九〇〇円

宮寺晃夫　教育の正義論　平等・公共性・統合　A5判　三〇〇〇円

佐久間孝正　多文化教育の充実に向けて　イギリスの経験、これからの日本　四六判　三二〇〇円

松尾知明編著　多文化教育をデザインする　移民時代のモデル構築　A5判　三四〇〇円

金井香里　ニューカマーの子どものいる教室　教師の認知と思考　A5判　四〇〇〇円

園山大祐編著　学校選択のパラドックス　フランス学区制と教育の公正　A5判　二九〇〇円

G・ビースタ／上野正道ほか訳　民主主義を学習する　教育・生涯学習・シティズンシップ　四六判　三二〇〇円

加藤美帆　不登校のポリティクス　社会統制と国家・学校・家族　A5判　三〇〇〇円

青木栄一　地方分権と教育行政　少人数学級編制の政策過程　A5判　四三〇〇円

グループ・ディダクティカ編　教師になること、教師であり続けること　困難の中の希望　四六判　二六〇〇円

＊表示価格は2015年5月現在。消費税は含まれておりません。